U0442922

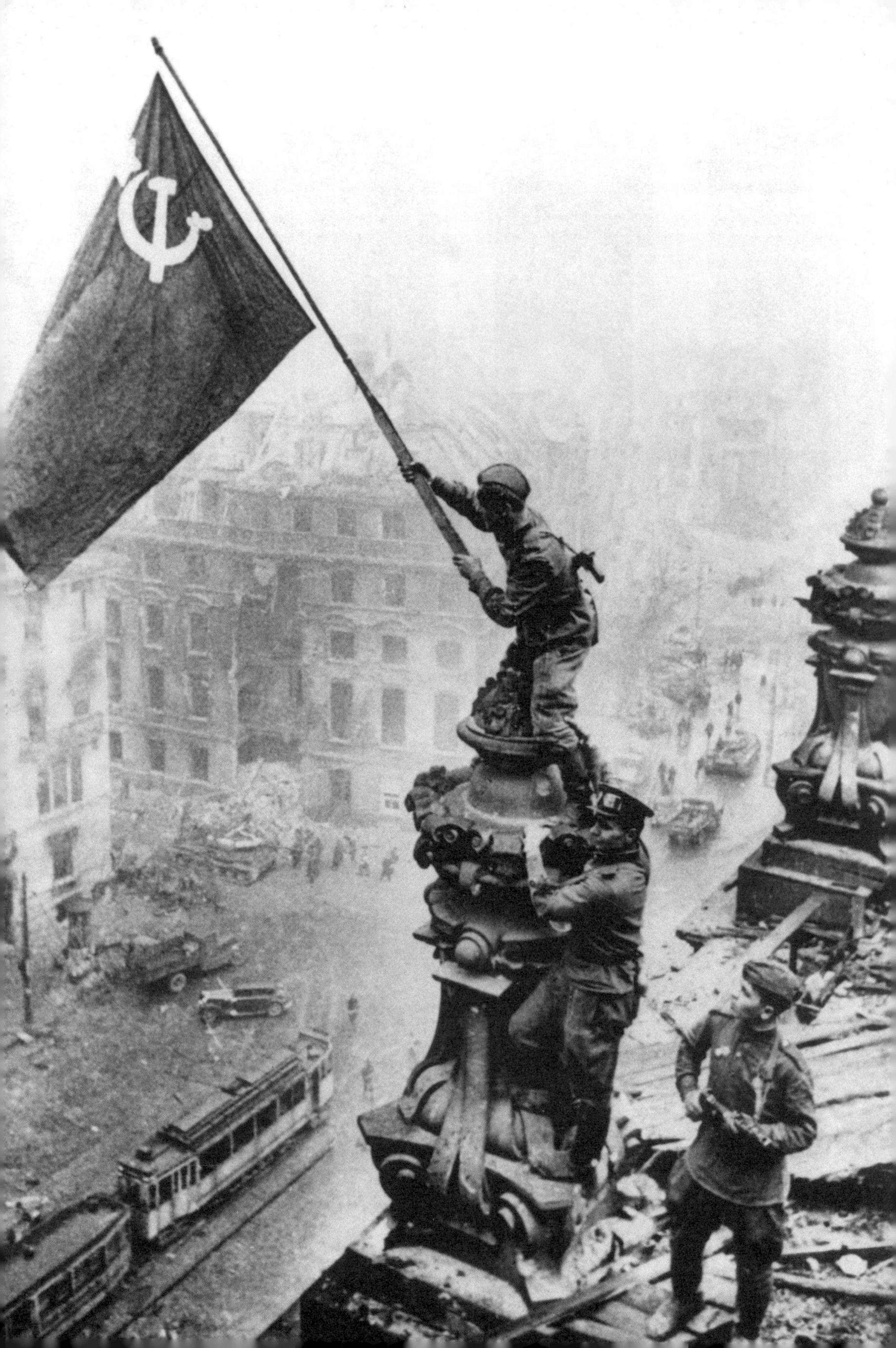

THE ILLUSTRATED HISTORY OF THE NAZIS
THE NIGHTMARE RISE AND FALL OF ADOLF HITLER

纳粹兴亡图文史

从崛起到覆灭，用图片和文字记录一个邪恶帝国的演变轨迹

帝国的毁灭

[英] 保罗·罗兰（Paul Roland）◎著

晋艳◎译

金城出版社
GOLD WALL PRESS

西苑出版社
XIYUAN PUBLISHING HOUSE

·北京·

THE ILLUSTRATED HISTORY OF THE NAZIS: THE NIGHTMARE RISE AND FALL OF ADOLF HITLER by Paul Roland

Original English edition published in 2016, 2017 by Arcturus Publishing Limited
Copyright © Arcturus Holdings Limited
This translation is published by Xiyuan Publishing House Co., Ltd. by arrangement with Arcturus Publishing Limited.
Simplified Chinese edition copyright © 2025 Xiyuan Publishing House Co., Ltd.
Xiyuan Publishing House Co., Ltd., an imprint of Gold Wall Press Co., Ltd.
All rights reserved.
本书所有图片均由权利方授权独家使用。
本作品一切权利归 **西苑出版社** 所有，未经合法授权，严禁任何方式使用。

图书在版编目（CIP）数据

纳粹兴亡图文史：帝国的毁灭 /（英）保罗·罗兰（Paul Roland）著；晋艳译 . — 北京：西苑出版社有限公司：金城出版社有限公司，2025. 7. — （二战文史眼丛书 / 朱策英主编）. — ISBN 978-7-5151-1031-8

I. K516.44

中国国家版本馆 CIP 数据核字第 20247414EW 号

纳粹兴亡图文史
NACUI XINGWANG TUWENSHI

作　　者	[英]保罗·罗兰
译　　者	晋艳
责任编辑	李凯丽
责任校对	辛小雪
责任印制	李仕杰
开　　本	710毫米×1000毫米　1/16
印　　张	25.5
字　　数	367千字
版　　次	2025年7月第1版
印　　次	2025年7月第1次印刷
印　　刷	小森印刷（北京）有限公司
书　　号	ISBN 978-7-5151-1031-8
定　　价	148.00元

出版发行	金城出版社有限公司　西苑出版社有限公司
	北京市朝阳区利泽东二路3号　邮编：100102
发 行 部	(010) 84254364
编 辑 部	(010) 64210080
总编室	(010) 88636419
电子邮箱	xiyuanpub@163.com
法律顾问	北京植德律师事务所　（电话）17600603461

目录 CONTENTS

前言
邪恶之问　/001
希特勒的精神世界　/002
"正确先生"　/004
与生俱来，还是后天养成？　/005

第一章 幼年希特勒
不纯正的血统　/010
希特勒的母亲　/013
母爱　/015
成长环境　/017
童年创伤　/018
学校时光　/021
身体异常　/024
阉割情结　/025

第二章 青年艺术家
危急时刻　/032
命运召唤　/034
煽动力　/036
单相思　/037

维也纳　/040
幻想破灭　/040
母亲去世　/041

第三章 无声的影响
希特勒反犹太主义的起源　/046
变态的哲学　/049
偏见与剽窃　/052
雅利安人和亚特兰蒂斯　/053
瓦格纳　/056
不安分的天性　/058
逃兵　/059

第四章 动荡年代
宣战　/064
"白乌鸦"　/066
背后一刀　/067
凡尔赛条约　/071
共和国诞生　/073
极端主义盛行　/076
荒唐的小组织　/077

把握时机 /079
"希特勒帮" /084
幕后的激进分子 /091
内斗 /095
消息传开 /099
啤酒馆政变 /102
恫吓与错误 /103
最后的虚张声势 /109
希特勒受审 /111
《我的奋斗》 /112
改造希特勒 /117
暂别政坛 /118
致命诱惑 /118
可耻的秘密 /120

第五章
迅速掌权

拉拢平民 /132
希特勒总理 /139
从民主走向独裁 /144
国会纵火案 /145
"长刀之夜" /148
秋后算账 /153

第六章
千年帝国

御用建筑师 /160
日耳曼尼亚 /162
"光之大教堂" /163
帝国中心 /165
"褐衫大人" /168

第七章
不为人知的希特勒

与暴君饮茶 /174
私下里的希特勒 /175
疯狂"救世主" /180
面具背后 /182
一贯正确 /185
顽固不化 /188

第八章
帝国内幕

元首的春天 /194
青年运动 /198
欢乐创造力量 /201
帝国女性的角色 /201
"安乐死" /204
公众的质疑 /207
反对之声 /209
种族灭绝与犹太人 /212
迫害合法化 /214
"水晶之夜" /216
对邪恶装聋作瞎 /219
"犹太人会毁灭我们" /221

第九章
教化与意识形态

纳粹化 /228
宣传 /229
雅利安艺术和纳粹科学 /234
著名流亡者 /235
希特勒统治下的成长 /240

受迫害者之谜　/245

第十章
战争之路
生存空间　/252
战争需要　/253
不可靠的盟友　/255
"欧洲疯狗"　/258
四年计划　/261
收复莱茵兰　/262
吞并奥地利　/266
将捷克一军　/269
和平的代价　/273
传言四起　/274
出卖捷克　/278
"我们时代的和平"　/280
为时已晚　/284
战争前夜　/289

第十一章
全面战争
"死人"的突袭　/296
征服波兰　/297
西线战争　/304
全掌军权　/306
闪电战　/309
饱受质疑　/311
战斗精神　/316
"鹰日计划"　/317
最光辉的时刻　/319
巴尔干之争　/321

"沙漠之狐"　/322
克里特岛战役　/325
"巴巴罗萨行动"　/328
毁灭战　/330

第十二章
恶有恶报
势如破竹　/338
"俄国人已战败"　/344
兵败斯大林格勒　/348
战局逆转　/354
暗杀希特勒　/355
"瓦尔基里行动"　/356
余波未尽　/363
柏林战役　/367
帝国崩溃　/369
地堡末日　/371
诸神的黄昏　/373
恶魔自杀　/374
希特勒的遗产　/380

结　语　/383
大事年表　/387
参考文献　/391
词语对照表　/393

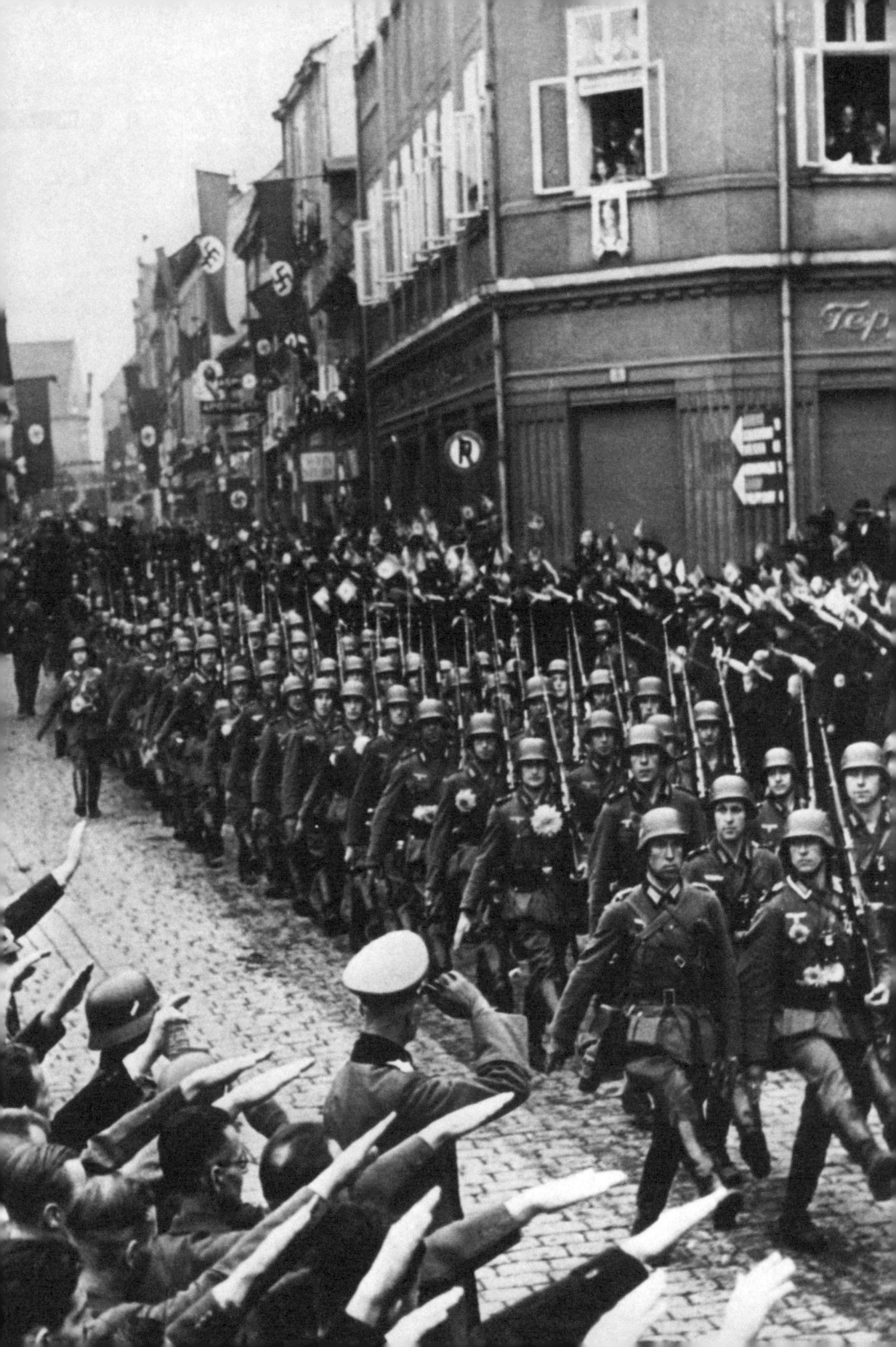

前　言

邪恶之问

与大多数记录第三帝国（Third Reich）的一般性历史书籍不同，本书认为纳粹德国不仅是一个社会政治现象，还表明了希特勒[1]的人格存在致命的缺陷。

虐待狂式的罪犯、连环杀手和凶残的独裁者，一般都被看作邪恶的代表，而希特勒常被看作人性至恶的集大成者。但是，邪恶究竟从何而来？人们普遍认为，邪恶完全是人为的，是一些人蓄意、故意的行为，他们出于纯粹的怨恨和对受害者缺乏同情，在破坏中寻求满足。

现如今，我们或许已不再相信仍有魔鬼存在，但我们仍在对独裁者进行妖魔化。唯有如此，我们才能不戳破一个事实：独裁者身上有我们的影子，他们反映出我们内心深处最黑暗的恐惧；如果我们抛弃传统的行为准则，放纵我们最卑劣的本能，我们就会成为他们。

有些历史学家认为，希特勒之所以反常，是因为他身处一战余波之中，而整个欧洲当时正处于一个崇尚暴力、风雨飘摇的时代。他们极力安慰我们：一战导致的集体性战争创伤，造就了希特勒所处的社会环境，而那种集体创伤再无可能出现。

他们还断言，以后还会出现一些不值一提的独裁者，他们也会四处施虐、欺压人民、威胁邻国，但希特勒已经是最后的征服者了。这些历史学家努力让我们相信，像成吉思汗、希特勒这样的征服者绝对不可能在21世纪出现，因为这不符合时代潮流。

这些历史学家还表明，纳粹党的得势完完全全是由社会历史因素导致的。然而，本书旨在阐明，希特勒之所以发动战争，不仅仅是为德国1918年的屈辱战败一雪前耻。本书还将揭示：希特勒贪得无厌的征服欲，不仅源于扩张领土的野心，还源于想要重现德国昔日辉煌的妄想。这位前奥地利下士一直坚信，是上天委托他履行一项神圣的使命，即征服所有的劣等民族，并把犹太人从地球上赶尽杀绝。

希特勒营造了一种充满怀疑、恐惧和欺骗的氛围，他的心腹权臣们因此互相猜忌和提防。他希望亲信们忙于内斗，而无暇图谋暗算他。德国闪电般攻克了法国和低地国家[2]后，德国人民曾一度欣喜若狂。但好景不长，苏德战争逐渐演变成了一场持久战。德国人民终于清醒地认识到他们一直身处一个法西斯主义极权国家。任何心存怨恨的人都可以匿名告发自己的家人、朋友或邻居。他们很清楚，一旦他们将自己的怀疑对象上报，盖世太保（Gestapo）就会无情地对后者实施抓捕、严刑逼供、屈打成招。这种情形比比皆是，司空见惯。彼时的纳粹德国，堪比人间炼狱。

第三帝国为什么会崛起？在1945年最后的日子里，在德国城市纷纷受到重创的情况下，德国人民为什么仍将希特勒奉为"救世主"？如果想找到上述两个问题的答案，我们就得好好研究一下，究竟是什么样的头脑创造了纳粹德国？

希特勒的精神世界

希特勒是一个神经兮兮、反复无常、生性多疑的人。他臭名昭著

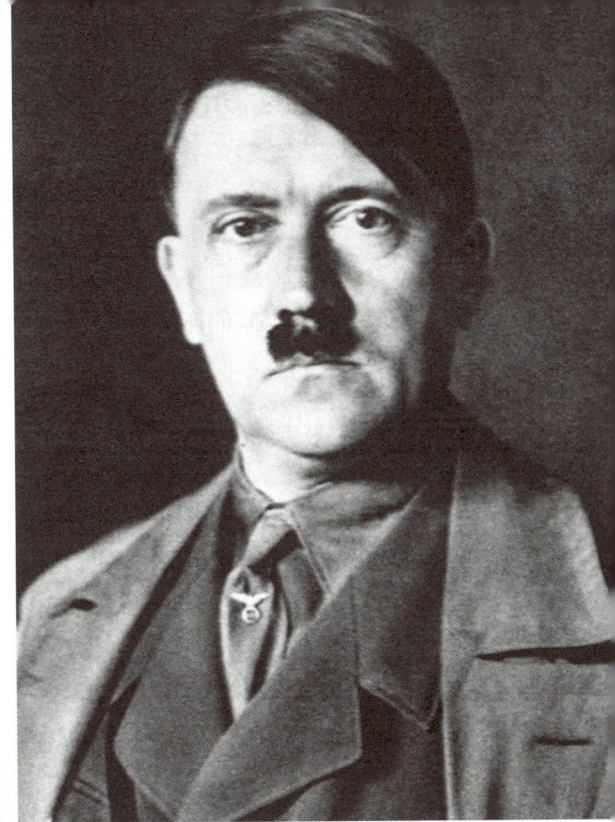

史上两大征服者：成吉思汗和希特勒。究竟是什么驱动着征服者去操控他人？

的坏脾气反映了他的自恋与自大。由于自恋和自大，他不允许任何人挑战其权威。病态自恋是一种相对常见的心理障碍，暴力罪犯和暴君常常表现出更严重的精神失常，他们歪曲现实、道德沦丧。病态自恋狂的核心症状包括极度自恋、反社会行为、被迫害妄想症和不受约束的攻击性。

　　病态自恋狂的特点之一是对他人缺乏同理心。他们没有真正的情感，只能模仿旁人的面部表情和语言。他们的精神状态很不稳定，因为他们患有"身份认同弥散"，归根结底就是他们没有真正的自我意识。他们表现出的方方面面，都只是在进行角色扮演。他们没有与他人和社会完成融合，而这个融合过程正是正常人形成自我意识的过程。

病态自恋狂拥有变色龙似的性格，这暴露出一个事实，即他们只是在扮演适合他们所处情景的角色而已。他们的典型表现是过度自信和固执己见，正因如此，他们不能对他人的处境感同身受。由于缺乏同理心，他们能毫无愧疚地实施暴力犯罪行为。

　　病态自恋狂毫无良知，只受个人利益驱动。他们不讲道德，所以他们会利用他人的信仰或信念来巩固自己的权力。由于他们能承受各种形式的责难或谴责，任何惩罚或报复都不能阻止他们，所以暴君毫不在意经济制裁。只有武力威胁才能阻止他们，因为武力能让他们开始怀疑自己至高无上的霸权。

　　美国著名政治心理学家奥布里·伊梅尔曼（Aubrey Immelman）认为，在不可一世的外表下，病态自恋狂极力隐藏着一种受困心态（Siege Mentality）。"他们思想狭隘，把敌意投射到他人身上，却丝毫意识不到是自己在四处树敌。这些或真或假的敌人，都被用来粉饰他们欺压他人的原因。病态自恋狂是冷酷无情的虐待狂、斤斤计较的自私鬼，他们会戴上道貌岸然的面具来隐藏自己的攻击性。"

"正确先生"

　　希特勒是临床心理学中所描述的"正确先生"。这类人固执地认为自己一直都是正确的；他们不能想象自己的观点会有什么偏差，更不能想象其他人可能也会有些像样的想法。据说，这类人会用伤害自己的方式报复他人。在希特勒政治生涯刚刚起步的时候，这种一根筋似的思维方式，加上一股子倔劲儿，确实是他的过人之处，因为他能狂热地专注于一个目标。然而，这种狭隘的思维方式加上顽固不化，只能导致内心矛盾，直至心理崩溃和自我毁灭。

　　希特勒不能接受任何挫败。当第三帝国即将毁灭之际，他大发雷霆，叫嚣着要毁掉德国，因为德国人民显然配不上他做出的所有牺牲。

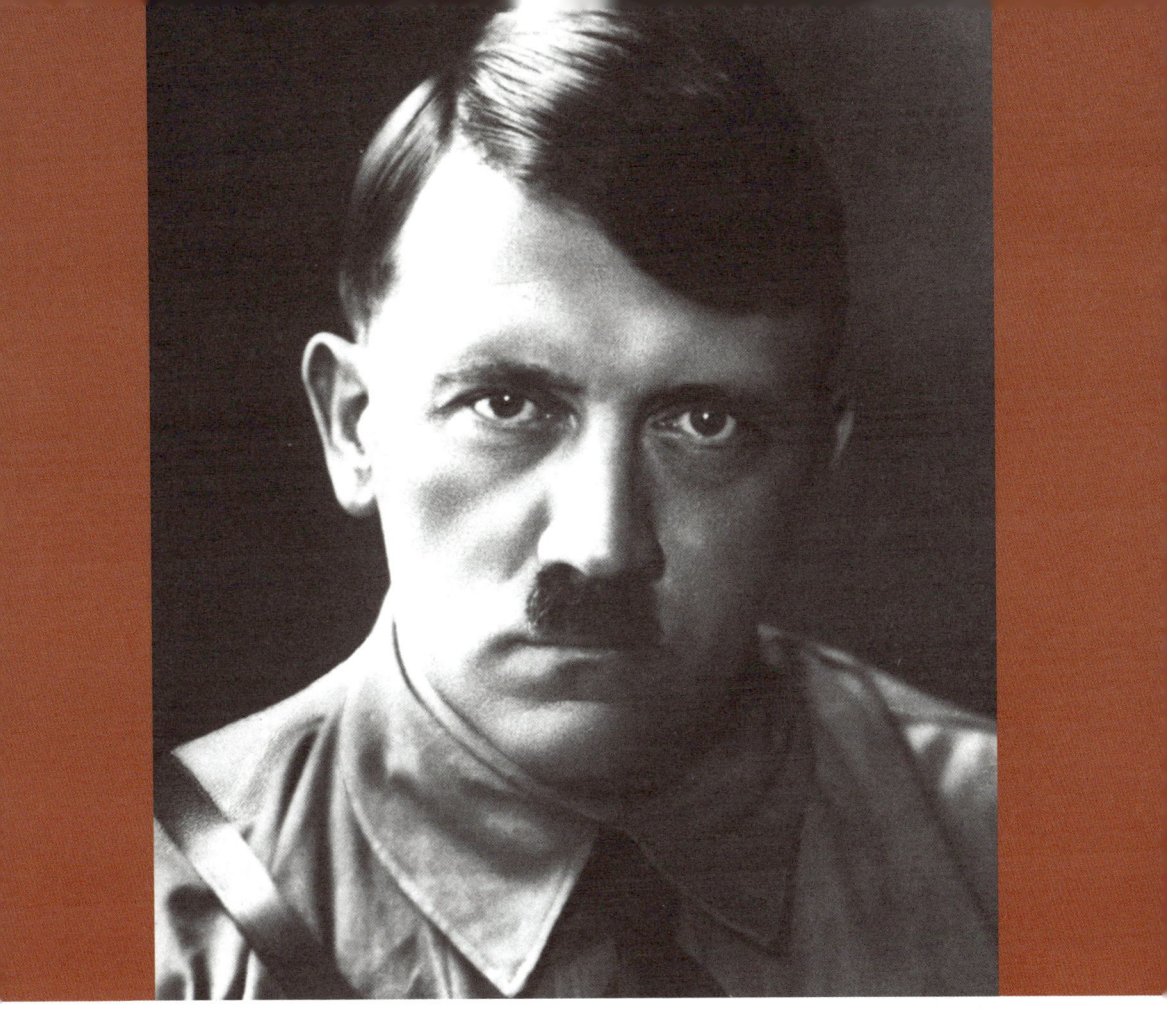

眼神的力量：见过希特勒的人，都对他锐利的眼神印象深刻。

他用威胁和暴力解决一切问题。他毫无良知，也没有道德概念。他曾经说过："良知是犹太人的发明，德国人有义务不相信它，有义务把自己从肮脏、退化的良知与道德中解放出来！"

希特勒从年轻时就一直否定一切，而他对现实的理解根本就是虚无缥缈的。

与生俱来，还是后天养成？

全世界范围内的心理学家、社会学家和犯罪学家一直在激烈地争

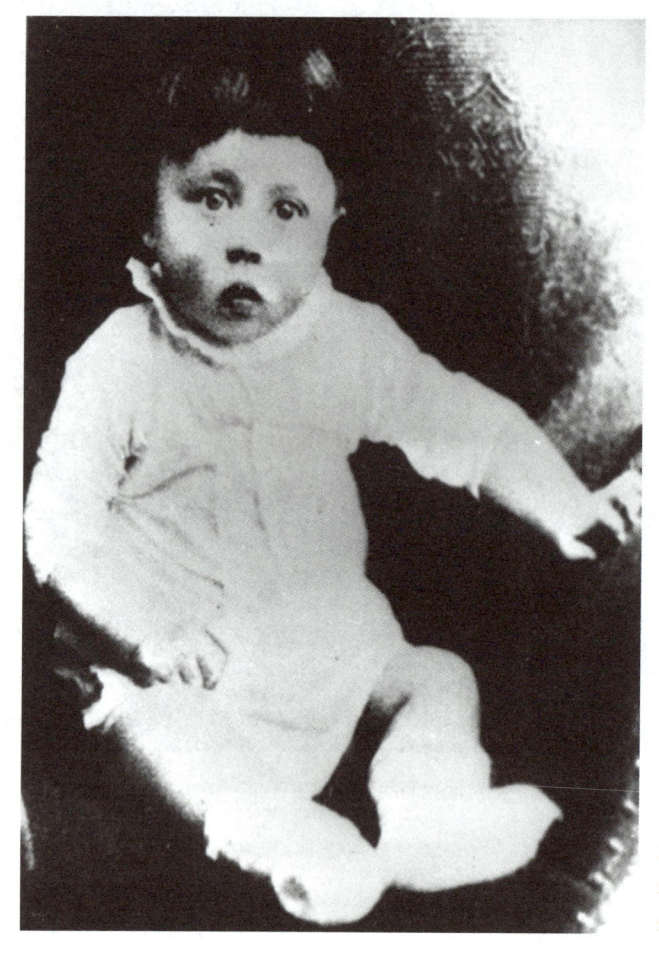

1岁左右的阿道夫·希特勒：他是后来失去了童真，还是生来就是恶魔？

论：一个人的性格究竟是与生俱来的，还是后天养成的？作恶者是出于天性和某种生理冲动，才在反社会行为中寻求快感吗？又或者，是后天的成长环境造就了他们的这种行为模式？

有研究证实：反社会者和精神病患者的大脑确实存在特定的生理反常现象，而这种反常导致了他们的变态行为，也解释了他们缺乏同理心的原因。然而，并没有任何研究能够证明，犯罪倾向是由基因缺陷或其他基因异常直接导致的。

令人信服的实验证据表明：幼年时期受过虐待的人，在十几岁和成年以后，更有可能对他人施暴；在施暴时，尽管他们非常清楚自己做得并不对，却丝毫不在意后果。

许多传记作家曾记录希特勒在幼年时期遭受过严重虐待，但这是事实吗？或者，他只是所处动荡时代的产物？这一切还没有定论，但能肯定的是，他的性格和意志并不坚强，所以他不能坦然接受自己的幼年经历，也不能驱除甚至不能克制自己的心魔。他的成长环境和一意孤行的天性，困扰了他一辈子。他的怨恨与日俱增，最终将他自己吞噬。当然，全世界先领教了他深深的怨恨。

注释

[1] 希特勒全名阿道夫·希特勒（Adolf Hitler），本书一般情况下写作"希特勒"。如无特殊说明，本书注释均出自译者。

[2] 低地国家指荷兰、比利时和卢森堡。

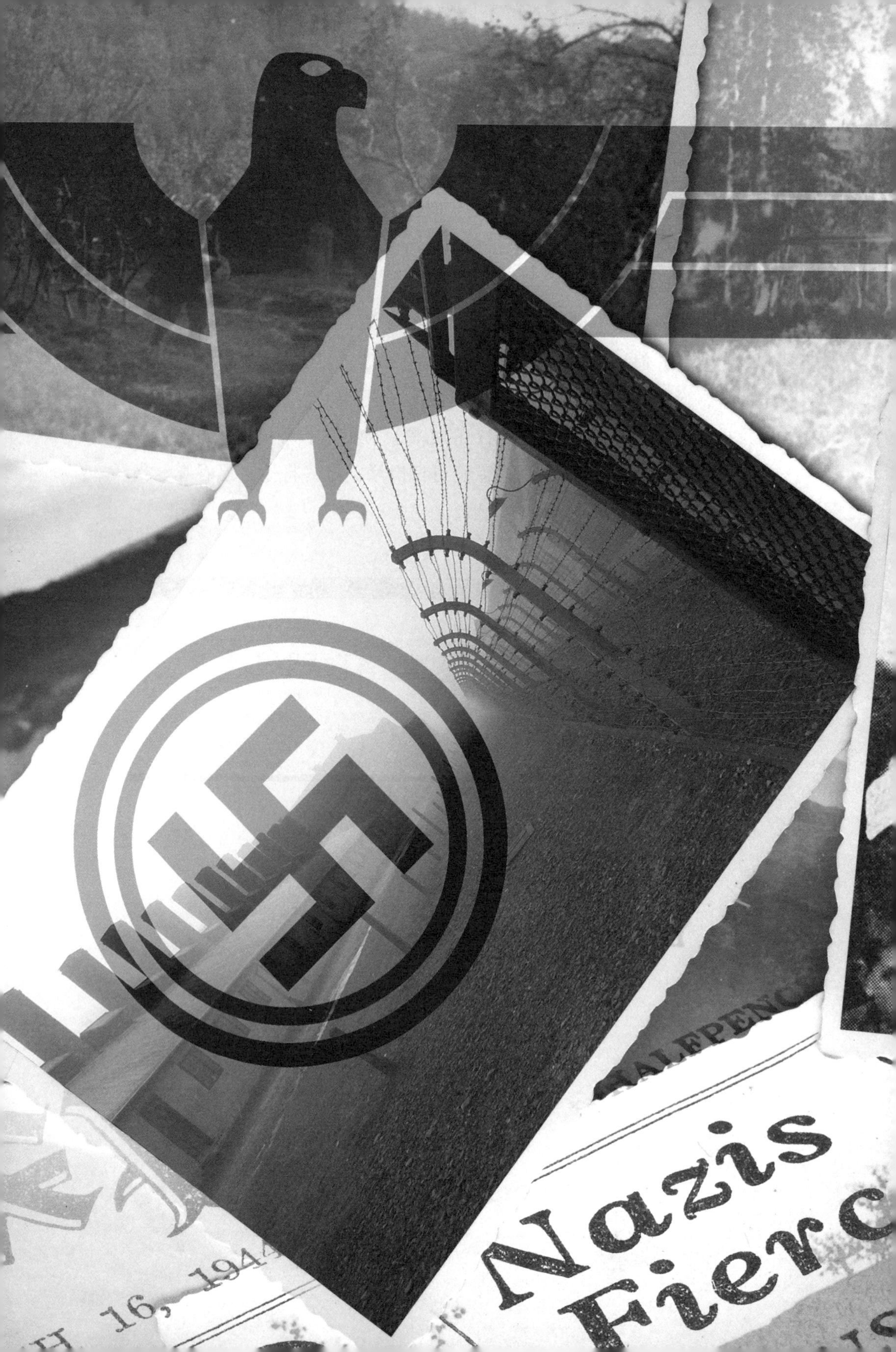
Nazis
Fierc

第一章
幼年希特勒

不纯正的血统

希特勒一生中遭遇了许多奇特的命运转折，其中最重要的转折发生在他出生的 13 年前。那一年，希特勒的祖父终于让 39 岁的私生子阿洛伊斯认祖归宗，而阿洛伊斯正是未来元首的父亲。为了能从亲戚的遗产中分一杯羹，希特勒的父亲从阿洛伊斯·施克尔格鲁伯（Alois Schicklgruber）改名为阿洛伊斯·希特勒。如果这一切没有发生，希特勒也许不会有任何建树，因为一个人的名字还是颇有些学问的。德国人民绝不会像崇敬阿道夫·希特勒那般，崇敬阿道夫·施克尔格鲁伯，因为"施克尔格鲁伯万岁"听起来实在拗口。

许多作家曾猜测，希特勒的父亲之所以改名是为了平息关于其生父的谣言。据谣传，阿洛伊斯的生父是格拉茨[1]一个名叫弗兰肯贝格尔的犹太人，而希特勒的祖母玛丽安·安娜·施克尔格鲁伯（Maria Anna Schicklgruber）曾在他家做女佣。这种谣言或许能解释一系列的后续事件：希特勒于 1932 年至 1940 年间，下令进行了 4 次秘密的血统调查，而调查结果却从未公布；希特勒令人费解地毁掉了父亲的出生地——德勒斯海姆（Dollersheim），将祖母下葬的墓园夷为平地，并烧毁了教区记录。有人认为希特勒留着卓别林式的小胡子是为了遮掩他的鼻子，因为他认为他的鼻子是典型的犹太人特征。他们还认为希特勒定期用水蛭、后来改用皮下注射针来净化血液，是为了净化自己"脏污"的血统。

不管上述谣传是否属实，希特勒父亲家的祖先并未拥有任何优等血统。他们只是一群流动的雇农，一群胸无大志的懒惰农民。由于长期近亲通婚，他们生育了许多身体残疾或智力低下的后代。美国国会图书馆和慕尼黑当代史研究所保存着一些盖世太保的秘密文件，这些文件记录了希特勒家谱上的一些"不良"分支，其中包括希特勒父亲的表兄约瑟夫·维伊特。据记录，约瑟夫·维伊特育有3个智障孩子，其中1人还曾在精神病院自杀未遂。林茨档案馆存有一份爱德华·克里西鲍姆（Edward Kriechbaum）医生的书面证词，上面记录了希特勒的姑妈约翰娜患有精神分裂症，希特勒的表兄爱德华·施密特是个驼背的结巴。

1936年，希特勒家的家庭医生布洛赫（Eduard Bloch），曾向美国战略情报局（OSS）证实：他怀疑希特勒的姐姐是智障患者，因为每次他到希特勒家，希特勒的姐姐都会被藏起来。布洛赫医生还说，希特勒的妹妹保拉患有重度痴呆症。希特勒家族近亲结合的事实，或许能够解释希特勒臭名昭著的怒气。我们也因而可以理解：希特勒为什么担心自己会发疯，为什么厌恶身体残障者，为什么认定他一旦结婚，就会生下智障的孩子。

> 永远不许这些人（记者）搞清楚我的出身，不许他们了解我的家乡以及我的家庭背景![2]
>
> ——阿道夫·希特勒

野心勃勃的人：是希特勒不安分的天性驱使他建立新秩序吗？

相比之下，希特勒母亲家的情况稍微正常一点。希特勒母亲家的四代人都居住在维也纳附近的下奥地利州，在希皮塔耳（Spital）的村子里拥有小块田地。尽管如此，维也纳人仍把他们看作乡下人。他们被人看不起，因为他们不仅出身卑微，毫无幽默感，而且非常无知、生性多疑。

希特勒的母亲

希特勒的母亲克拉拉·波尔茨（Klara Pölzl），是一个单纯善良、酷爱整洁的女人。她长着一张稍带男孩子气的脸和一双深邃的蓝眼睛。希特勒是克拉拉唯一存活下来的儿子，遗传了她深邃的眼睛，希特勒的崇拜者都为他的眼睛着迷。克拉拉从未奢望改善自己的境况，直到16岁时，她搬到表舅阿洛伊斯家，给舅舅一家免费做女佣。阿洛伊斯同时追求克拉拉和女佣弗兰西斯卡·马佐尔斯伯格，他的第一任妻子安娜·格拉斯尔发现后提出分居。阿洛伊斯随后与女佣弗兰西斯卡（人称"法妮"）一起生活，但弗兰西斯卡提出把克拉拉赶到维也纳去。3年后，46岁的阿洛伊斯娶了22岁的弗兰西斯卡。婚后他们生育了两个孩子：儿子小阿洛伊斯（Alois jnr.）和女儿安吉拉（Angela）。后来，弗兰西斯卡因患肺结核生命垂危，为了照顾一双儿女，阿洛伊斯将克拉拉从维也纳接了回来。

小阿洛伊斯·马佐尔斯伯格后改名为阿洛伊斯·希特勒。成年后，他令大名鼎鼎的、同父异母的弟弟十分尴尬，因为他曾两度犯盗窃罪，还因重婚罪坐过牢。在英国待了短暂的一段时间之后，小阿洛伊斯抛弃英国的家庭回到柏林，在柏林开了一间啤酒馆。他对自己的家事闭口不谈，生怕会惹怒希特勒。希特勒同父异母的姐姐安吉拉嫁了一户好人家，日子过得要好一些。在丈夫去世后，她搬到贝希特斯加登（Berchesgaden）与希特勒同住，给希特勒做饭、当管家。1936年，安

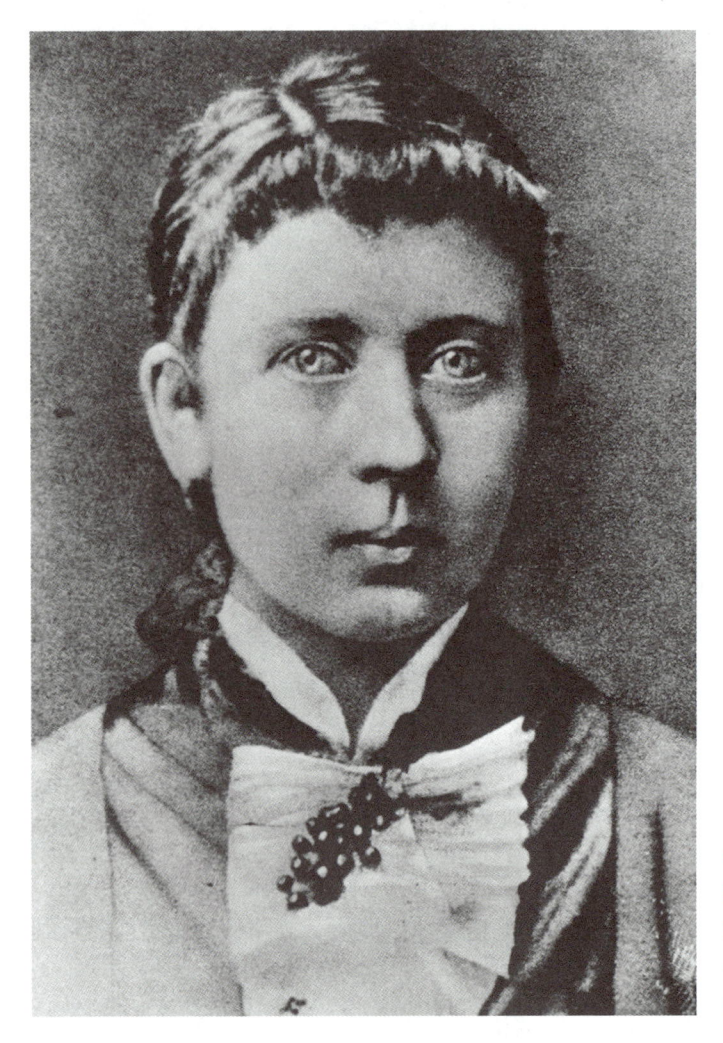

希特勒的母亲是一个单纯善良、酷爱整洁的女人，长着一双深邃的蓝眼睛。

吉拉离开希特勒准备再婚，但希特勒表现得非常小肚鸡肠，甚至拒绝送安吉拉结婚礼物。

实际上，克拉拉是阿洛伊斯的表外甥女，后被阿洛伊斯收养。克拉拉对阿洛伊斯的第一任妻子安娜并没有任何恶意，她一直尽心尽力地照顾病重弥留的安娜。然而，当阿洛伊斯的第二任妻子弗兰西斯卡生命垂危之际，轻浮的阿洛伊斯迅速将注意力转移到克拉拉身上，并让她怀上了身孕。当时村里人对克拉拉的身孕议论纷纷，为了平息村中的议论，阿洛伊斯决定与克拉拉结婚。

由于阿洛伊斯和克拉拉是近亲，他们的婚姻必须获得主教的批准。婚礼于 1885 年 1 月在布劳瑙（Braunau am Inn）教区教堂举行，时间是一个阴霾的冬日早晨 6 点。当时克拉拉 25 岁，怀有 4 个月身孕，而两度丧偶的阿洛伊斯已有 48 岁。4 个月后，他们的第一个孩子古斯达夫出生了。1886 年，克拉拉生下了女儿艾达。

希特勒是他们的第三个孩子，也是唯一存活的男孩。前两个孩子都夭折了，而希特勒的弟弟埃德蒙（1894 年出生）也在 6 岁时夭折。只有希特勒和妹妹保拉（1896 年出生）活了下来。

克拉拉是虔诚的天主教徒，她一直对阿洛伊斯的前两任妻子心怀愧疚，她认为自己对安娜和弗兰西斯卡犯下了不可饶恕的罪行。在希特勒出生的 1 年前，克拉拉的两个孩子死于白喉，使得她内心备受煎熬，因为她认为该死的是她自己。克拉拉把两个孩子的痛苦死亡看作上天对她的惩罚。为了赎罪，她一直默默忍受丈夫的打骂，毫不反抗。

母爱

1889 年 4 月 20 日晚上 6 点 30 分，阿道夫·希特勒出生在奥地利布劳瑙的一个小村庄，不远处就是巴伐利亚（Bavarian）山区。希特勒认为他的出生地很重要，他曾写道：他相信是命运选择了布劳瑙作为他的出生地，因此他一生的使命是重新统一边界两边讲德语的人民。

据说，希特勒是一个体弱多病、很难照顾的小孩。希特勒的健康状况肯定让他母亲更加焦虑，因为她认定这也是替她赎罪。如果这个小儿子能活下来，克拉拉认为是她的忏悔起了作用。因此，希

> 具有希特勒式病态人格特质的人，是绝对不可能成长于希特勒所描述的那种田园生活的。[3]
> ——沃尔特·兰格（Walter Langer）

特勒的母亲非常溺爱他，甚至影响了他情感和心理的正常发展。她强迫症似的打扫家里的卫生、过分关注孩子们的卫生情况，这些都进一步说明她在试图洗刷她的屈辱和罪孽。由于母亲的神经质，成年后的希特勒也过分讲究个人卫生，还过分关注自己的身体机能，坚信细菌都把他当作感染目标。尽管希特勒的母亲非常溺爱他，但每次父亲揍他时，母亲却没能保护他。她的不予干涉让希特勒怀恨在心，他肯定一边咒骂父亲的无情，一边怨恨母亲的懦弱。家庭医生布洛赫曾经说过，这对母子关系极其亲密，但邻居们认为他们之间的亲密程度很不正常。

希特勒在一边憎恨父亲、一边崇敬母亲的状态中长大了，因此他表现出了"简单理想化"的症状，即一个孩子认为父母中的一方是绝对的好人，而另一方是绝对的坏人。出现这种症状的孩子，大多都能慢慢改变这种扭曲的看法，因为他们会逐渐意识到好的那方也有缺点，不好的那方也有可取之处。但这种绝对化的儿童视角一直跟随着希特勒，并让他产生了一种虚假的安全感。希特勒扭曲的自我也扭曲了他的世界观，而且没人能给他讲通道理。正因如此，每当有人挑战他的权威，他都会勃然大怒。

成长环境

希特勒是一个幻想狂，他酷爱用杜撰的事实来掩盖真实的幼年生活。他将父亲描述成一个嗜酒的虐待狂，将自己描述成受害者。在他的杜撰中，父亲经常打骂他，还阻止他追逐成为艺术家的梦想。

认识阿洛伊斯的人都说，他是一个严厉专横、爱发号施令、脾气暴躁、毫无幽默感的人，他用一根铁棍来教育孩子。他要求家人只能服从他、不能质疑他。他还要求孩子们称呼他"父亲大人"。孩子们不能随便讲话，除非得到他的许可。他经常吹哨召唤希特勒，好像召唤小狗一样，但他从不叫希特勒的名字。他们家有一只阿尔萨斯犬[4]，与希特勒同名，连这只狗的待遇都比希特勒的待遇高。这一切肯定让希特勒觉得屈辱。从希特勒父亲仅存的照片上，我们可以看到他是一个魁梧、骄傲的地方官员。他穿着奥地利海关制服，留着小平头和浓密的八字胡，看上去像普鲁士[5]贵族。这估计是他梦寐以求的形象。

希特勒曾在儿童时代告诉其他孩子，他多次把喝醉的父亲从村里的小酒馆拖回家，从而博得了大家的同情。希特勒还曾回忆道："那是我一辈子最丢脸、最羞耻的经历！我还那么小，怎么会知道酒是什么鬼玩意儿！都是因为我爸！他是我青少年时期最大的敌人！"[6]

然而，阿洛伊斯并不是酒鬼。事实上，他在海关是一个很受尊重的人，职位也不低。他的工资在当时相当于乡村律师的收入水平，所以能在林茨[7]附近的菲施尔哈姆（Fischlham）买下一处不错的房产。那房子占地9英亩（约3.64公顷），周围种有果树，视野也很开阔，窗外就是乡村美景。1895年，希特勒6岁时，阿洛伊斯退休了，他领取了2660克朗[8]的退休金，这笔钱足以让全家衣食无忧。因此，希特勒描述的一穷二白、备受虐待的童年，完全是他的杜撰。不过，希特勒的童年生活确实很不稳定，因为他父母常常没来由地搬家。

15岁，希特勒已经上过5所不同的学校，经历了7个不同的住处，其中包括一个翻修过的磨坊。他们全家还曾在当地的小旅馆里住过一段时间。此后，他们终于在莱昂丁（Leonding）的一座小村庄里安顿下来，在那儿买了一套中等大小、配有家具的公寓。彼时，父子之间不稳定的关系演变成了意志的较量。希特勒的父亲那时已经60多岁了，但他仍坚持希特勒必须子承父业，从事公务员的工作。而希特勒一直倔强地拒绝好好念书，因为他心存希望，也许有一天父亲会允许他实现当画家的抱负。

希特勒在《我的奋斗》一书中写道："不管我父亲有多么坚决，他的儿子都和他一样顽固和倔强。"

从希特勒后来的言语当中，我们不难看出他既尊敬又畏惧他的父亲，但他立志要从行为上与父亲保持距离。希特勒的父亲在家从早到晚地抽烟，而母亲一提起父亲不容置疑的权威，就会指向厨房储物架上的一排烟斗，因此希特勒对吸烟非常反感。希特勒还十分厌恶父亲对准时的执拗，所以他后来总是睡到午饭时间才起床，他的部长们和来访的要员们对此很是头疼。他父亲禁止闲聊的家规，也深深影响了希特勒后来的行为。他经常和客人们，喋喋不休地聊起陈年旧事；他还会整晚漫无目的地对着他的贴身随从自说自话，估计这让后者吃了不少苦头。然而，希特勒最终还是不由自主地变成了他所厌恶的样子。希特勒和他父亲一样，毫无幽默感，又脾气暴躁，他也绝对不能容忍有人质疑他的命令，或反驳他的观点。

童年创伤

1894年，希特勒6岁，他的弟弟埃德蒙出生了。克拉拉没法同时照顾两兄弟，只得将希特勒托付给他同父异母的姐姐安吉拉，彼时安吉拉已经出嫁了。希特勒在关键的时刻失去了母亲无微不至的照顾。据说，希特勒曾祈求上帝将他的弟弟带走，就像带走已故的哥哥姐姐一

阿洛伊斯·施克尔格鲁伯（后改名为阿洛伊斯·希特勒）是一位严厉而专制的父亲，他常用铁棍来教育孩子。

一张罕见的希特勒幼年照片：10岁的希特勒（画圆圈者）在兰巴赫（Lambach）上学，但他并不是一个出众的学生。

样。虽然 6 年后埃德蒙才死于麻疹并发症，但这一姗姗来迟的童年诅咒还是给幸存的兄弟姐妹留下了难以磨灭的心灵伤痕。埃德蒙的夭折可能让希特勒更加坚信：他的特别使他成为家中唯一存活下来的男丁。母亲也一直说他很特别，所以希特勒牢牢记住了自己的与众不同，他甚至认为神会保护他，因为神把他挑选出来，将来会派他去完成一项非凡的使命。

埃德蒙的夭折正如希特勒所愿，所以他并不内疚，因为他不知道，又一个孩子的夭折会给母亲带来怎样的痛苦。希特勒亲历了弟弟的葬礼后，可能产生了十分强烈的情感反应。葬礼当天，希特勒的父母断然拒绝出席，留下 11 岁的希特勒独自悲伤。夫妻二人在葬礼那天一直待在林茨，就好像没有什么不幸的事情发生过。据悉，阿洛伊斯不准妻子出席葬礼，因为他和教区牧师闹翻了。阿洛伊斯和牧师因为政见不同发生了争执，而克拉拉太懦弱，不敢违背丈夫的意愿，只能缺席儿子的葬礼。凛冽的暴风雪中，希特勒独自一人，看着弟弟被埋进了冰冷的泥土里。很难想象希特勒那天究竟是怎样的心情。

不久之后，希特勒见证了上天对父亲无情举止的惩罚。1903 年 1 月 23 日早晨，阿洛伊斯在当地小酒馆喝酒时，死于内脏大出血，终年 66 岁。对父亲的离世，希特勒并没有感到丝毫的悲伤。

学校时光

父亲刚去世的那段时间，对希特勒这个曾经闷闷不乐的青少年来说，简直是一种解脱，因为他再也不会笼罩在父亲专制的阴影之下了。然而，自由并未提高他的学业成绩。希特勒后来承认，他的学业不精完全是自己不努力造成的，因为他希望，有一天父亲会大发慈悲，同意他实现成为艺术家的梦想。但父亲去世之后，他的成绩仍然在下滑。他本可以专注于学业，哪怕只是为了让母亲宽心。15 岁时，希特勒被林茨的实科中学[9]开除了,因为他越来越目中无人,上课不能集中注意力,成绩又太差。刚刚守寡的母亲,想方设法把他送到15英里(24公里)外的施泰尔,让他在州公立中学继续学业。

希特勒后来描述那个时期的克拉拉一贫如洗,事实却并非如此。克拉拉领到了一笔寡妇抚恤金,数目大致相当于去世丈夫收入的三分之二。从丈夫的前雇主那里,她还拿到了一笔总额为650克朗的慷慨救助。1905年,她卖掉了家里的房产,供希特勒在施泰尔住宿、上学。此外,为了和已婚的继女安吉拉住得近一点,她搬到林茨,住进了洪堡大街上的一套宽敞公寓里。

希特勒学业失败主要有两方面原因:一方面是一种正常的、青少年对权威的反感;另一方面是希特勒不愿意在自己不感兴趣的科目上浪费时间。或许,希特勒希望花着母亲的抚恤金,过上长期以来他所向往的那种无拘无束的生活。如果他真的这么想,母亲让他继续学业的坚持,估计会被他看作一种背叛。不过,他未向母亲发泄他的不满,他把愤怒都发泄在老师们身上。他一生都不相信任何学者或专家,估计也跟这段经历有关。在知识分子面前,他一直自惭形秽。他周围的人要么是马屁精,要么是肤浅、恭顺的仰慕者,因为这些人都会让他更加坚信他是个天才。

林茨的一位历史老师评价希特勒的课业表现是"中等水平",一位科学老师认为这个学生普普通通。除了上述这两位老师,他抨击其他

> 大家都认为,他(希特勒)好争辩、专横、固执己见、脾气暴躁,也不遵守学校纪律。

希特勒身边的人是一群马屁精,恭顺地屈服于他的专制。

老师，把他们看作自己的"天敌"。在他眼中，老师们成了"有学识的猩猩"，或者是"有点疯狂""女里女气""变态""精神错乱"的怪人。这些指责更能体现希特勒的心理状态，而不是他对老师们学术水平的认知。

休默教授对未来的元首、年轻希特勒的描述是最可靠的。1923 年，希特勒在慕尼黑发动了"啤酒馆政变"[10]。在政变失败后的审判中，休默教授出庭做证。休默承认希特勒在某些科目上还是有"天赋的"，但他回忆道：

> ……希特勒缺乏自控能力，大家都认为，他好争辩、专横、固执己见、脾气暴躁，也不遵守学校纪律。他不够勤奋，要不然他的学业成绩应该会好得多，毕竟他还是挺有天赋的。

身体异常

关于希特勒学业成绩差的原因，还有另一个值得考虑的角度，虽然这个角度对非专业人士来说，可能无关紧要。有证据表明希特勒是单睾症患者，也就是说，希特勒只有一个睾丸。单睾症会导致一系列典型的行为异常。希特勒曾表现出一些失常现象：学习困难，缺少专注力，爱幻想和撒谎，人际交往障碍和性功能障碍，对身体戕害的吸引力，反感被批评，感觉自己在某种程度上是"与众不同的"（这大概是一种应对"异常"的防御机制）。

1945 年，希特勒被烧焦的尸体在苏联被解剖，他的单睾症被发现。在帝国总理府发现的那具遗骸究竟是谁，一直都有争议。最终，由挪威和美国的牙科专家组成的第三方调查小组，证实了遗骸正是希特勒本人。[11]

患有单睾症的孩子不一定会出现上述那些神经质的症状，也有可能克服单睾症带来的恐惧（自己究竟算不算是完整的男人）。但如果一个孩子同时患有心理障碍，单睾症就会加剧其精神失常程度。这些症状一

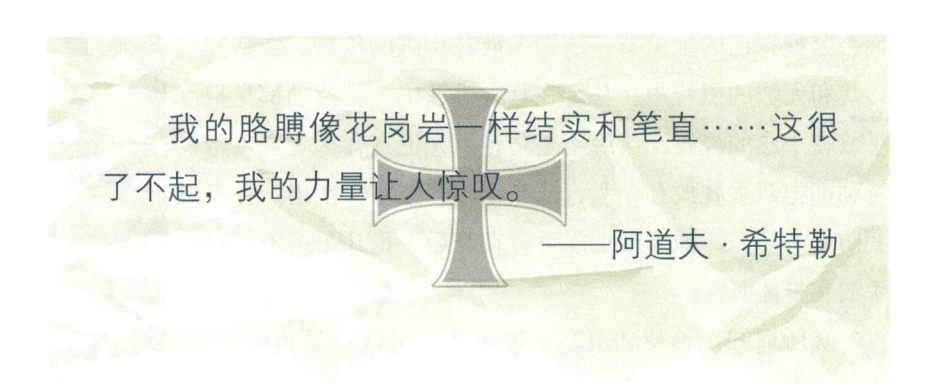

> 我的胳膊像花岗岩一样结实和笔直……这很了不起,我的力量让人惊叹。
>
> ——阿道夫·希特勒

般会在青春前期显现出来,而希特勒的学业成绩正是从这个阶段开始下滑的。

从同学画的一张素描上看,15岁的希特勒是一个普普通通的男孩,他和女孩子们接触的机会大概和其他同龄人一样多。希特勒避免和任何人产生感情纠葛,他更喜欢幻想和女孩子们在一起,但现实中他从不敢与幻想中的女孩说话。这不只是因为他青春期不善言谈,他可能出于生理和心理的原因,害怕与任何人发生亲密接触。

希特勒无知地认为母亲是造成他单睾症的元凶。母亲一再告诉他一切都会好起来,但事实并非如此。这一切让他更加焦虑,也导致了一系列强烈的情感冲突。

阉割情结

单睾症患者常常有阉割情结。精神失常程度较高的孩子,还常沉溺于暴力的幻想中,幻想着阉割他们的敌人,以此作为情感补偿。成年以后,希特勒常常说起要把他不喜欢的艺术家阉了。行刑队的人手够用时,他还重新采用斩首作为处决方式。据观察,单睾、睾丸异位或隐睾的男孩,常会表现出对自己性别身份的焦虑。为了明确自己的性别,他们会紧握自己的生殖器，或把手放在小腹的位置。在新闻影片和无数的照片中，甚至在官方肖像中，希特勒都是把手放在小腹的位置，这绝不是巧合。无论在什么场合，希特勒都把双手叠放在一起，放在小腹的位置，摆出一种自我防御的姿态。他极少把双手背在身后，也几乎从不将双手放在身体两侧。

众所周知，希特勒沉溺于展示他的男性力量和耐力，不过这些行为往往都是一些他认为能展现男子气概的幼稚行为。很明显，这些幼稚的行为是性的替代品。有一次，他在上萨尔茨堡山（Obersalzberg）的山间别墅接待女客人，为了取悦她，他举起胳膊长时间地行纳粹礼。他向客人保证，和戈林（Hermann Wilhelm Goering）相比，他行纳粹礼、不放下手臂的时间肯定更长。他说："我可以整整两小时，一直举着胳膊行纳粹礼。我的胳膊像花岗岩一样结实和笔直……这很了不起，我的力量让人惊叹。"[12]

值得注意的是，患有单睾症的男性总是把性能量转移到他们的眼睛上。据说，希特勒曾对着镜子练习自己的眼神，毫无疑问这种眼神是性满足的替代品。

对不了解弗洛伊德心理学的人来说，这好像不太可能，但这的确能解释希特勒所拥有的那种邪恶、又有点令人费解的催眠能力。见过希特勒的人，曾评价过希特勒的那双带点灰绿色的蓝眼睛，他们都说希特勒的眼神非常锐利并具有催眠能力。

奥古斯特·库比泽克（August Kubizek）是希特勒青年时期的朋友，他著有《我所认识的青年希特勒》[13]一书（1955年在波士顿出版）。在这本书中，他曾回忆说，他母

希特勒经常把双手叠放在一起,摆出一种自我防御的姿态。

亲认为希特勒的眼神非常锐利，简直令人害怕：

> 我清楚地记得，母亲的话语里透露出更多的恐惧，而不是钦佩……希特勒用他的眼睛说话……在我的一生中，我再也没有遇到过任何人，像他这样，整个长相最出众的部分竟是一双眼睛。

库比泽克仍记得，希特勒在怒斥那些否认他是天才的人时，气得面色铁青，甚至因为愤怒把嘴唇咬得发白。"但他的眼睛却闪闪发光，这有点蹊跷，他好像在用眼神表达所有的愤恨。"

1945年4月，在他生命最后的日子里，希特勒在柏林的地堡里步履沉重，如同行尸走肉一般，但他的眼睛却依旧有神。一位年轻的副官回忆说，在他生命中最后的几小时里，希特勒的眼睛仍然"不可思议地深邃"。

注 释

[1] 格拉茨，奥地利施泰尔马克州（Steiermark）首府，奥地利第二大城市，奥地利东南部工业、交通、文化中心。

[2] 引自：*Hitler: A Biography,* Joachim Fest. ——原注

[3] 引自：Walter Langer, *US Office of Strategic Studies Report.* ——原注

[4] 阿尔萨斯犬（Alsatian），也被称作德国牧羊犬或"德国黑背"。

[5] 普鲁士（Prussia），欧洲历史地名，位于德意志北部，通常指1525年至1701年的普鲁士公国、1701年至1918年的普鲁士王国。德意志统一前，普鲁士和奥地利同为德意志境内最强大的两个邦国。

[6] 引自：*Im Angesicht des Galgens,* Dr Hans Frank. ——原注

[7]　林茨（Linz），奥地利北部城市，多瑙河上游最大河港，上奥地利州首府。

[8]　克朗，货币名称和货币单位，而此处的克朗应该是奥匈帝国自1892年至1918年奥匈帝国解体期间发行的货币。

[9]　实科中学（Realschule），德国近代着重讲授自然科学和实用知识的学校。

[10]　"啤酒馆政变"（Beer Hall Putsch），又称慕尼黑政变。1923年11月，希特勒和鲁登道夫等人在慕尼黑发动该政变失败后，希特勒等数位纳粹头目被捕。详见第四章相关内容。

[11]　此处参考了 *The Odontological Identification of Adolf Hitler: Definitive Documentation By X-Rays, Interrogations and Autopsy Findings* 一文（作者为 Reidar F. Sognnaes & Ferdinand Ström）。——原注

[12]　引自：Interview with Pauline Kohler, US OSS sourcebook. ——原注

[13]　此书英文名为 *The Young Hitler I Knew*。

Nazis
Fierc
16, 194

第二章
青年艺术家

危急时刻

在施泰尔上学的最后一年,由于无法追求艺术梦想,希特勒备受打击,健康也出了问题。希特勒说自己是肺部感染,其实很有可能只是身心失调。他向母亲请求回家休养,母亲同意了,这让他松了一口气。他母亲那时身体状况不好,所以坚持让他在希皮塔耳的特丽萨阿姨家休养。家庭医生布洛赫认为希特勒并不是真的生病了,这一切不过是他的凭空想象。布洛赫医生认为希特勒装病是为了博得母亲的同情。

布洛赫医生回忆道:

> 后来有许多资料都证明,希特勒年少时肺部出过问题。但我并不知情,而我是那段时间里唯一治疗过他的医生……根据我的记录,他根本没有类似的健康问题……希特勒那时的健康并没什么大问题。[1]

不久后,希特勒奇迹般地痊愈了。他劝说母亲给他买了一架钢琴,因为有了钢琴他就可以练习学写歌剧。但他很快厌倦了钢琴老师,因为老师总要求他练习音阶,不允许他由着性子乱弹。从此之后,希特勒无所顾忌地过上了被他后来称为"空虚的舒适生活"的日子。他衣着光鲜，在林茨的歌剧院、博物馆和艺术画廊流连忘返。当然，这一切都得由他母亲买单。

希特勒身穿丝绸衬里的黑色大衣、粗花呢夹克，围着男士领巾，戴着小羊皮手套。他把自己打扮成一个彻头彻尾的城市青年。然而，不管他多么努力地假装是一位真正的绅士，他心里都清楚自己只不过是在角色扮演。库比泽克是希特勒年少时唯一的密友，在那些无忧无虑的日子里，他每晚都与希特勒一同去城里探险。虽然库比泽克才是真正有天赋的人，他却耐心地容忍着希特勒，听他漫无边际、唠唠叨叨地谈论真正的德国艺术拥有什么优点。希特勒总是滔滔不绝地讨伐衰落的哈布斯堡王朝，后来这简直变成了一种嗜好，而库比泽克却能容忍他这些愤世嫉俗的政治言论。

库比泽克回忆道：

> 希特勒只能看到障碍和敌意。总是有事不合他的心意，他和整个世界格格不入……我从来没见过他轻松地对待过任何事。

> 希特勒只能看到障碍和敌意。总是有事不合他的心意，他和整个世界格格不入……我从来没见过他轻松地对待过任何事。
>
> ——库比泽克

命运召唤

1906年11月的一个清冷午夜，希特勒和库比泽克刚刚离开林茨的一家歌剧院，两人的脑海中还回荡着瓦格纳的《黎恩济》[2]。

对库比泽克这个音乐专业的学生来说，当晚是难忘的，不过并不是因为他们当晚观看的那部歌剧。那晚，他见识到了希特勒还不为人知的一面，或许当天是希特勒第一次展现他的演讲能力。当时他们走在空无一人、通往弗莱堡的路上，希特勒在星空下进行了激昂的演讲。

莱昂丁实科中学的老师和其他孩子，曾远远地看见希特勒在山上对着树木喃喃自语。但这个晚上却和以前不同，因为希特勒已经不甘于想象了，他需要真正的听众。希特勒围着库比泽克转来转去，突然握住他的手、盯着他的眼睛，好像要迫使他屈服一样。这一切都让库比泽克十分吃惊。库比泽克记不清那天晚上希特勒究竟讲了些什么，但他永远不会忘记17岁的希特勒强烈抨击了现实社会，并激烈表达了自己要拯救德意志民族的决心。库比泽克回忆说：

> 好像是希特勒身体里的另一个人在讲话。那演讲既打动了他自己，也打动了我。那根本不是演讲者被自己的话语冲昏了头脑的情形。依我看，他也被从自己身体里迸发出来的声音吓到了……他的话语喷涌而出，好像决堤的洪水一般。他为自己和他的人民勾画了一幅宏伟的蓝图。他一直在说，有一天人民一定会赋予他权力，让他带领人民从被奴役走上自由的巅峰；这是一项特殊的使命，这使命一定会在未来的某一天落在他的肩上。

"一个民族，一个帝国，一个元首"：1906年，希特勒向库比泽克描述过的这一幻想，在他通过种种伎俩的操弄下，终于变成了可怕的现实。照片反映的是1928年纽伦堡集会的一个场景。

煽动力

显然，希特勒已经感知到了命运的召唤，但在他的未来中，并没有库比泽克的一席之地。库比泽克那晚终于意识到，希特勒一直找他做伴只是因为希特勒需要一个听众。

"我开始意识到，希特勒把我当朋友，主要是因为我是一个耐心的听众，而他必须有个倾诉的对象。"

希特勒拥有强烈的诉说冲动，这可能是因为他想用他的声音和观点来左右他人。据说，他的演讲总是表现出非常明显的性特质。

在演讲的开头，希特勒会使用低沉、诱人的音色。随后，他会逐渐增强音量，直到癫狂的高潮。从讲台走下来后，他通常筋疲力尽、大汗淋漓、眼神呆滞，但是心满意足。

波兰记者阿克塞尔·海斯特（Axel Heyst）见识过希特勒对民众的影响力，不过他本人并未被打动：

> 从他的演讲中，我们听到了被压抑的激情和征服欲，但他却用毫无爱意的语言来表达这一切。他的呼喊中充满着憎恨和情欲，他的话语中充盈着暴力和无情。所有的语调和声音都受他阴暗本能的支配，而我们只能感受到被压抑太久的邪恶冲动。

诗人雷内·席克勒（René Schickele）的评价更为直接，他谴责希特勒的演讲是口头上的"强暴和谋杀"。

希特勒本人却深谙演讲者与听众之间的亲密关系。他曾说过："演讲者必须清楚地知道，什么时候该掷出最后那支点燃了的标枪，以燃爆全场。"

"新救世主"：希特勒运用他的演讲能力，向大众逐渐灌输一种类似宗教的狂热。

对希特勒这类人而言，口头交际常常是两性关系的替代品。他们通常因为害怕被嘲笑或被愚弄，避免与他人亲密接触。精神分析学家会用"口头释放"这个术语来形容这种情况，通过这种释放他们可以与自己心仪的对象保持距离。如果用弗洛伊德式精神分析法来解析希特勒的演讲能力，我们可能会发现一些真相。只要看过希特勒全盛时期所拍摄的新闻影片，人们都能觉察到希特勒只是被自己的声音吸引而已。

单相思

希特勒的演讲能力显然是受原始的动物本性所驱动。正因为如此，

由于深受瓦格纳的影响，希特勒将自己的首位暗恋对象，想象成瓦格纳歌剧中的女主角。

他的演讲能对现场的听众产生巨大的影响。这些演讲一旦被制成印刷品或拍成影片，却无法给大众留下持久的印象。希特勒的演讲不同于温斯顿·丘吉尔（Winston Churchill）的演讲，丘吉尔的演讲逻辑严密、论证充分，深受知识分子推崇。

如果希特勒年少时允许自己与他人建立亲密关系，他会不会用一种不太具有破坏性的方式来释放他的精力呢？这一直都没有定论，但希特勒的确不能与他人正常相处。除了天生的不信任和多疑之外，他还表现出色情狂的一些症状，他坚信自己与某人陷入了爱河，但实际上并没有这回事。

1906年冬天，希特勒遇到了一位名叫斯蒂芬妮的姑娘。那天，斯蒂芬妮和母亲在林茨的兰德大街上逛商店，希特勒一看到她就立刻为她着迷。希特勒当然只会在远处关注着她，每天下午5点，他都在初次见到斯蒂芬妮的地方守候，希望能再次碰到她，哪怕只是看她一眼。希特勒会分析斯蒂芬妮的每一个举动和表情，期望能从中找到蛛丝马迹，证明她也爱着他。与以前不同的是，这一次希特勒为斯蒂芬妮写了大量的肉麻情诗。在这些情诗中，他把斯蒂芬妮想象成瓦格纳歌剧中的女主角。当然，这些情诗从未被交到斯蒂芬妮手中。希特勒没有勇气和斯蒂芬妮说话，因为只要不接触就不可能被拒绝。只要不和斯蒂芬妮接触，他就可以继续幻想。对他而言，被拒绝的可能性太可怕，所以他干脆不考虑与斯蒂芬妮接触。

几个月的苦恋之后，希特勒情真意切地给斯蒂芬妮写了一封匿名信。他在信的开头表达了自己的爱慕之情，在结尾处哀求她等候4年，待他功成名就之时，他便回来娶她。直到此时，希特勒才决定做出姿态，离开家前往维也纳，体验一下艺术家的苦日子。他的离开其实有更为现实的原因，亲戚们开始问一些让他难堪的问题：究竟什么时候他才能不依靠他母亲的资助，开始自己挣钱呢？

维也纳

1906年春天，刚刚过完17岁生日的希特勒离开林茨，前往维也纳。维也纳是喧闹的文化之都，是古老的哈布斯堡帝国皇冠上的一颗璀璨明珠。当希特勒漫步在这座古老的历史名城、欣赏着壮观的帝国权力象征时，他把自己想象成帝国的首席建筑师，计划用一种全新的方式展现帝国的瑰宝。

希特勒自欺欺人地认为他在维也纳的那段日子里受尽了苦难，精神和身体上都经受了常人难以承受的磨难。他想象自己被迫从事了一系列体力劳动，诸如清理积雪和在建筑工地上埋头苦干。事实上，在维也纳的那些日子里，希特勒没有真正地工作过一天，亲戚们的慷慨资助让他过上了舒适的生活。他只在1908年9月至1909年12月期间，接受过一个犹太福利组织的救济。在那15个月里，希特勒肯定是走投无路了，所以才会接受该组织的救济。希特勒只有在缺钱的时候，才会画一些建筑或风景的明信片，而这些明信片基本上都被犹太画廊老板买下了。后来，纳粹为了抹去元首的那段历史，强迫这些画廊老板归还了元首的大作。

幻想破灭

直到1907年10月，希特勒才意识到他曾经幻想的成名和财富，都不可能实现了。那年秋天，维也纳艺术学院（Vienna Academy of Fine Arts）拒绝了希特勒的入学申请，因为该学院招生委员会认为希特勒的绘画不够出色。

希特勒决心证明维也纳艺术学院的老师们做出了错误的决定。他说服跛足的约翰娜姑妈做他的资助人，用毕生积蓄来资助他的艺术之梦。

除了姑妈的慷慨解囊，希特勒还从国家骗取每个月 25 克朗的孤儿抚恤金。这笔抚恤金本应发放给希特勒的妹妹保拉，但希特勒谎称自己是艺术学院学生，从而有权领取保拉的抚恤金。1911 年 5 月，法院的一纸裁决才结束了希特勒冒领抚恤金的日子。

除去上述的经济来源，希特勒还从姑婆瓦卜尔加·希特勒（Walpurga Hitler）那里继承了一小笔遗产。1907 年 4 月，希特勒年满 18 岁了，在法律上有权继承父亲的存款。这笔存款已经在银行存了 3 年，连本带利一共 700 克朗。希特勒漫无目的地待在维也纳的那些年，他能支配的金钱差不多相当于 1 个教师的工资，但他却没有工作过 1 天。每天下午，他都会无所事事地做着白日梦，或者为帝国首都设计一些新建筑。希特勒向他忠诚的朋友库比泽克保证：一旦市政府高级官员发现他是个天才，一定会委托他修建这些新建筑。每当他画烦了建筑草图，他就着手计划建立一支帝国交响乐团。这支乐团将进行全国巡演，向民众传播德意志文化。他亲自从经典作品中，为乐团挑选了他认为适合演出的曲目。希特勒的音乐素养，得益于几乎每晚都能与库比泽克一起去听音乐会，因为库比泽克就读的音乐学院会派发免费的音乐会门票。

在库比泽克求学期间，虽然希特勒认为库比泽克并不如自己出色，但他们仍是亲密的伙伴。他俩在第六区合住过一阵，房间里还放着库比泽克的三角钢琴。库比泽克以优异的成绩从音乐学院毕业后，希特勒心里越来越别扭。库比泽克的学业成就一再让他想起自己未曾实现的艺术梦想。从那时开始，希特勒几乎不再跟库比泽克说话了。

母亲去世

1907 年 12 月，母亲的突然离世，打乱了希特勒无所事事的美好日子。克拉拉患有乳腺癌，自 1907 年 1 月开始住院治疗。住院医生在布洛赫医生的协助下，为克拉拉做了乳房切除手术。克拉拉术后回家休养，布洛赫医生也一直为她提供治疗。那年夏天，克拉拉恢复得不错，甚至都能在村里四处走走。但 11 月时，她的病情又恶化了，布洛赫医生不得不给她注射大剂量的吗啡来止痛。布洛赫医生、希特勒的妹妹保拉、库比泽克和当地的女邮政局长都证实希特勒在此期间从维也纳赶回家，在母亲病榻前尽孝。尽管他们都证明希特勒是一个孝顺的儿子，在家擦地、细致入微地照顾母亲，但弗朗兹·杰茨辛格（Franz Jetzinger）在他的传记《希特勒的青年时代》里可不是这么写的。杰茨辛格引用了一位邻居的话，据这位邻居所说，在克拉拉生命垂危的最后几周里，是她一直照顾克拉拉。这位邻居可信度更高，因为她在当时就曾与他人分享过这段经历，她也能拿出希特勒的亲笔信，信中希特勒感谢这位邻居代替他照顾病重的母亲。这位邻居后来因病住院时，元首还为她支付了治疗费用，这也从另一个侧面证实了她所说的都是实情。

　　一直有人暗示，希特勒的反犹太主义源于家庭医生布洛赫，因为他没能治好希特勒的母亲，或者因为他错误的治疗方法让希特勒母亲遭受了更多痛苦。也有人说，如果希特勒因为在维也纳过得太自在，不愿意回家照顾病重的母亲，或者因为不忍看母亲受罪，刻意躲开，他应该会非常怨恨布洛赫医生，因为医生替他做了他本该做的一切。

　　事实并非如此。克拉拉去世的那段时间里，布洛赫医生收到了好几张希特勒手绘的明信片，希特勒还在明信片上多次感谢布洛赫医生的妙手仁心。此外，布洛赫医生移民美国之后，虽然继续谈论希特勒是个被妈妈溺爱的孩子，却没有引起盖世太保的注意。

　　或许，最有趣但仍没有答案的问题是：为什么希特勒不给母亲立墓碑？直到希特勒出任德国总理之后，当地的纳粹党积极分子才注意到总理母亲的坟墓没有立碑，他们赶紧自掏腰包为总理母亲立了碑。1938年，希特勒第一次也是最后一次来到母亲墓前。他只在墓前站了几秒，就匆匆走回等候他的座驾。如果他真像自己多次公开表明那般深爱自己的母亲，如果这种爱是双向的，那他为什么不给母亲立碑？究竟有什么见不得人的秘密和克拉拉一起被埋葬了？

注释

[1] 引自：*The Psychoanalytic Quarterly.* ——原注

[2]《黎恩济》（*Rienzi*）是德国作曲家、剧作家、指挥家、评论家瓦格纳（Richard Wagner，1813—1883）的代表作品，取材于14世纪中叶罗马人民反抗封建压迫的斗争史。这部歌剧主要讲述了黎恩济的一生。黎恩济带领罗马人民反抗贵族阶层的暴行，取得了成功。后来，他惨遭失利并失去民心。最后，黎恩济在寺庙祈祷时，群众放火焚庙，他死于烈焰之中。

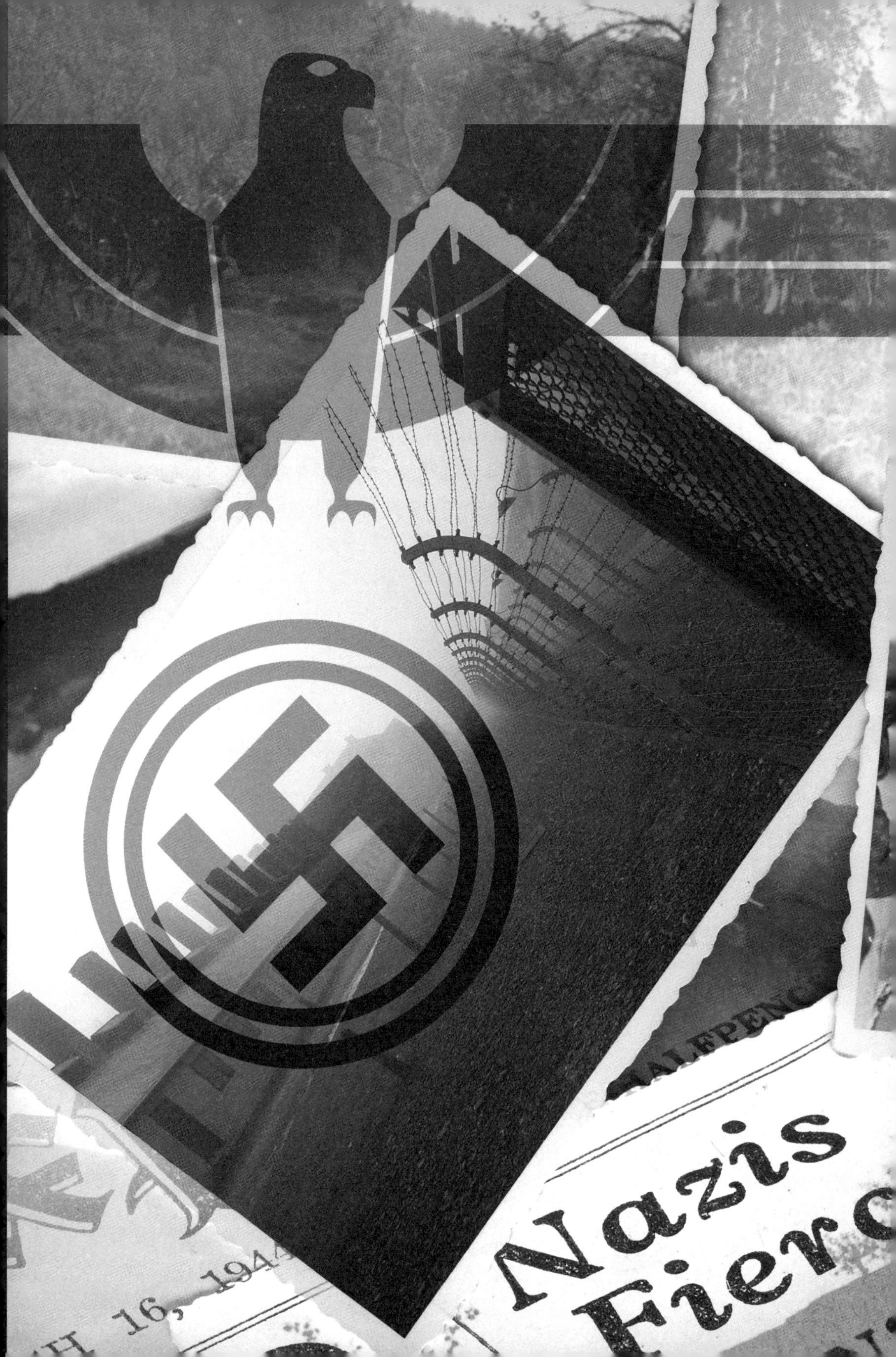
Nazis

第三章
无声的影响

希特勒反犹太主义的起源

母亲去世几个月后,希特勒就表现出了反犹倾向。我们无法确定对布洛赫医生的矛盾感情,是否在希特勒心中播下了反犹太主义的邪恶种子。但希特勒对这位犹太医生肯定是既感激又怨恨,因为当他束手无策、立于母亲病榻旁时(如果他当真在家照顾病重的母亲),布洛赫医生的妙手仁心的确减轻了母亲的痛苦。像希特勒这种神经质、脾气暴躁、以自我为中心的人,肯定被这种矛盾的感情折磨得不轻,除非他找到了发泄这种情绪的渠道。他无法与布洛赫医生当面对质,所以他很有可能将自己的怨恨转嫁到全体犹太人身上。希特勒是一个虔诚的天主教徒,他不能因为失去母亲而责怪上帝,他只能将痛苦深埋心底。但当这些痛苦达到他无法承受的程度,他将像火山喷发一样发泄他的痛苦。他选择犹太人作为发泄对象,因为他认定犹太人绝对不会反抗。

当时的欧洲充斥着反犹情绪,奥地利社会各阶层都在公开地讨论犹太人的有害影响。一些反犹太组织和杂志公开鼓吹剥夺犹太人的公民权,并散布关于犹太人宗教仪式的恶毒谣言,声称基督徒的孩子们在仪式中被用作祭品。甚至一些颇具盛名的政治家,也在公开场合发表非理性的歧视言论。在1887年的奥地利议会中，格奥尔格·舍纳勒尔（Georg Schonerer）曾试图证明自己的观点具有合理性：

> 我们的反犹太主义不是针对犹太人的宗教，而是针对犹太人的种族特征……犹太人四处和反叛势力沆瀣一气……因此，忠于祖国的人应该把反犹太主义看作本世纪内最伟大的国家进步。

希特勒认为，犹太人是造成自己未被维也纳艺术学院录取的幕后黑手。希特勒曾先后两次申请入学该学院，1908年10月，他的第二次入学申请还是一经提交就被拒绝了，招生委员会只是粗略地看了他的素描作品，连入学考试都没让他参加。但希特勒仍心存希望，他认为自己不能学绘画，也许可以申请建筑系。后来意识到自己未达到最低的入学申请要求，因为他并未完成高中学业。"心胸狭隘的"招生委员会成员让希特勒所有的计划化为了泡影，这对他日益膨胀的自我必然是一个毁灭性打击。也许，这一切让他想起了父亲曾经反对他追求艺术理想。事实上，希特勒并不具备他自认为拥有的能力，但他不能接受这个事实，反而怪

> 国际犹太人集团是一条恶龙，只有杀掉这条恶龙，亲爱的德意志人民才能挣脱牢笼的束缚。
> ——维也纳市长卡尔·卢埃格尔
> （Karl Lueger，1844—1910）

反犹情绪当时在欧洲蔓延,犹太人成了代德国受过的替罪羊。

罪艺术学院不认可他的艺术天赋。

许多年以后，希特勒承认曾对艺术学院招生委员会成员进行过种族背景调查，他发现7个成员中有4个犹太人，但他并没有提及究竟是如何进行调查的。也许，他只是在虚张声势，或者他只是看哪位成员的姓氏像犹太人，就妄自猜测该成员是犹太人。他声称曾给艺术学院院长写过一封饱含恶意的信，在信的最后他威胁说："犹太人会因此付出代价的！"[1]

希特勒怒火中烧，而此时他只能将自己的满腔怨恨和全部精力，转移到那些阻止他完成使命的人身上。具有讽刺意味的是，正是这些人的决定让希特勒走上了一条不同的道路，也让他有机会在历史上留下了浓墨重彩的一笔。

变态的哲学

希特勒曾在《我的奋斗》中写道：

> 突然，我看见一个穿着束腰长袍、耳边留着鬓发的黑影。一个想法浮现在我的脑海里："那是个犹太人吗？"林茨的犹太人可不是这个样子。我暗中观察那个人，我盯着他的脸，仔细察看他的面部特征。我观察的时间越长，我的第一个想法就越站不住脚。"那是个日耳曼人吗？"

这是希特勒在维也纳第一次遇到正统犹太人的情形，他与生俱来的多疑与偏执被唤醒了。从此之后，他把自己一无是处的自卑感、病态的性困扰都发泄到整个犹太民族身上：

> 无论去哪儿，我都能看到犹太人。我见到的犹太人越多，越能发现犹太人更多与其他人类不一样的地方……我开始憎恨他们……我不再是一个软弱的世界公民，我变成了反犹太主义斗士。

如果认为希特勒是在学习了尼采、黑格尔、路德等著名德国哲学家的理论后，才形成了自己的种族主义思想，就大错特错了。希特勒不具备学习大理论家观点的能力，也不可能构想出自己的哲学理论。他连读文学书籍的耐心都没有，他更乐意读些给孩子们看的探险故事或卡尔·梅（Karl May）所著的通俗西部小说。库比泽克曾说希特勒是个读书迷，但他后来收回了这番话。希特勒私人秘书之一的克丽丝塔·施罗德（Christa Schroeder）也曾证实，希特勒的书籍里没有一本具有"人文或知识方面的价值"。

希特勒从未在自传、演讲或非正式饭桌闲谈中，引用过黑格尔、尼采等人的观点，这说明他对这些理论家的学说并不熟悉。希特勒所有的观点都来自最不可靠的来源，即反犹太主义的小册子和种族主义的期刊。这些在维也纳"花几毛钱就能买来"的读物，增强了他的偏见、满足了他对色情杂志的需要。这些出版物充斥着歇斯底里的情绪、下流的漫画和暴力的插图，刊登的文章也并不是政治短文，一切只是为了满足男性读者的虐待狂诉求和性需求。

希特勒有没有受到兰茨·冯·利本弗尔斯（Lanz von Liebenfels，1874—1954）、圭多·冯·李斯特（Guido von List，1865—1919）等神秘民粹主义者的影响？他有没有受到那些改用贵族姓氏来隐藏自己工人阶级身份的伪知识分子的影响？这些并没有定论，但希特勒肯定理解不了那些人晦涩的理论，他只是全文照搬而已。李斯特、利本弗尔斯和

神秘主义者圭多·冯·李斯特的肖像。

希特勒之间有很多相似之处，所以希特勒只是运用自己的天赋来记忆导师们的大段宣言而已。

偏见与剽窃

让我们来看一个例子。1934年，希特勒首次考虑如何应对德国的"种族衰落"，他提议："我们应该建立一种新秩序，由圣殿骑士来护卫纯种的圣杯。"1913年，利本弗尔斯曾写道："德意志民族的血统圣杯必须由圣殿骑士保护。"通过比较，我们不难看出希特勒几乎照搬了这位黑暗导师的原话。希特勒的许多核心观点也来自李斯特和利本弗尔斯，例如"难以消灭的犹太国际阴谋"，这一说法就不断地出现在希特勒的演讲和非正式漫谈中。

利本弗尔斯创办了一本名为《奥斯塔拉》（*Ostara*）的杂志，他在这本杂志上大肆宣扬反犹太主义和民粹主义理论，而希特勒正是这本杂志忠实的读者。《德意志人民报》（*Deutsche Volksblatt*）是一份在维也纳发行的反犹太主义报纸，这份报纸也助长了希特勒的反犹情绪。在上述两份令人作呕的刊物上，希特勒不仅读到了政治打油诗、种族主义打油诗，他还为自己惧怕两性亲密关系找到了合理解释，因为这两份刊物上充斥着关于女性权利、同性恋、梅毒和阉割的文章，而这些文章都是歇斯底里、片面不实的。这些刊物还列出颅骨示意图作为证据，因为这些刊物的创办者不仅认为女性的智力水平是较低的，还认为通过颅骨的形状能判定"受到过度教育的种族正在扼杀缺少教育的白痴和毫无个性的教授"。

《奥斯塔拉》还鼓吹种族生物学测试，并鼓励读者们做测试。该测试会根据身体特征给出相应分数。例如，蓝眼睛加10分，深色眼睛要扣分。高大、金发、白肤色的男性，如果拥有"恰当形状的鼻子"，就能拿到最高总分，也会被看作完美雅利安人（Aryan）的代表。女性是没资格做测试的。总得分低于 100 分的人是混血人种，而总得分低于 0 分的不是人类，是猿。

利本弗尔斯认为："在属于高等种族的人身上，最重要、最具有决定性的性力量来自眼睛。"我们只能想象希特勒看到这番话后，做了怎样的思考。

雅利安人和亚特兰蒂斯

李斯特和利本弗尔斯二人声称公众认可的历史是错误的，他们认为日耳曼民族是卓越民族雅利安人的后代，而雅利安人在大洪水中失去了自己的家园亚特兰蒂斯。这两位神秘主义者的修正主义观点认为，雅利安人在几千年内与低等原始人通婚繁衍，已经丧失了本民族原有的智力和身体优势。因此，神秘主义者的使命是把次等人赶出欧洲，并重建雅利安人的优等民族地位，以此来保证血统的纯正。李斯特和利本弗尔斯预言：只要出现一位救世主，带领德意志民族与劣等民族进行末日之战，新秩序就指日可待了。劣等民族具体指斯拉夫人、黑人和犹太人，利本弗尔斯把他们称为"愚昧的种族"。李斯特预言："雅利安德意志民族会寻求一位由他们自己选择、他们愿意服从的元首（Führer）。"如果事实确是如此，德意志人民的确拥有一个他们想要、应得的元首。令人吃惊的是，在一战之前的那些年，这种荒谬、幼稚的幻想居然在德国和奥地利广为流传，并被奉为事实。

尽管他们认为自己是神秘民粹主义者，但实际上他们的观点没有任何价值。希特勒接受了这些错误观点之后，将自己包裹在伪哲学与声名之中，为自己的神经官能症找到了一个聚焦点。希特勒还找到了卍字符（Swastika），这个标志将成为纳粹党的党徽，也将代表纳粹党的残忍无情。李斯特和利本弗尔斯都赞同用带钩的十字（Hakenkreuz）

从娃娃抓起:随处可见的卐字符,因为德国人从出生到死亡都要受纳粹意识形态的领导。

作为雅利安力量的象征，这个标志原本是一个北欧标志，象征着促使宇宙诞生的原始火源。李斯特还提出双写北欧字母表里的一个字母来代表纯种，而这个标记后来被恶贯满盈的纳粹党卫军（SS）用作了党卫军标志。

对青年希特勒产生恶性影响的另一个人是种族主义"哲学家"西奥多·弗里奇（Theodor Fritsch，1852 — 1934），希特勒曾"仔细研读"过他的著作《犹太人问题指南》（*Handbook of the Jewish Question*）。这本书与尼采或黑格尔的著作相比，根本不在同一个智力水平上。这本书不过是一本短文集，其中所有的短文都在指控犹太人在历史上犯下了滔天大罪。此外，这本书还收录了一些反犹太主义者的广播内容摘要。为了使自己的观点更为可信，希特勒如饥似渴地阅读并记忆这本书的内容。海涅是19世纪著名的诗人和散文家，而弗里奇曾对海涅进行过疯狂的抨击，他的抨击体现了自己的怪诞逻辑：

> 很明显，海涅身上有两股力量在互相博弈。他身体里的日耳曼人力量，想要攀登一个理想的高度。而他身体里的犹太人力量拽着他的腿，把他拽落到沼泽中。他自己却在沼泽里欢快地打滚，并嘲笑追求理想的愚蠢。

特别值得一提的是，弗里奇对弗洛伊德也曾进行过疯狂的攻击，他指责弗洛伊德将"摧毁德国人的灵魂……和德国人的家庭"。希特勒一定会抓住这个观点不放，因为这个观点削弱了精神分析学派的权威，挑战了精神分析学派的观点。精神分析作为一门新兴的科学，一定让希特勒非常不安，因为他本人表现出了一系列变态心理。

瓦格纳

也许，对希特勒的虚无主义思想体系和纳粹党影响最大的是作曲家理查德·瓦格纳。毫无疑问，瓦格纳是音乐天才，但大家都说他和希特勒一样令人憎恶。事实上，这二人有许多共同特点。他们的相似程度让我们不禁想问：希特勒是因为对瓦格纳产生了身份认同感，才更加崇拜他吗？正如希特勒自己所说："我非常了解瓦格纳的心路历程。"[2]

瓦格纳和希特勒都固执己见、自恋，还很迷恋自己的声音。他们认为自己在各个领域都是专家，但他们的写作和被记录下来的谈话表明，他们对所讨论的话题只了解皮毛，根本没什么有价值的见解。著有《心理变态的"神"》(The Psychopathic God)一书的罗伯特·维特（Robert Waite）曾写道，如果他们二人的名望和影响力只取决于他们的写作，他们可能只会被看作种族主义怪人。维特还注意到，他们二人的散文写得十分糟糕，不但晦涩难懂，而且语法不通。译者在翻译他们的散文时，只能直接参考德语原版，因为英文译本实在不知所云。

这些语言错误绝不是由于他们的教育背景导致的，这些错误反映了

> 我是德国人。我代表德国精神。
> ——理查德·瓦格纳

1936年4月，柏林烘焙师协会的成员们表情肃穆地展示他们的劳动成果——为庆祝元首47岁生日特制的巨型蛋糕。

他们非理性的思维模式。身为一位现代政治领袖,希特勒的语法和拼写实在糟糕得不像话。

维特暗示他们二人为了隐藏他们潜在的同性恋倾向,都假装表现出极其夸张的男子气概。瓦格纳作曲时,会穿上粉红色的丝质长袍,喷上香水;而希特勒手里一直握着一根马鞭。希特勒曾为了取悦一位女性崇拜者,用马鞭抽打他的狗。他们二人在非常开心的时候,或因欲求未满而发脾气的时候,都会像小孩子,表现出情绪的放纵。他们二人之间最为显著的共同困扰是:他们都怀疑自己的生父是犹太人。为了驱除内心的担忧,他们比其他反犹太主义者更为激烈地谴责犹太人。虽然二人的犹太出身都未被证实,但这种可能性一直折磨着他们,直到生命的最后一刻。

不安分的天性

瓦格纳的歌剧表面上是壮观的民族主义盛况,是在赞美德意志民族的美德和英雄主义,但在表象之下,他的歌剧表现的却是他对乱伦和母爱的痴迷。这样的主题和含义几乎可以被看作恋母情结,但瓦格纳的作品却很对希特勒的胃口。对希特勒而言,瓦格纳的音乐如同宗教一样,还具有情感治疗的功效。库比泽克注意到,瓦格纳的音乐能让希特勒逃入一个神秘的梦想世界,从而缓解他不安分的天性所带来的紧张和不安。

种族主义小册子的作者们让年轻的希特勒参与政治,而瓦格纳谈到的那个即将出现的德意志英雄,点燃了希特勒传教士般的热情。瓦格纳说过,一位新巴巴罗萨(Barbarossa)即将出现,他将重现德意志的昔日辉煌、推翻议会民主制,因为瓦格纳认为议会民主制是法国犹太人(Franco-Judaic)的骗局。瓦格纳还曾写道,人是需要猎物的野兽,伟大的文明一定是建立在征服与劣等民族的被征服之上的。

替瓦格纳辩解的人一直坚信，不能因为他的胡言乱语就否定他的伟大音乐，但我们必须记住，瓦格纳是提出"犹太人问题""最终解决方案"的第一人。他的提议很清晰，因为他说起过没有犹太人的未来，他把犹太人称为"人类的敌人"。

瓦格纳就是这种自我放纵的狂徒，他活在自己创建的幻想世界里。希特勒却把他的言论视若珍宝，立志要领导这场优等种族与劣等种族之间的斗争，至死方休。

逃兵

熟悉了种族主义小册子上的内容之后，希特勒拉着他的朋友库比泽克一起加入奥地利反犹主义联盟（Austrian Antisemitic League）。对希特勒而言，维也纳不再是祖国的文化首都了，而是到处都是犹太人的种族主义巴比伦。

希特勒还没来得及宣扬他的新信仰，就得知自己因逃服兵役，将遭到奥匈帝国军队（Austro-Hungarian Army）的逮捕。1913年5月，希特勒逃到慕尼黑，在著名的艺术区施瓦宾格找到了落脚点。他在一家裁缝铺楼上租到了一处配有家具的舒适住处，月租金只需20马克。当时，他每个月的收入差不多有100马克，这数目远远超过了他的日常需要。他主要靠卖画挣钱，每幅画大概能卖10至20马克。他自己也承认，这段日子是他一生中"最幸福、最满足的"时光。1914年1月18日，奥地利政府终于找到了他。他被逮捕并被带到奥匈领事馆，在那儿被要求解释他没有应召入伍的原因。

希特勒肯定是进行了悲惨的表演，假装自己是一个无能的可怜人，因为他居然成功地说服了总领事，对他进行了宽大处理。总领事释放了希特勒，要求他去萨尔茨堡[3]的军事委员会报到，并接受评估。1914年2月5日，该委员会宣布希特勒因某种原因不适合服兵役，将希特勒

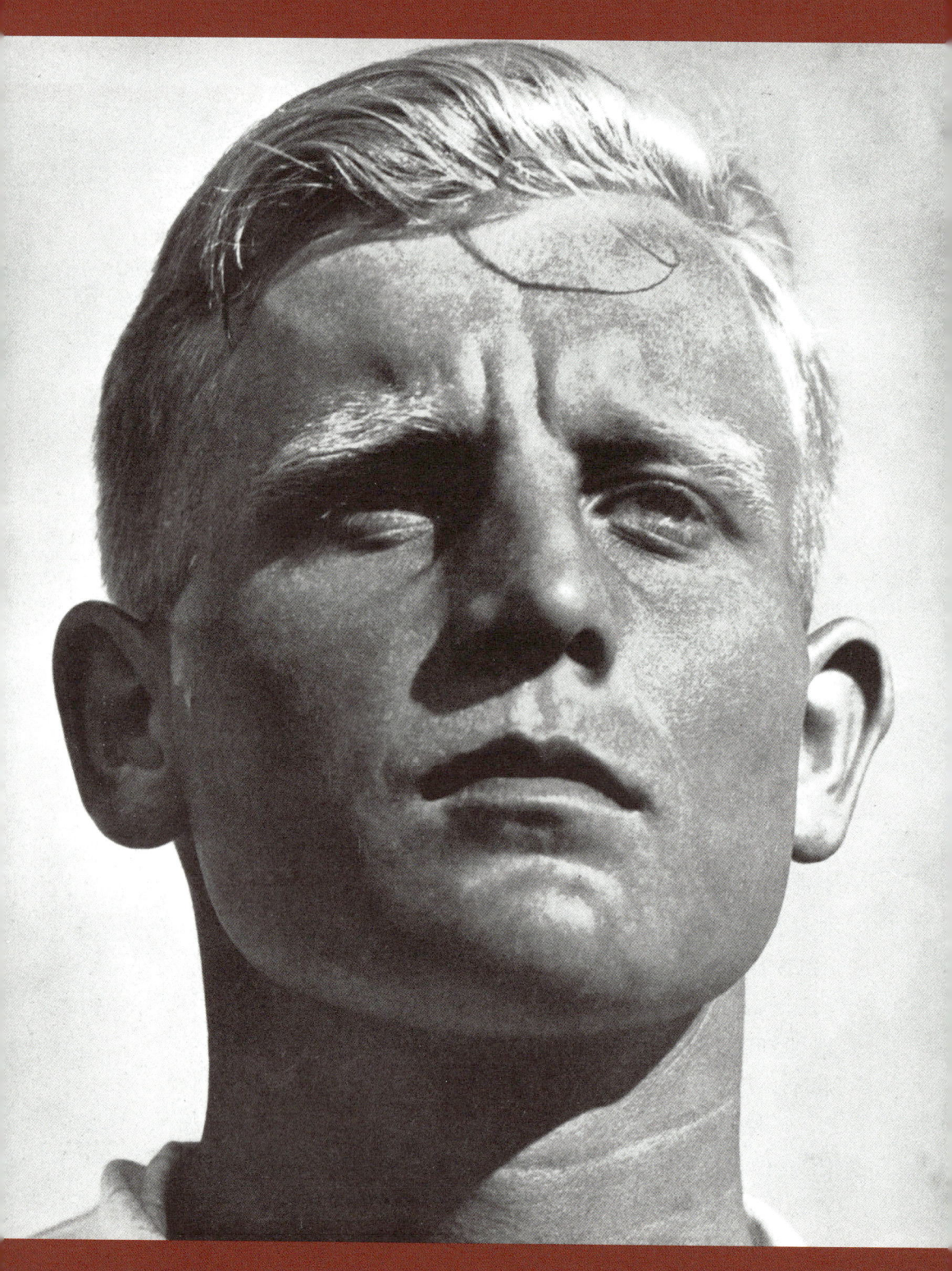

"明天属于我"：代表完美雅利安人的希特勒青年团（Hitler Youth）成员，是深受纳粹意识形态喜爱的形象，但与希特勒本人毫无相似之处。

释放了。

希特勒又重新过上了舒适的生活,他一直住在裁缝铺的楼上,直到1914年8月,旧世界的帝国大厦瞬间轰然倒塌。

注 释

[1] 引自：*Ten Days To Die,* Michael Musmanno. ——原注

[2] 引自：*The Voice of Destruction*, Hermann Rauschning. ——原注

[3] 萨尔茨堡（Salzburg）位于奥地利西部,是萨尔茨堡州首府,是继维也纳、格拉茨和林茨之后奥地利第四大城市。

16, 1944

Nazis
Fierc

第四章
动荡年代

宣战

1914年8月，德国宣战的那一天，成千上万的德国民众聚集在慕尼黑的奥登广场（Odeonplatz），25岁的希特勒也置身其中。一张著名照片记录了那个时刻，它拍到了希特勒欣喜若狂的表情。德国民众和希特勒的爱国热情高涨，所有人都认为这场战争是正义之战，它最迟将于当年圣诞节时分结束。然而，对希特勒而言，这场战争的意义不仅是为奥地利大公报仇，也不仅是为了支援盟国。这场战争把希特勒从单调、没有目标的生活中"解救"了出来，让他拥有了使命感。

"那几小时将我从青年时期的苦闷中解救了出来。我可以毫不难为情地告诉你们，当时我沉醉在那股爱国热情里，我双膝跪地、诚心实意地感谢上帝，感谢他让我生于这样一个时代。"[1]

这场战争还让希特勒拥有了身份认同感，并给了他一个为祖国复仇的机会。

据说希特勒在这场战争里表现得不错。他在李斯特步兵团（List Regiment）升至下士军衔。由于他的英勇表现，他于1914年被授予二级铁十字勋章，于1918年被授予一级铁十字勋章。然而，他的战友们都不喜欢他。希特勒的军衔没有进一步得到提升，因为他的上级们知道

人群中的笑脸：1914年德国宣战的那一天，人群中的希特勒露出一副欣喜若狂的表情。

没有士兵会听从他的命令。

"白乌鸦"

希特勒的行为举止有些古怪，所以他的战友们都有意疏远他。在一个战友的记忆里，希特勒看着他的步枪，"就像一个女人看着她的首饰那样开心"。战友们都叫希特勒"白乌鸦"，因为他不苟言笑，也很少开玩笑，除非听到有人遇上了倒霉事儿。希特勒鄙视他的战友们，因为他认为他们缺乏爱国热情还不尊重上级；而战友们也不信任他，因为他刻意与大家保持距离，从不努力融入集体。

希特勒过度讲究个人卫生，这也让大家很不舒服，他们认为这跟狂躁症没什么差别。此外，希特勒还非常厌恶吸烟、饮酒和女人。整个军营都知道他是"女性仇视者"，他还经常告诫大家不同种族之间的媾和会带来危险。一有机会，希特勒就会滔滔不绝地谈论马克思主义、共济会（Freemasonry）和犹太人的国际阴谋所带来的危害。这一切都让战友们觉得有趣，他们有时为了排解战壕中的枯燥生活，会故意逗他讲这方面的事。

一个战友回忆道："我们都骂他，因为他实在让人受不了。"但他很纳闷为什么希特勒每次都能大难不死。希特勒曾多次在狂轰滥炸中毫发无伤。在一些小规模交战中，其他人要么丧命、要么受伤，希特勒却总是毫发无伤。

希特勒从前线寄回的信件和明信片写得既生硬又正式，完全不能体现写信人的性格，只能反映出他对战争的痴迷。希特勒与他的房东曾保持通信，房东还给他寄过一包食物，但这却让他感觉受到了冒犯。在信中他一再警告房东"到处都是敌人"，还一遍遍地强调：他一次次神奇地死里逃生，是因为他将完成一项特殊的使命。从他的信中感受不到一丁点儿人情味，只能感受到他的神经质。

> 整个欧洲的灯都将熄灭。我不知道有生之年，还能不能看到那些灯重新点亮。
> ——爱德华·格雷[2]，第一代法罗顿的格雷子爵
> （1st Viscount Grey of Fallodon）

1916年10月，希特勒被弹片打伤了肩膀，入院接受治疗。但他请求在圣诞节回到前线，这样就能一个人在指挥部过圣诞节了，而他在此之前就在指挥部当通信兵。自从母亲去世后，他开始独自一人过圣诞节，甚至在掌权之后，他都坚持这么做。在一年中最欢乐的一天，他选择一个人独处，彻底扮演一个苦命人角色。

背后一刀

1918年11月，德国宣布停战，希特勒正在波美拉尼亚[3]的帕斯沃克医院住院治疗，因为当年10月，希特勒在伊普尔（Ypres）参加战斗时吸入了氯气。尽管当时美国加入了协约国（Allies）阵营，希特勒还是不能理解德国为什么会战败。在举国上下经受了贫困、做出了那么多的牺牲之后，希特勒不能容忍德国居然投降了：

"我的眼前又是一片漆黑。我跟跟跄跄地摸回我的病房，扑倒在床上，把头蒙进被子里。自从母亲去世之后，我还从未哭过。"

正是在那个时期出现了"十一月罪人"的说法。德国士兵无法接受强大军队的溃败事实，于是开始纷纷议论，说德国军队是被国内的失败主义者在"背后捅了一刀"。

边缘人物：一战期间，希特勒（头上方画 × 者）和他的战友们。希特勒对战友们持冷淡态度，认为他们不尊重上级和祖国。

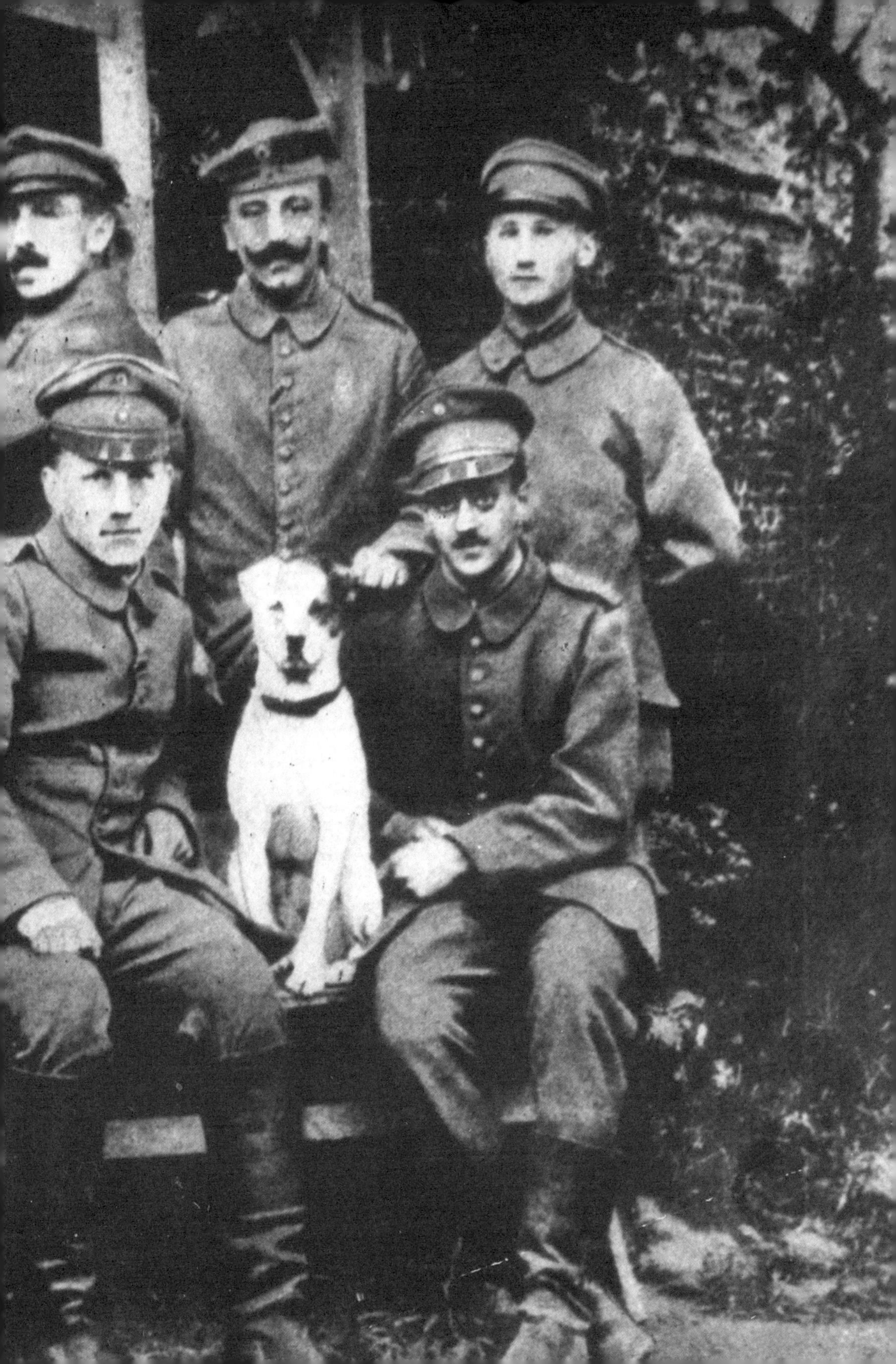

1915年左右，身着军装的希特勒：数次与死神擦肩而过的经历，增强了他的使命感。

1919 年 11 月，兴登堡将军[4]说道：

> 如果军方和国内有合作的话，我们的奋斗就会有个令人满意的结果。尽管敌人的求胜欲望很强烈，国内又出现了党派之间的利益之争……但军队的核心领导是可靠的，不应该承受任何指责……我们都很清楚究竟应该由谁来承受这些指责。

凡尔赛条约

尽管《凡尔赛条约》[5]中包含不少苛刻的条款，甚至要求德国支付惩罚性战争赔款，1919 年 6 月德国还是在条约上签了字。正当此时，德国国内的极端民族主义开始生根发芽，对帝国的狂热与盲信带来的苦果也开始一一显现。条约签订后，德国失去了所有的海外殖民地，将阿尔萨斯 – 洛林[6]归还法国，战略重地萨尔[7]地区和莱茵兰[8]也被占领。这些条款都在惩罚和羞辱德国，因为德国必须为发动战争受到谴责和惩罚。

德国总计失去了 13% 疆土，600 万德国人失去了德国国籍。此外，德国 20% 煤、钢铁行业都被战胜国夺走，德国军队被减至 10 万人，而这点兵力都不足以保卫柏林。大部分德国海军被英国夺走，德国不得拥有潜艇、坦克和重型火炮，不得发展空军。实际上，德国被掠夺了资产、被剥夺了保卫自己的权利、被罚款来支付其发动战争导致的损失，罚款总额在 1921 年相当于 66 亿英镑。

《凡尔赛条约》的条款根本没有回旋的余地。用法语表达，这是既成事实（fait accompli）；用德语表达，这是单方面的苛刻条件（Diktat）。除了上述的惩罚和掠夺，为了进一步羞辱德国，新成立的国际联盟[9]不接纳德国作为成员国，因为德国是不被信任的国家。

沮丧和绝望：一战后，柏林一贫如洗，全城弥漫着沉痛的情绪。不久，左翼分子和右翼分子开始在街道上发生冲突，同时纳粹开始为夺权做准备。

共和国诞生

"极端的时代需要极端的手段。"20世纪20年代的德国民众正是因为拥有这种情绪，才会给纳粹党投票，而在当时这种选择的确也有几分道理。在一战的余波之中，德意志帝国把自己搞得体无完肤。一战的最后几周里，将军们劝说德皇威廉二世[10]将权力移交给帝国国会（Reichstag），一旦战败就可以将罪责推给政客。1918年10月3日，马克斯·冯·巴登亲王（Prince Max von Baden）成立了新政府，同日向协约国请求停战。突然的投降让德国民众大为震惊，因为民众一直相信新闻报道中所说的离最终胜利只差最后一步。

军队中马上出现了各种叛乱。水兵们占领了威廉港[11]港口、基尔[12]海军基地和全国各地的重要军事设施。地方议会在匆忙选举后产生，议员主要由士兵和工人组成，他们控制了主要的城市。巴伐利亚州[13]的左翼激进分子宣布成立社会主义共和国，而一系列罢工和游行使柏

骚乱中的国家:1919年,德国皇宫外发生了示威游行,革命士兵和水兵正在控制人群。

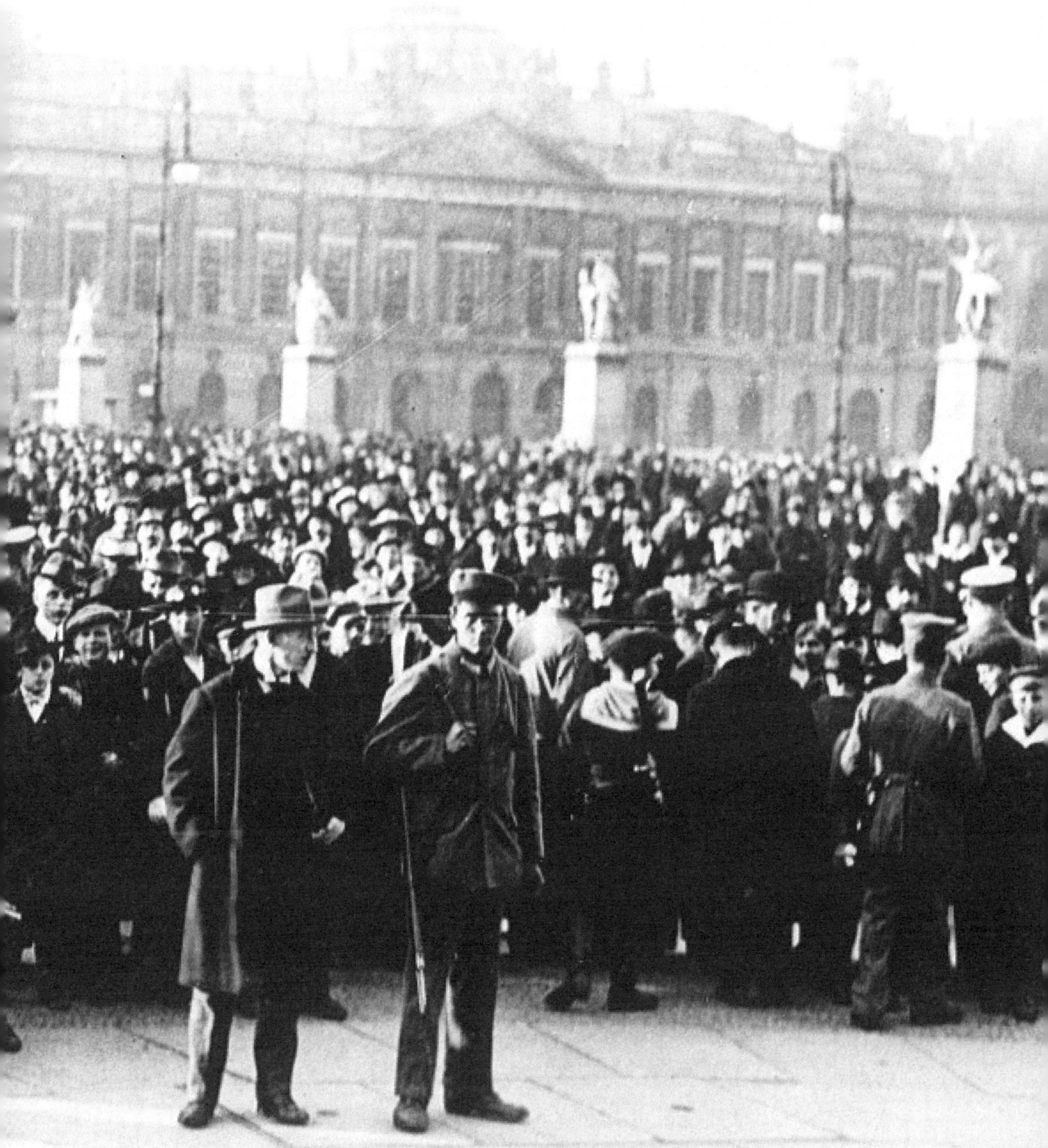

林处于瘫痪状态。为了恢复国内秩序，威廉二世被迫退位，在弗雷德里希·艾伯特[14]的领导下新政府成立了。1919年1月，新的国会通过选举产生。在接下来的1个月里，议员们在魏玛[15]召开会议。会议结束后，艾伯特宣布德意志帝国[16]不复存在，德国成立了共和国，自己就任总统。

极端主义盛行

共和国的诞生并不是一帆风顺的。在最初的5年内，共和国经历了一系列武装革命和未遂政变，因为各个政治派别中的极端分子都在激烈地斗争、以求掌权。为了应对这种状况，政府成立了自由军团[17]。自由军团由武装志愿者组成，受前军队军官领导。自由军团恣意妄为，可以射杀任何他们怀疑是叛乱支持者的人。街道上一片混乱景象，军队常常与工人对峙。为了施压迫使自由军团解散，交通和通信都陷入了停滞状态。这种混乱的情况于1920年3月卡普政变[18]达到了高潮，政变最终以几百万德国工人放下手中作为武器的工具而告终。政变的领导者沃尔夫冈·卡普[19]和冯·吕特维兹将军（Walther von Lüttwitz）出逃至瑞典。

艾伯特随后下令解散自由军团，但这激怒了右翼激进分子。右翼激进分子发誓要继续战斗，因此他们组建了地下组织和刺杀小队。截至1923年年底，他们累计杀害了354人。如果认为当时只有希特勒和纳粹在德国鼓动右翼极端主义，就错了，因为极端民族主义在魏玛共和国时期已经达到了非常盛行的程度。一位智者曾说过，魏玛共和国是"一个没有多少共和主义者的共和国"。

德国军队整体上是亲右翼的，所以不能指望军队支持政府，而法官们对右翼极端分子的宽大处理也破坏了德国的法治。

1920年后的共和国由联合政府统治，而当时德国的情况根本令人

> 这是一个任何人对发展现状不满意……都想要创建一个新政党的时代。
>
> ——阿道夫·希特勒

无法忍受，因为联合政府内各政党之间不仅一直争议不断，他们还一起阻止共产党（KPD）和民族党（DNVP）影响政府的政策。德国的情形不仅反复无常，而且非常不稳定，难怪民众会呼吁"强者"来恢复社会秩序。

1925年，为了恢复民众对政府的信心，年迈的陆军元帅保罗·冯·兴登堡当选共和国总统。兴登堡并不是共和国的支持者，他支持的是王室复辟与威廉二世回归。因此，他获得了民族党的支持，当时民族党是议会中第二大政党。此外，他还获得了政府工作人员、工业家、法官和军队的拥护。

荒唐的小组织

许多从战场归来的士兵都满腹牢骚、心存怨恨，因为他们以为"参战是为了终止战争"，但他们的幻想却破灭了。希特勒心中的怨恨比大多数士兵还多。希特勒以为德意志霸权不可撼动，但他的盲目自信被摧毁了。有人提出德国之所以战败，并不是因为战场上的将士们，也不是因为作战指挥部，而是因为一些不知名的阴谋分子，他们没有骨气继续进行这场消耗战。希特勒完全赞成这种看法。作为一个偏执狂，希特勒把这看作对他个人的背叛，发誓要报仇雪恨。其实，他并没有等太久。1919年9月，希特勒的部队长官派他去一个小型政党报到，目的是让他作为军方可信任的代表（Vertrauensmann）参加该政党的集会。希特勒认为：

> 这是一个任何人对发展现状不满意……都想要创建一个新政党的时代。四处都有这样的政党涌现，过一阵又悄然消失。我看这个德国工人党[20]也不会是个例外。

德国工人党由一群衣衫褴褛、偷鸡摸狗的激进分子组成，种族主义是该政党的议程之一。该政党只有不到60名成员，几乎没有什么政治影响力。铁路工程师安东·德雷克斯勒（Anton Drexler）和记者卡尔·哈勒（Karl Harrer）是该政党创始人，二人创建这个政党的初衷是为了通过全国性运动来改善工人阶级的命运。但这二位既没有公众演讲的天赋，也不具备组织能力。

希特勒参加了在塔尔区施德内克布劳（Sterneckerbräu）啤酒馆举行的会议，会议上德国工人党邀请了一位自诩是经济学专家的人就"利息奴役制"进行发言。发言结束后，现场有一位与会者站起来宣扬巴伐利亚的独立政权，这在当时是一个既棘手又热门的话题。希特勒勃然大怒，他从阴暗的角落走出来、大声喝止了那位与会者。尽管希特勒的论述并未给听众留下深刻的印象，但德雷克斯勒、哈勒和在场的人都被他不容置疑的信念所打动。大家一致认为，希特勒是一个能给听众留下深刻印象、具有煽动性的演讲者，而且他的演讲风格十分具有威慑力，不允许被质疑。

会议结束时，德雷克斯勒硬塞给希特勒一本名为《我的政治觉醒》（*My Political Awakening*）的小册子。第二天早上，希特勒躺在营房的床铺上饶有兴趣地开始阅读这本小册子。

那天晚些时候，希特勒收到了让他加入德国工人党的书面邀请，但在那一刻希特勒并不想加入该党。他后来承认，他一直在认真考虑创建自己的政党。他第二次去参会主要是想当面告诉他们，他无意加入这个"荒唐的小组织"。

第二次会议是在赫伦大街的阿尔特斯·罗森巴德召开的，在烈性啤酒味和污浊的香烟味中，会议讨论了该政党可怜的资金情况。希特勒后来在《我的奋斗》中回忆道：

> 在昏暗的煤气灯下，4个人围坐在桌子前……首先宣读了上次会议的会议记录，秘书投了信任票。接下来是做财务报告，该党一共只有7马克50芬尼[21]，会计也投了信任票。而这居然也被记入了会议记录……天啊！天啊！这是最糟糕的政党活动了！我要加入这样的组织吗？

希特勒对自己参与的这次会议进行了高度美化，他描述自己在加入该政党之前，经历了好些天的内心挣扎，但他最后服从了命运的安排。事实上，希特勒的上级迈尔中尉（Lieutenant Mayr）命令他加入该政党，因为这种右翼政党可以将老兵和工人从共产党那边吸引过来，而共产党是对军队和国家稳定的威胁。

把握时机

1920年1月，希特勒加入了德国工人党，成为该党第55位成员。这个数字后来被改成7，这样一来希特勒就是早期成员之一了。另一位早期成员是剧作家迪特里希·埃卡特（Dietrich Eckart），他是一个吗啡和酒精成瘾患者，曾被强制送进精神病院。在精神病院期间，他曾怂恿病友上演他写的戏剧。埃卡特对希特勒产生了早期、重要的影响。他帮

"宣言"：希特勒在施德内克布劳啤酒馆发表演讲的宣传油画。希特勒把纳粹党从一开始的小规模一步步壮大，最后带领纳粹党登上了权力巅峰。

助希特勒练习公众演讲，修改希特勒演讲稿中的语法错误，还把希特勒介绍给他富有的朋友们。这些有钱人后来成了该政党的资助人，因为他们希望该政党能维护他们的利益。埃卡特并没有活到该政党掌权的那一天，3年后，他死于成瘾症。他的遗言呈现出一个他自己也未预见到的意义：

> 不要哀悼我，因为我对历史的影响，比任何一个德国人都大。

在加入德国工人党的最初几个月里，希特勒一直忙着准备会议的邀请函。会议一般都在施德内克布劳啤酒馆后面的空屋子里举行，但一直只有7个成员出席会议。沮丧的希特勒只得在当地报纸上刊登了一则广告。广告刊登后，他激动地发现居然有一百多人来到了会议地点。希特勒喜出望外，不顾哈勒的反对，发表了即兴演讲，而听众们的反响十分强烈。接下来的那个月，让大家惊讶的是，希特勒居然在能容纳2000人的皇家啤酒屋（Hofbrauhaus）组织了一次会议。哈勒对此非常愤怒，退出了德国工人党。但他后来声称，是希特勒的反犹太主义让他做出了退党的决定。出人意料的是，这次会议获得了巨大的成功。特邀发言人仍是一位古怪的经济学"专家"，他的理论让与会者毫无反应、一言不发甚至越来越不耐烦。希特勒抓住这个机会，就"十一月罪人"和犹太人发表了激烈的长篇演讲。他后来回忆道：

> 大厅里出现了一阵叫喊声和激烈的争执声……半小时之后，掌声淹没了叫喊声……近4小时之后，当我看着人们离开大厅时，我意识到从现在开始，这场运动的原则将不会被人们遗忘，因为其正在扩散到德国人民之中。

该政党从那以后改名为国家社会主义德国工人党（简称国社党或纳粹党）[22]。该党的宣言，主要源自希特勒1920年2月24日的演讲内容。宣言的部分内容如下：

《国家社会主义德国工人党纲领》

1. 我们要求基于民族自决权,联合所有德意志人成立大德意志帝国。

2. 我们要求德意志民族应与其他民族享有平等的权利,废除《凡尔赛条约》和《圣日耳曼条约》。

3. 我们要求国土和领土(殖民地)足以养育我们的民族及安置我们的过剩人口。

4. 只有德意志同胞,才能取得德意志公民的资格;凡属德意志民族血统,不管其宗教派别如何,皆为德意志同胞。因此,犹太人不是德意志同胞。

5. 凡在德国的非德意志公民,只能视为侨民,应受治理外国人的法律约束。

6. 我们要求一切公职,不管何等种类,不管它是在中央、州还是地方,必须由德意志公民担任。我们反对腐败的议会制度,因为议会政治只根据党派利益任用私人,而不顾及品德和能力。

7. 我们要求国家应以维持公民生计所需为首要任务。如果国家不能供养全部人口,则应将外国人(非德意志公民)驱逐出德国国境。

8. 禁止非德意志人迁入德国。我们要求将1914年8月2日以后迁入德国的一切非德意志人驱逐出境。

9. 所有德意志公民应享有同等的权利和义务。

10. 每个德意志公民的首要职责是从事脑力或体力劳动,个人的活动不许损害全体利益,而应受全体的制约并对所有人有利。

……

在这份宣言余下的 15 条中，纳粹党承诺：取缔所有不劳而获的收入（存款利息和股份分红），没收战争利润，将公司和百货商场收归国有，进行大规模的卫生和教育改革，以及将新闻媒体交由国家控制，因为新闻媒体只能由"德意志同胞"管理。没人可以说他们并没有感受到危险的气息，因为在最初的日子里，纳粹党丝毫没有掩饰他们过激的种族主义倾向。在这份宣言的最后，纳粹党要求建立"强大的中央集权政府"，而政府在整个帝国拥有"绝对的权威"[23]。

1920 年夏天，希特勒开始采用"卐"作为纳粹党的标志。在神秘教义的传统中，这个标志原本代表统一，但后来却成了狂热的标志。人们认为，希特勒肯定是以前在奥地利的反犹太组织中见过这个标志，或者他可能看到了自由军团头盔上的纹章，而那时的自由军团正开进慕尼黑、剿灭卡普政变。纳粹党的标志是红底白圆心、中间嵌着黑色顺时针旋转 45 度的"卐"，而红、白、黑三色是代表普鲁士帝国（Imperial Prussia）的颜色。不管希特勒是从哪儿获得了灵感，他将新标志包裹在传统的装饰色里，这的确非常狡猾。

"红色象征我们这场运动的社会理想，白色象征民族主义[24]思想，'卐'象征雅利安人争取斗争胜利的使命。"

不久之后，纳粹党谋划了慕尼黑政变，但政变以失败告终。这场政变揭露了纳粹党的真面目，几乎没人被他们所愚弄。

通货膨胀

在魏玛共和国期间，失控的通货膨胀扭转了局面，纳粹党因此获得了民众的支持。由于通货膨胀，普通德国人购买 1 块面包，需要支付 1 个月的工资。德国的城镇随处可见推独轮车的消费者，车上堆着一摞摞不值钱的德国马克。这一幕幕场景让民众意识到德国的经济已经岌岌可危、政府根本没有作为。一夜之间，工资贬值了，多年积蓄化为乌有。在马克继续贬值的情况下，雇主不得不1天内给工人发2次工资，以确保工人能为家人购买食物。

通货膨胀的始作俑者是威廉二世，为了战争他大肆举债。而魏玛共和国政府为了平衡收支，印制了大量货币，超出了德国经济的实际需要，从而加剧了通货膨胀。1923年春天，由于一直从国外购买煤炭，政府的支出已经是税收的8倍。德国政府无力继续偿还战争赔款，法国借机占领了鲁尔地区（Ruhr）。

1914年7月，4马克差不多能兑换1美元。一战末，8马克能兑换1美元。1923年1月，18000马克能兑换1美元。1923年年底，42亿马克能兑换1美元。1918年12月，1马克能买2块面包。1922年12月，165马克能买1块面包。又过了不到1年时间，1块面包的价格飙升至150万马克。德国人民对他们选出的代表失去了信心，他们在恐慌中认为谁掌权都会比现任政府强。在这种情况下，他们决定抛弃对纳粹极端做法的批评，愿意给这群极端民族主义者一个机会。

"希特勒帮"

鲁道夫·赫斯[25]是第一个加入纳粹党的希特勒追随者。一战时，赫斯曾与希特勒一起服役，但他并没给未来的领导人留下深刻的印象。1921年，赫斯在一个集会上听到了希特勒的演讲，会后他给希特勒呈上了一篇赞美的文章，在文章里他吹捧希特勒具有德国领导人的理想品质，此后他才被纳粹团伙接纳。他写道：

只有一个来自人民的人才能树立威信……他与大众并没有

什么共同之处。但像每一位伟人一样，他拥有伟大的人格……必要时，他不会因害怕流血而退缩……为了实现目标，他时刻准备着牺牲他最亲密的伙伴……

希特勒当然会喜爱这种吹捧他的文章，立即将这位 26 岁的前经济学学生任命为秘书。赫斯欣喜若狂，好像"被一个美好憧憬冲昏了头脑"似的。他回到家，一遍遍地跟妻子念叨："那个人！那个人！"他找到了生来就要效忠的主人。

爱蹙眉的赫斯与催眠大师希特勒之间的关系，不禁让人想起舍扎尔（Cesare）与卡里加里博士。舍扎尔和卡里加里博士是德国表现主义经典默片《卡里加里博士的小屋》（The Cabinet of Dr. Caligari）中的主要人物。在这部影片里，卡里加里博士在露天市场向人们展示处于催眠状态的舍扎尔。在主人卡里加里博士操纵下，梦游的舍扎尔在夜间谋杀了附近镇上的居民。

事实上，慕尼黑大学一位教过赫斯的老师曾评价说，赫斯令人不安的眼神好似梦游者的眼神。这位老师还记得赫斯是非常"迟钝"和"无趣"的人。希特勒十分看重赫斯无条件的服从和谦卑的态度，但他也承认赫斯是一个乏味的同伴。

希特勒说："与赫斯的每次谈话都能变成令人痛苦的负担。"

希特勒利用赫斯，就像他利用任何一个进入他势力范围的人一样，但他鄙视赫斯对艺术和文化不感兴趣。赫斯对古怪的替代疗法、生物动力饮食和占星术这类的深奥概念十分着迷，但希特勒认为这些都表明赫斯头脑不清楚，有些精神错乱。

总体来说，赫尔曼·戈林[26]是一个更令人敬畏的人物。他以前是战斗机飞行员，曾在里希特霍芬男爵[27]所在的著名飞行中队服役。戈林认为自己是战斗英雄、贵族和巨兽猎人。然而，他更在意的是获得勋章和新军装，而不是在战争中取胜。戈林和蔼、慈爱的形象下隐藏着邪

政党时间：1936 年，纳粹党在慕尼黑歌剧院召开年度会议。坐在第一排的正是纳粹党的核心人物，包括赫斯、戈培尔、希特勒和戈林等。

恶和睚眦必报的天性，他手上有一个黑色小本子，他把触怒他的人都记在本子上以便日后算账。戈林建立了第一批集中营，还创建了盖世太保。1921 年加入纳粹党后，戈林的第一个职位是冲锋队[28]副队长，但他很快升任副党首。戈林唯一忌惮的人是希特勒，希特勒曾承诺在以后的战斗中，给戈林分配一个积极并且重要的职位。

戈林曾吹嘘："我加入纳粹党因为我是革命者，才不是因为什么意识形态的一派胡言。"

保罗·约瑟夫·戈培尔[29]身高只有 1.5 米，还是个瘸子。由于个人身体条件，戈培尔不是纳粹党内最仪表堂堂的人，但他仍是一个令人畏惧的人物。他说话尖酸刻薄，善于操纵他人，被他的敌人们戏称为"有毒的矮子"。他辗转 8 所大学，最终获得了博士学位。毕业后，他曾尝试成为剧作家和记者，但都以失败告终。1922 年 6 月，戈培尔听到了希特勒在慕尼黑科龙马戏团（Circus Krone）的演讲，他终于找到了自己的使命。

"我在那一刻重生了！"他惊叫道。

慕尼黑啤酒馆政变失败后，希特勒被关在兰茨贝格（Landsberg）监狱。戈培尔写了一封充满溢美之词的信，希望希特勒看到这封信后能记住他的名字：

> ……您就像一颗冉冉升起的新星，闪耀地出现在我们的眼前！您创造了奇迹、清空了我们的头脑，在充满怀疑和绝望的世界中，让我们拥有了信仰……您说出了一代人的需求……德国人民将来一定会感谢您。

从那天开始，戈培尔兴致勃勃地追随着元首的事业，但他总是处于边缘地带，因为他的社会主义思想与希特勒的思想不和。尤其是戈培尔认为，国家应该享有皇室留下的土地和财富。他一直准备和他的偶像就这个问题在公开场合进行一场辩论。1926 年 2 月 14 日，他的愿望在班贝克（Bamberg）实现了。虽然希特勒论证的逻辑性并没能说服戈培尔博士，但希特勒的个人魅力和说服力最终改变了他的想法。戈培尔在 4 月 13 日的日记里，记录了他对希特勒的忠诚程度："（希特勒）能让你怀疑你自己的观点……我现在对他放心了……我向他鞠躬致敬，他是一位伟人、一个政治天才。"

1926 年 10 月，为了嘉奖这位"忠心耿耿、坚定不移的持盾手"，希特勒任命 29 岁的戈培尔为柏林的地方长官（Gauleiter），命令他钳制冲锋队的粗暴分子，并从首都击溃共产党人。戈培尔向希特勒保证：他

人前的团结：私下里，希特勒抱怨他的下属赫斯是个怪人。

许多人畏惧的侧影：1935年，赫尔曼·戈林在柏林体育宫（Berlin's Sportpalast）。

约瑟夫·戈培尔和一名希特勒青年团成员在一起:他声称,宣传部长能像弹钢琴那般控制民意,使德国人民跟随他的旋律翩翩起舞。

绝不会让希特勒失望。

  毋庸置疑,纳粹核心集团里最邪恶的人是海因里希·希姆莱[30],他曾担任格雷戈尔·施特拉塞尔(Gregor Strasser)的秘书。1929年,28岁的希姆莱被任命为纳粹党卫军[31]头子,而党卫军其实是希特勒的禁卫军。当时党卫军只有200人供希姆莱调遣,但4年之内希姆莱将党卫军壮大到5万人的规模。希姆莱引进了一套严格的甄选标准,以确保黑衣军团是一支精英队伍。具有讽刺意味的是,小个子的希姆莱绝不可能通过党卫军的甄选,因为他视力不好,患有慢性胃病,据说还晕血。但希姆莱跟希特勒一样,根本不会亲自动手杀人,都是假手于人。

为了弥补他的身体缺陷，希姆莱想出了一套神秘主义说辞，宣称自己是第一帝国创始人亨利一世的化身。他声称自己的力量来自亨利一世的灵魂，但并没人能验证他的说辞。

纳粹党早期的主要人物还包括疯子"哲学家"阿尔弗雷德·罗森伯格[32]，他接替生病的埃卡特做党报的总编。他曾直率地承认道："希特勒十分看重我，但他并不喜欢我。"

罗森伯格因著有《20世纪的神话》一书而出名，而这是一本邪恶的反犹太主义专著。罗森伯格的这本书与希特勒的《我的奋斗》都是史上最畅销但没多少人读过的书。究竟哪一本更胜一筹，我们就不得而知了。

幕后的激进分子

自从希特勒开始在会议上发表演讲，他就不允许任何人抢他的风头。任何反对意见都是绝对不能容忍的。任何不同的意见都会被他滔滔不绝的话语淹没，就像洪水冲破了堤坝。希特勒终于找到了他的用武之地，而纳粹党拥有了新的发言人，也明确了未来的发展方向。

库尔特·卢戴克（Kurt Ludecke）是纳粹党的早期支持者，他曾描述过希特勒在那些日子里对他的听众们产生了什么样的影响：

> 当希特勒谈到德国的耻辱时，我感觉我马上就能扑向敌人……我感受到了一种狂喜，类似皈依了某种宗教的那种欣喜感。

希特勒在纳粹党内的影响日益增强，但这不完全是因为他的人格感染力。来自军队源源不断的资金在暗中支持希特勒，军方期望他能控制

海因里希·希姆莱（前排左起第 4 人）把自己看作纳粹卡米洛特[33] 的摄政王。

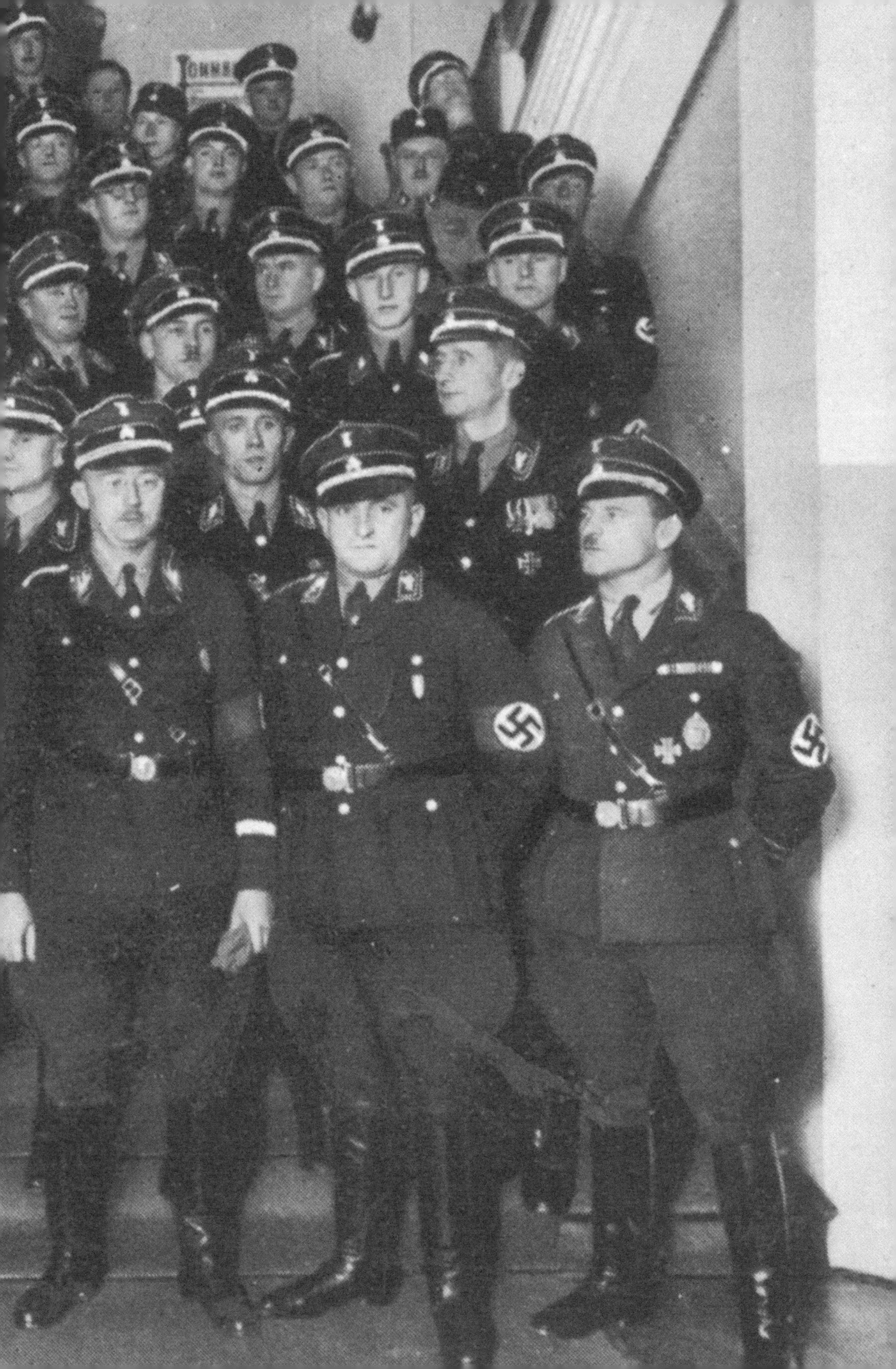

阿尔弗雷德·罗森伯格是一名臭名昭著的反犹太主义者，他对纳粹所推崇的意识形态有着开创性深远影响。

这个政党，而这些资助也让党内人士对希特勒十分有好感。

希特勒极具煽动性的演讲也吸引了大批右翼同情者，他们常来参加在慕尼黑啤酒馆召开的纳粹党月度会议。共产党拥护者们也涌入了烟雾缭绕的会议大厅，但他们是来捣乱的。互殴和喝倒彩时常出现，迫使希特勒下决心建立一支队伍来杜绝这种现象，他把这支队伍委婉地称作保安队。恩斯特·罗姆[34]是一个脖子短粗的前军队恶棍，他组建了冲锋队。他向召集来的人承诺免费的啤酒、制服和为所欲为的行动方式。希特勒组建这支队伍还有另一个目的，当他决定夺取纳粹党领导权时，冲锋队能帮他震慑持异见者。冲锋队人数的增长速度和听众数量的增长速度一样快,但有了冲锋队,希特勒的演讲不再受到任何干扰。每当希特勒开始发表演讲,任何有异议的人都会被拖到啤酒馆后面的小巷里,被无情地解决掉。

"成立冲锋队是为了将年轻的党员们紧密地团结在一起,从而让我们的政党成为一支钢铁队伍。只有这样,我们的政党才能像攻城木一样,全力以赴地投入这场运动。"[35]

希特勒描述冲锋队在未来斗争中的角色时,很清楚地表示:"未来的国家社会主义运动将无情地阻止所有可能干扰国人思想的会议和演讲,必要时我们将不惜使用武力。"[36]

罗姆对纳粹党崛起做出的贡献,不只是提供保护和进行"劝说"。由于他是一名军官,他在巴伐利亚政府中还有些影响力,因此,巴伐利亚政府对纳粹的暴力行为、纳粹对政治对手的恐吓都视若不见。此外,巴伐利亚政府认为纳粹能消除该地区内来自马克思主义者的威胁。然而,不出10年,纳粹领导层将认定罗姆的暴徒策略损坏了纳粹党形象,罗姆的同性恋丑闻也让纳粹党蒙羞,因此领导层决定不再姑息罗姆。1934年,希特勒下令处决罗姆,并屠杀了上百名冲锋队领导层人物,这就是骇人听闻的"长刀之夜"[37]。实际上,这也是纳粹"政治"的运作方式。

内斗

希特勒刚加入德国工人党[38]不过数月,就设法让德雷克斯勒任命他为该党宣传部长。1921年夏天,按照他的计划,他迫使创始人们选他做党首。为了当上党首,希特勒不惜大发脾气,并威胁要退党。

貌似对该党而言,希特勒已经变得太过专制了,而且他的目标也过于宏大。为了将该党的影响力扩展到巴伐利亚以外的地区,希特勒动身前往柏林,去和北方的德国民族主义者交涉。与此同时,德雷

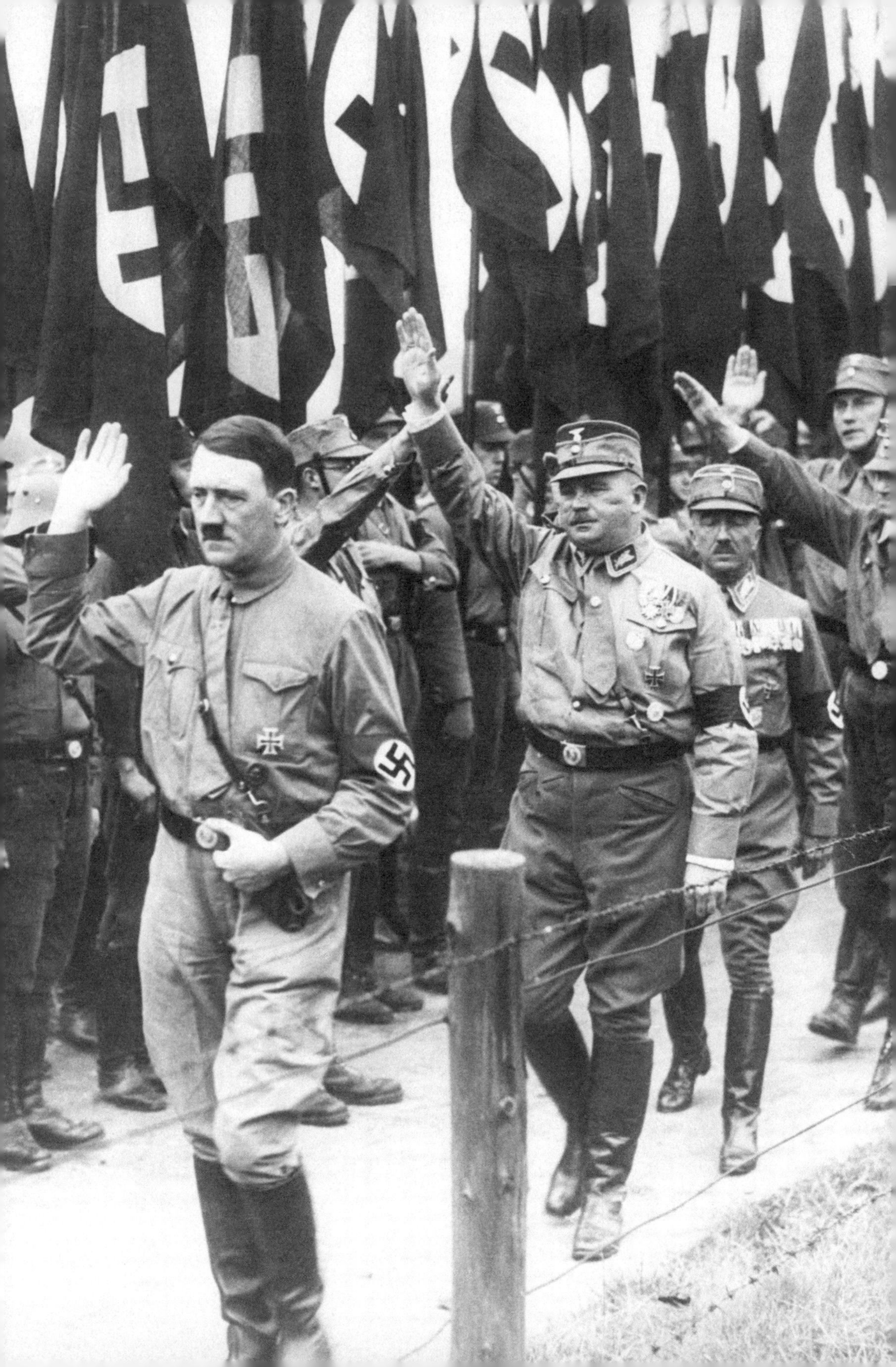

克斯勒正在考虑和德国社会主义党（German Socialist Party）结盟。德国社会主义党总部设在纽伦堡，党首是《先锋报》主编尤利乌斯·施特莱歇尔（Julius Streicher）。施特莱歇尔是一个残酷成性的犹太人迫害者、色情文学作家。看样子，德国工人党还未能有任何作为，就将内部分裂了。希特勒回到慕尼黑后，发现自己的政党正在背后暗算他，因为他们四处发放中伤他的传单，而传单上都是攻击他领导能力和忠诚度的内容：

> 希特勒先生在柏林待了6周之后，还是回到了自己的岗位上。他的回归不过是出于对权力的极度渴望和个人的政治野心，而他去柏林的目的现在还不得而知。他认为时机已经成熟，他和他身后的那些人开始分裂我们的党员，然后他就可以扩大犹太人和他们朋友的利益了。我们越来越清楚地认识到希特勒不过是把国社党[39]当作跳板，帮助他实现自己不朽的目标。希特勒抓住领导权不放，不过是想迫使我们的政党在他认为最合适的时机，走上一条完全不同的道路。没错，希特勒是一个蛊惑人心的家伙。

在德国不伦瑞克的弗兰肯菲尔德，希特勒等一行人走过举着纳粹党旗的人群，希特勒走在恩斯特·罗姆前面。粗野的罗姆向他召集来的人承诺免费的啤酒、制服和为所欲为的行动方式。

这些谴责实际上言之凿凿,但希特勒却抓住这次机会来巩固自己在党内的地位。希特勒威胁要采取法律行动,反对者们不得不让步。德雷克斯勒接受了荣誉主席的头衔,实际上是被边缘化了。希特勒终于成了纳粹党的绝对领导者。

真正的国社党党员[40]

国社党党员的第一条戒律是什么?
爱德国胜过一切,爱德国同胞胜过爱自己。

作为国社党党员意味着什么?
作为国社党党员意味着:战斗、信仰、工作和牺牲。

我们国社党党员为自己谋求什么?
我们什么都不要!

是什么将国社党党员团结在一起、在国内外为德国的自由而战?
我们知道我们属于同一个命运共同体,而这个共同体内充满激进的革新思想。无论情况好坏,我们成员之间不离不弃。

国社党党员奔向自由的秘诀是什么?
自助者,上帝助之。

消息传开

由于影响力日益扩大,纳粹党开始在更大的礼堂和露天场地举行会议。一群群举着旗帜的冲锋队员纪律严明、井然有序,给媒体和出席的权贵留下了难以磨灭的印象。

楚门·史密斯上尉是首批报道这场如火如荼运动的党外人士。史密斯上尉是美国驻柏林大使馆副武官,他受命前往慕尼黑评估纳粹党及其新领袖。1922年11月25日,史密斯上尉在报告中清楚地指出,希特勒正在成为一股不可小觑的势力:

> 巴伐利亚目前最积极的政治力量当属国家社会主义工人党。该政党更像是要开展一场民众运动,我们必须把它看作意大利法西斯在巴伐利亚的翻版……该政党最近获得的政治影响力远远超出了其成员人数可能产生的影响力……
>
> 从一开始希特勒就是这场运动的领导者,他的个人魅力绝对是该政党获得成功的最重要因素之一……他影响民众的能力简直不可思议。

史密斯上尉在回柏林之前,获得了单独采访希特勒的机会,采访在希特勒的住所进行。在日记里,史密斯上尉写道,希特勒的住所位于下层中产阶级所在区域的蒂尔施街41号,"(希特勒的住所)在一栋破败房子的二楼,是一间很小、几乎没什么家具的房间"。史密斯上尉还记录了他对希特勒的印象,他认为希特勒是一位出色的"蛊惑人心的政客"。他写道:"很少能见到既有逻辑头脑又极度狂热的人。"

1年之内,希特勒将践行自己的诺言,以武力夺取慕尼黑的政权。

"身为犹太人就是一种罪行":《先锋报》反犹太主义特刊的海报。

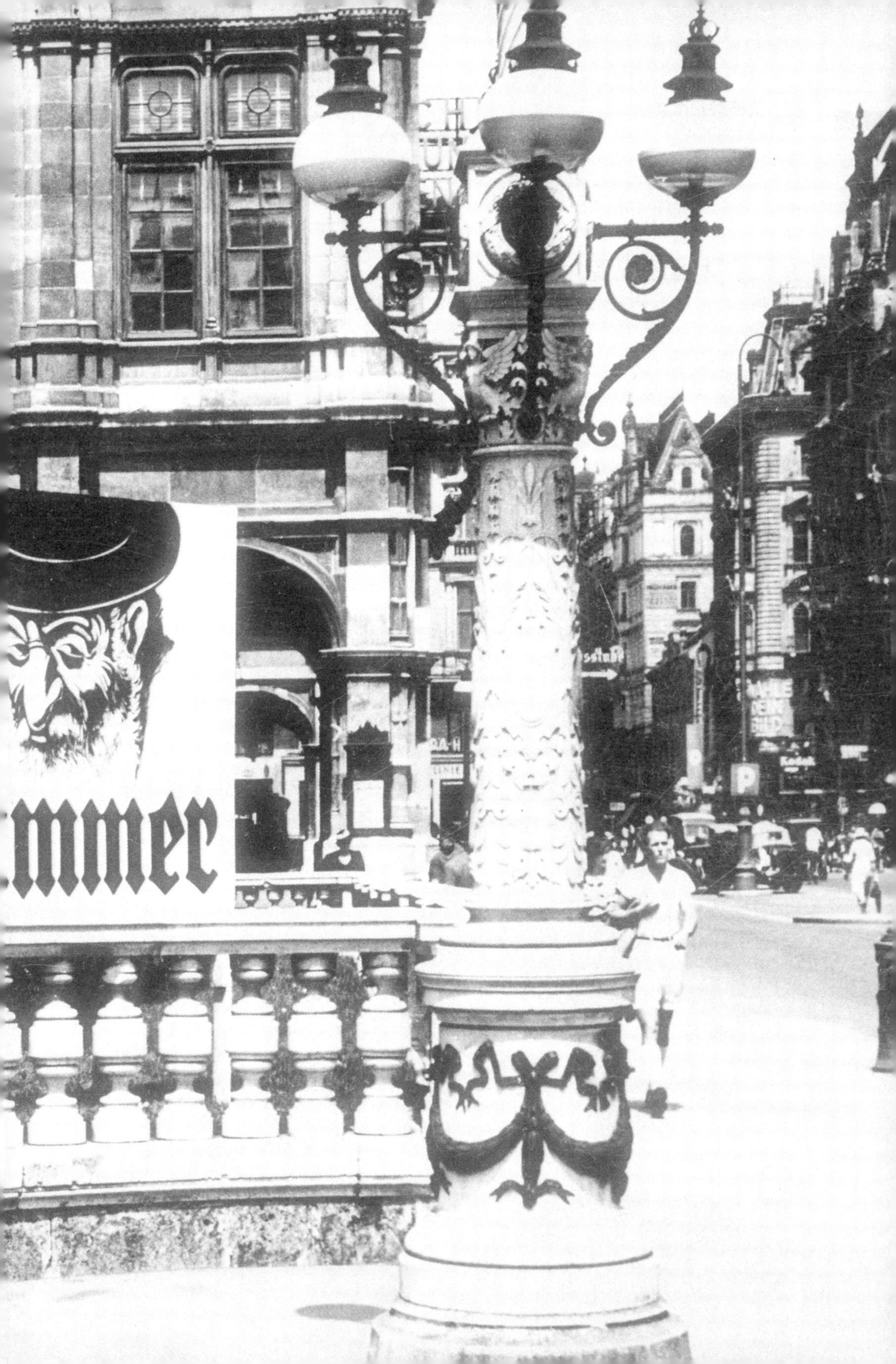
mmer

啤酒馆政变

1923年夏天，希特勒曾向巴伐利亚州内政部长保证道："我向您承诺，只要我活着，我就不会发动政变！"

但1923年11月，希特勒已经迫不及待地想掌权。他不再是煽动者了，他是激进民族主义运动中的领头人物。1年前，他带着敬畏之心，观看了墨索里尼（Benito Mussolini）进军罗马的新闻影片。看完之后他深受启发，他要在德国发动一场类似的政变。他最初的想法是把巴伐利亚地区不同的、反对共和主义的民族主义力量组织起来。有了这些力量作后盾，他就有机会赢得爱国武装联盟以及罗姆背后军队的支持。这些势力将和希特勒一起进军柏林，而他自然是要走在队伍的最前列。这是一个极其大胆并且荒谬的计划，也是一个注定要失败的计划。

民众当时是支持魏玛政府的，因为魏玛政府公开抵制法国占领鲁尔地区。民众当时也并不赞成武装叛乱。但冲锋队的领导层已经按捺不住想要发起行动的冲动了，因为政府威胁要关闭纳粹党报、逮捕武装组织

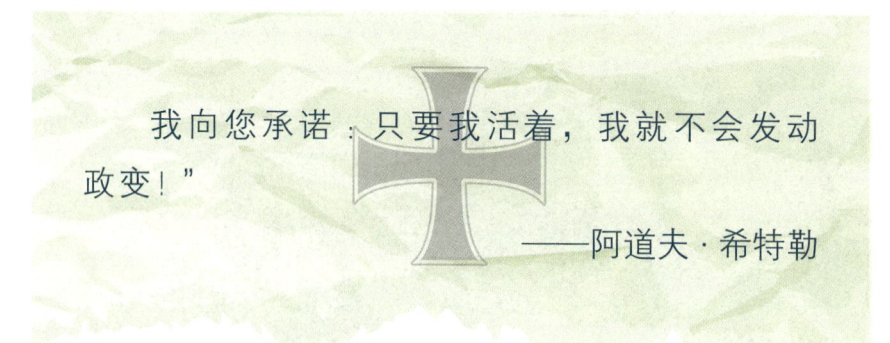

> 我向您承诺：只要我活着，我就不会发动政变！"
>
> ——阿道夫·希特勒

领导者们，而希特勒还指望着这些武装组织能加入这场政变呢。

冲锋队指挥官威廉·布吕克纳（Wilhelm Brueckner）中尉告诉希特勒："真到了那一天，我无法阻拦那些人。如果现在不动手，他们就要脱离我们的控制了。"

希特勒害怕自己的"军队"把他抛下，惊慌失措中下达了夺取城市的命令。

最初的计划是在11月4日阵亡战士纪念日那天，扰乱阅兵仪式，并将出席的达官贵人掳为人质。出席阅兵仪式的达官贵人包括鲁普雷希特王储[41]和3位巴伐利亚州领导人：行政长官古斯塔夫·冯·卡尔（Gustav von Kahr）、奥托·冯·罗索（Otto von Lossow）将军和警察总长汉斯·冯·赛瑟尔（Hans von Seisser）上校。但这个计划最终被搁置了，因为他们收到消息，警察已经封锁了他们的进攻路线。

仓促之间纳粹制定了替代方案，决定在11月11日停战纪念日那天早上动手。冲锋队将猛攻市内战略要点，与此同时另一支队伍将胁迫卡尔、罗索和赛瑟尔加入革命。但这3位州领导人计划于11月8日，在慕尼黑郊区的勃格布劳啤酒馆召集一次公众聚会。希特勒得知这个消息后，不得不将政变提前，因为他担心这次会议的目的是宣布巴伐利亚独立和皇室复辟。

恫吓与错误

1923年11月8日晚上8点45分，希特勒带领一队冲锋队员赶到勃格布劳啤酒馆，并下令包围啤酒馆。他们在啤酒馆入口处架起了机枪，并封死了后门。希特勒冲进啤酒馆，打断了卡尔的致辞。困惑的在场民众并不知道发生了什么，只能安静地坐着。稍许，这些民众才搞清楚究竟发生了什么。希特勒握着一把手枪，爬上一张桌子，冲天花板开

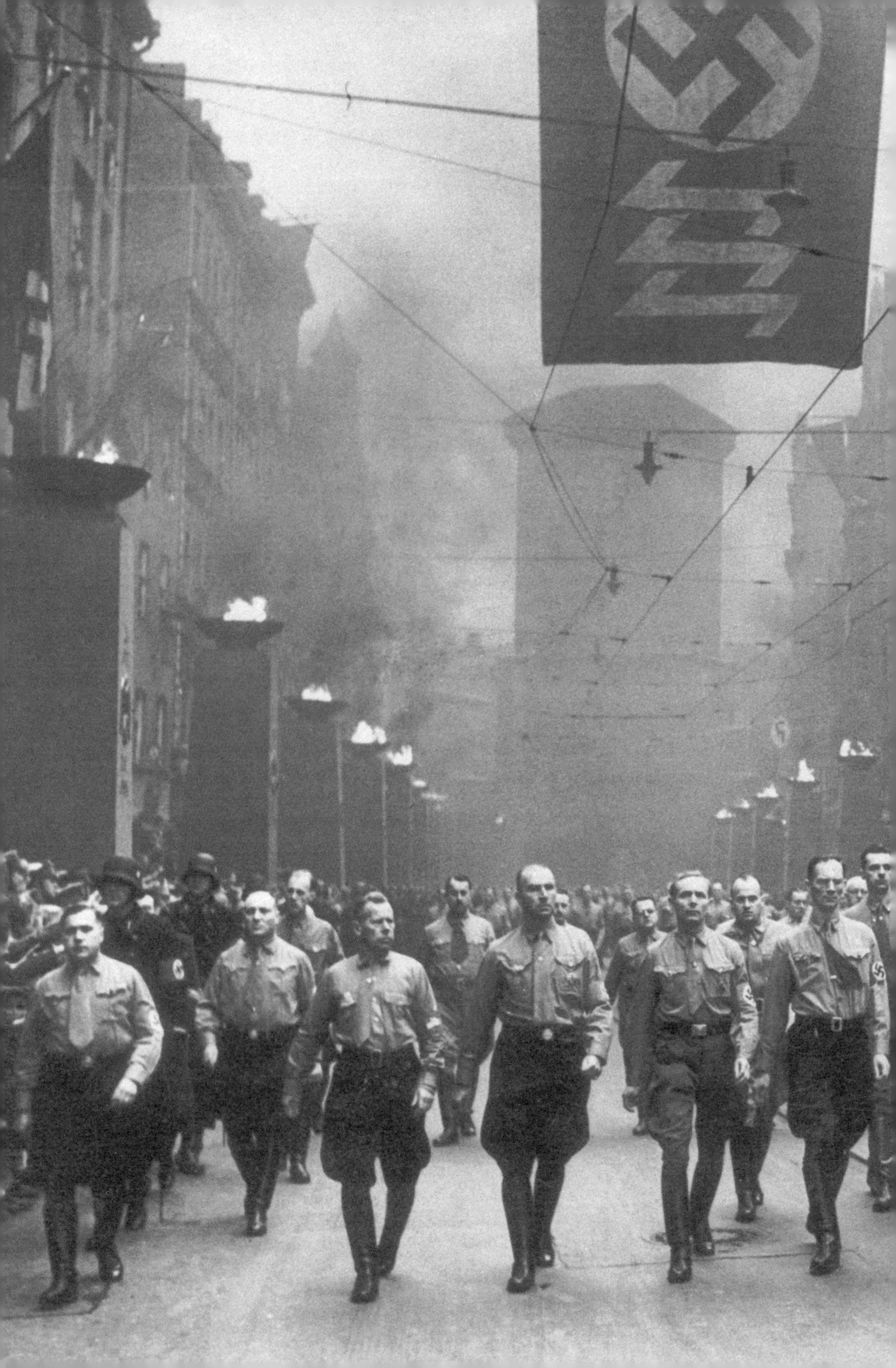

1938年，为了纪念1923年慕尼黑"啤酒馆政变"，希特勒及其走狗进行了一场游行。从他们的眼神中可以看出，那场混乱的闹剧已俨然成了纳粹早年间的一场辉煌胜利。

了一枪。然后，他从桌子上跳下来，大步走上讲台。希特勒挥舞着他的手枪，命令一位高级警官让开，这位警官只得和卡尔一起站在一旁。希特勒占领了讲台，开始向民众发表演讲：

> 民族革命已经开始了！这里已经被600名全副武装的战士包围了。今天，谁也别想离开！大家都保持安静，要不然我就下令在走廊里架设机枪。巴伐利亚政府和魏玛政府已经被推翻，临时国民政府成立了。防卫军[42]军营和警察局已经被我们占领了。现在，军队和警察正举着我们的旗帜在慕尼黑市区游行。

希特勒所说的最后一部分是不实的谎言，但在场民众还是被全副武装的冲锋队给震慑住了。不过，在场民众并不认为希特勒具有震慑力，一位在场人士说希特勒看上去"滑稽可笑"，因为他穿的礼服外套并不合身。这位人士还说："看着他身穿那身滑稽的衣服跳上桌子，我当时就想，'这位小个儿服务生真可怜'！"

有人要求警察进行反击，但他们的要求根本不被理会，因为警察已经接到秘密命令，不予抵抗。当晚早些时候，渗透进警方内部的纳粹分子给警方指挥官打过电话，向警方知会了这次行动。希特勒用手枪胁迫3位领导人走进啤酒馆后面的空房间，威胁他们加入他的新政府，不然就要杀了他们。同时，戈林负责安抚礼堂里的民众，他说没什么可担心的，并给大家提供了免费啤酒。

卡尔大胆揭穿希特勒，说这位前下士只是个装腔作势的骗子。希特勒被逼无奈，只能打出一张王牌——宣布自己得到了一战英雄鲁登道夫将军[43]的支持，而将军正在赶来的路上，到时将军会再次邀请3位领导人参加革命。事实上，鲁登道夫对这场政变一无所知，他到场后发现自己的名字被冒用，大发雷霆。当他得知希特勒打算自己担任新政权领导人，却只给他军队总指挥的位置时，他就更加火冒三丈了。然而，这

Generalleutnant Ludendorff

得知希特勒妄图冒用自己的名字后,鲁登道夫将军大发雷霆。

位老兵认为剑已出鞘，不达目的不能罢休。他相信自己别无选择，只能劝说3位领导人加入这场革命，因为这场革命是为了德国的最高利益。与此同时，希特勒回到礼堂，在场民众已经有些不耐烦了，希特勒告诉他们，3位领导人已经同意加入新政府，并大喊道：

只要今夜我们没有死，明天我们将拥有新的国民政府。

在场民众爆发出狂热的欢呼，后屋的那3位领导人只得暂时同意暴徒们的要求。但在这一刻，希特勒犯了一个致命错误，他决定离开勃格布劳啤酒馆，去解决冲锋队和正规军冲突，留下鲁登道夫将军掌控全局。将军以为3位领导人会去组织他们的力量来参加政变，于是将他们释放了。但这三人却马上调拨军队和警察，驻扎在市中心等着反叛者送上门。

没人想到要切断与外界的通信。当武装叛乱的消息传到柏林，柏林方面给巴伐利亚军方下达命令，要求立即镇压这场叛乱，并阻止局势蔓延到其他地区。巴伐利亚州行政长官冯·卡尔甚至还有时间印制并分发海报，驳斥了关于他同意叛军要求，并谴责他们是叛国者的谣言：

> 只要我们今夜没有死，明天我们将拥有新的国民政府。
> ——阿道夫·希特勒

战友的欺骗和背信弃义，让一场游行演变成了令人无法接受的暴力事件。我、冯·罗索将军和赛瑟尔上校在手枪胁迫下做出的声明都是无效的。纳粹党以及奥伯兰、帝国战旗等武装联盟必须通通解散。

最后的虚张声势

希特勒回到啤酒馆后，发现他的革命并未成功，他惊慌失措、不知道下一步该如何是好。他不能取消行动，但没有人质在手几乎又没什么胜算。鲁登道夫将军赶鸭子上架，劝说士气低落的希特勒继续行动。将军斥责希特勒是失败主义者，妄想坐在椅子上搞革命。希特勒羞愧难当，只得继续行动。将军向希特勒保证，目前唯一能做的就是继续虚张声势。

中午前，他们在啤酒馆的花园里集合了所有人，然后一起走上通往奥登广场的雷希丹茨大街（Residenzstrasse），鲁登道夫将军走在队伍最前面。据说，鲁登道夫和希特勒身后跟着3000人，但他们并不像他们所希望的那样令人生畏。

希特勒后来承认："1923年，你要是看到我们的小分队走过你的身旁，你肯定会寻思，'这帮家伙是从哪个车间跑出来的'？"

然而，他们的出现足以引起警方的担忧，100名荷枪实弹的警察正在奥登广场等着他们，一支部队在警察身后支援。反叛者们进入广场后，希特勒从口袋里掏出手枪，要求警察投降。不久后，众人听到一声枪响，但没人知道究竟是谁先开的火。随后，警察向行进的队伍连续射击，16名纳粹党员丧命，而他们的领导人们在第一声枪响之后就各自逃散了。

希特勒和他身旁的人挽臂前行，所以当那人被击中时，希特勒也被拉倒在地。有几个目击者目睹了这一幕，包括自称反叛者的瓦尔特·舒尔兹（Walther Schulz）。他们说，希特勒"第一个爬起来，撒

扮演出来的"殉道者":在兰茨贝格监狱,希特勒其实单独享有一间豪华牢房。

腿就跑"。希特勒钻进一辆等候他的汽车,逃走了。几天后,他在一位支持者家中的阁楼里被抓获。据报道,希特勒被逮捕时气得"几乎语无伦次"。

赫尔曼·戈林在纳粹党内一直以令人生畏的形象示人,一是因为他的腰围惊人,二是因为他像恶狗一样凶残。在这次政变中,戈林受了重伤,当地一名犹太医生对他进行了救治。他后来被偷运到奥地利,靠吗啡来止痛,但也因此对吗啡上了瘾。赫斯也扔下中弹的战友逃跑了,后来越过国境，在奥地利境内找到了临时避难所，但最终还是被捕了。只有海因里希·希姆莱没被任何人注意到，成功地逃脱了。警察在包围掉队的反叛者时，没能认出希姆莱，他溜到小巷里，成功地跑到火车站，登上了一列回家的列车。

作为这次失败政变的挂名领导者，鲁登道夫将军安全地通过了警察的封锁线，并得到了应有的尊重，因为大家都认为他只是被人蒙蔽、误入歧途而已。

希特勒受审

这场政变是一场让纳粹丢脸的灾难。对希特勒而言，它更是一次个人打击，他的政治生涯似乎也走到了尽头。但对希特勒的审判将是他的一场胜利。希特勒得到确切的消息，所有的法官都同情右翼分子。如果希特勒辩称自己不该被控叛国罪，他应该不会有什么麻烦，因为他只是试图把从威廉二世手中夺取了政权的政客们拉下马。希特勒把被告席当作自己的舞台，在全世界的媒体面前发表了演讲，而这次演讲是他一生中最为激昂的演讲之一。整整4小时，希特勒一直在辩称他不是叛国者，他只是反对革命的人，一心一意地想要重现德国的昔日辉煌。

有些人以为，希特勒会像卡普政变的发动者一样，拒不承认自己参与谋划了政变。但令大家震惊的是，希特勒大方地承认自己参与了政变的谋划。被告席上的希特勒像演员一样，享受着聚光灯下的每一刻，因为他很清楚自己所说的每一句话都会被记者们记录下来。他说道：

> 我一个人承担所有的责任，但我不应因此而成为罪犯。如果大家认为我是革命者，我就是反对革命的革命者。反抗1918年那群叛国者的人，不应该被判叛国罪。

希特勒也不承认发动这场政变是出于个人的政治野心：

> 天生的王者不可能受到任何胁迫，除非他自己想要采取行动。他不是被赶着向前，他是自己想要前进……顺应民意去统治人民的人没有权利说："如果你们需要我，请召唤我，我尽力配合。"他绝对没有说这话的权利，因为站出来是他的责任。

在演讲的结尾，希特勒转而攻击法官们：

> 各位，评判我的人不会是你们。你们可以一千次、一万次判我有罪，但永恒的历史法庭女神只会付之一笑，并将你们的判决书撕得粉碎，把公诉人的论调丢进垃圾堆。总之，她会判我们无罪。

根据当时的《德国刑法典》第81条，法官们不得不宣判希特勒罪名成立，因为他的确发动了武装叛乱。但法官们的量刑充分体现了对右翼分子的同情，因为希特勒只被判入狱5年，这已经是最低的量刑标准了。法官们都清楚，希特勒只会在监狱里待上很短的一段时间。希特勒输了这场官司，却赢得了德国民族主义者的仰慕，这次作秀也让他成了家喻户晓的人物。在兰茨贝格监狱里的9个月，是希特勒一生中最富有成果的一段时光。

《我的奋斗》

希特勒在兰茨贝格监狱度过的日子，是一段难得的享受时光。他的牢房是一间舒适的单人间，家具齐全，窗外就是莱希河的美景。狱友和狱警争相照顾希特勒，每个人都把照顾他看作一种荣耀。希特勒每天睡到中午时分才起床，也不用参加锻炼，因为他本人鄙视体育锻炼。他认为，政治领导人没空参加体育运动和其他没用的活动，而且一旦领导人表现欠佳，也会很没面子。探望的人源源不断地涌向兰茨贝格监狱，他们给希特勒带来各种各样的礼物，也让希特勒拥有了他所需要的听众。希特勒35岁生日那天，德国各地的仰慕者为他送来了水果、鲜花和葡萄酒。那天晚上，他的牢房简直就像一间食品店，堆满了仰慕者们送来的礼物。

纳粹党总务主任马克斯·阿曼（Max Amann）提出给希特勒出版自传，希特勒欣然答应，他正好需要排解狱中单调枯燥的生活。希特勒开始向他忠诚的仆人兼秘书鲁道夫·赫斯口述他的自传。赫斯负责修改希特勒的语法，并将希特勒杂乱无章、随心所欲的长篇大论改写成连贯简洁的版本。这可是个苦差事，因为希特勒只要找到一个有点想法的主题，就能喋喋不休地说上半天，他的论述就像急流一样奔涌而出。让希

1924年，希特勒受审：这是为数不多记录他受审的照片之一，而这次受审成为一次宣传政变的事件。

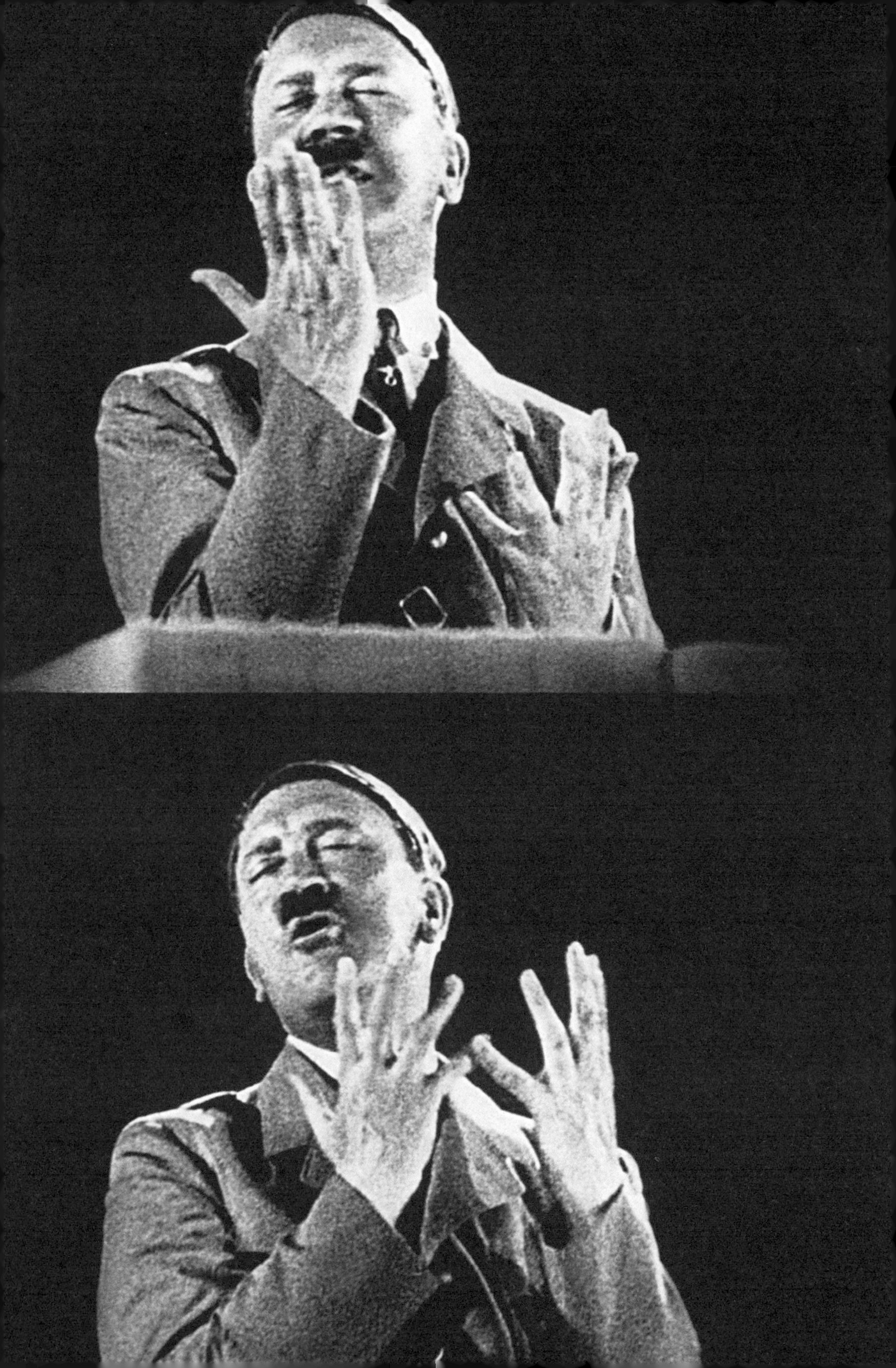

这4张照片表明希特勒演讲的风格越来越做作。为了打动听众,他曾像演员那样练习自己的手势和表情。

特勒专注地论述一个主题是十分困难的，也是非常累人的，幸亏赫斯有两个帮手——伯恩哈德·施丹佛尔牧师（Father Bernhard Staempfle）和来自《人民观察家报》[44]的约瑟夫·切尔尼（Josef Czerny）。这两位都是反犹太主义记者，他们负责润色甚至删除一些过激的段落。

希特勒的自传完成后，阿曼拿到书稿一看大吃一惊，因为慕尼黑政变在书中只被几句话草草带过。在剩下的782页里，希特勒就很多主题阐述了自己的观点，他认为自己的观点堪称是专家级的。书稿主题涵盖的范围很广，涉及从漫画书到性病等各个方面。不论是什么主题，希特勒都能东拉西扯地写上枯燥乏味、晦涩难懂的10页。原定书名是《与谎言、愚蠢和懦弱奋战的四年半》（Four and a Half Years of Struggle Against Lies, Stupidity and Cowardice），但阿曼认为这个书名不够简洁，大笔一挥将书名改为《我的奋斗》。阿曼后来坚持将书稿分为两卷出版，每卷400页，但这也没能保证书的销量。1925年，《我的奋斗》在出版的第1年内只卖出不到1万本，此后销量一直下滑，直到1933年情况才发生了改变。

1933年，希特勒出任德国总理，每个忠诚的德国人都被要求购买一本《我的奋斗》。截至1940年，《我的奋斗》在德国一共售出600万本，在国外还售出几千本，希特勒因此变成了百万富翁。很难想象会有多少人真正把这本书读完，估计不会超过几千人。威廉·夏伊勒[45]著有《第三帝国的兴亡》[46]一书，他认为没人仔细研读希特勒的自传是十分不幸的，因为"……这本书详细描绘了第三帝国的蓝图，也描绘了希特勒后来强加给整个欧洲的野蛮新秩序……虽然书中的描述只是雏形，但已然相当可怕了"。

那些坚持读完希特勒自传的人会了解到他对"生存空间"（Lebensraum）这个概念的痴迷，该概念赞成强国以武力从弱小的邻国夺取领土。这个理论与希特勒的世界观不谋而合，因为在希特勒的世界观里，生命就是一场争取生存的斗争，最强者为了满足自己的需要，是不需要同情或关心弱者的。

那些坚持读完希特勒自传的人也会发现：慕尼黑政变的失败，让希特勒意识到武装叛乱可能会取得短期胜利，但不可能赢得民心；同时，希特勒认为，必须用说服和宣传将整个民族的世界观改造成纳粹式世界观：

> 我们得捏着鼻子走进国会大厦……虽然以多数票战胜他们，比用武力压制他们花费的时间更长，但至少结果符合他们的章程……迟早我们会占有多数席位，然后我们就可以控制整个德国了。

改造希特勒

纳粹党的运势发生了逆转，同时纳粹党领导人的形象也发生了巨大变化。改造希特勒的工作主要是由卡尔·豪斯霍费尔教授[47]完成的，他将希特勒改造成了一位能登大雅之堂的政客。这位学者经常去兰茨贝格监狱探望希特勒，他在这期间向希特勒介绍了各种地缘政治学理论和生存空间的概念。这些新思想对希特勒的外交政策产生了深远影响，同时这位教授对希特勒个人形象的改变也发挥了重要作用。

豪斯霍费尔教授建议希特勒不要再穿巴伐利亚皮裤，改穿西服或者冲锋队制服。尽管马鞭已经成了希特勒的标志，但教授建议希特勒不要再拿马鞭。后来，教授还劝说希特勒在发表演讲后喝花草茶，因为花草茶既能解渴，又能让希特勒保持头脑清醒。希特勒之前一直习惯喝巴伐利亚烈性啤酒，但啤酒有可能对他的能力产生不利的影响。教授还提出帮助希特勒练习公众演讲技巧，包括练习一系列手势，因为这些手势既能增强观点的可信度，也能增加希特勒的自信心。

暂别政坛

1924年12月20日，希特勒被释放。纳粹党被当局认定为非法组织，党报被州政府勒令关闭，希特勒也不能再进行公开演讲。有人甚至提议把希特勒驱逐出境，赶回奥地利。这一切估计让希特勒十分泄气。但实际上，没人执行针对纳粹党及其党报的禁令，也没人阻止希特勒向他的追随者发表私下的演讲。追随者们对希特勒不离不弃，丝毫不在意纳粹党的颓势。

当局不再理会希特勒，因为当时他已经不能对政府构成威胁了。魏玛政府启用了新人亚尔马·沙赫特博士[48]，他成功地解决了从20世纪20年代初开始失控的通货膨胀问题。此外，政府还采取了其他措施来减轻德国的经济负担。"道威斯计划"[49]也开始实施，该计划减少了德国的战争赔款，还从美国引入投资帮助德国发展经济。《洛迦诺公约》[50]的签订满足了德国的安全需要，魏玛政府和协约国达成了双方都能接受的和解，而且协约国承诺在合适的时机同意德国加入国际联盟。整体来看，这些措施既缓解了民众的焦虑情绪，也在12月大选中巩固了社会民主党（SPD）作为执政党的得票数。纳粹党的得票数却减少了一半。

尽管希特勒的追随者们在他士气低落时，不离不弃地守候在他身边、鼓励他重整旗鼓，但他对政治的兴趣却没有以前那么强烈了。他有了新的痴迷对象，她的名字叫吉莉·拉包尔（Geli Raubal）。

致命诱惑

20岁的吉莉，是希特勒同父异母的姐姐安吉拉的小女儿。希特勒在贝希特斯加登[51]附近的上萨尔茨堡山租了一套山间别墅，别墅名叫豪斯瓦亨费尔德（Haus Wachenfeld），他把安吉拉请过来给他当管家。

希特勒少有的不设防瞬间之一（和外甥女吉莉·拉包尔在一起）："阿道夫舅舅"和吉莉待在一起的时间越来越长，他会嫉妒吉莉对别的男人表现出兴趣。

希特勒后来买下了这栋别墅，并进行了大规模改建，将其更名为贝格霍夫（Berghof）。

吉莉是一位长着深褐色头发的美丽姑娘，她皮肤白里透红，笑起来很有感染力。起初，"阿道夫舅舅"只是无微不至地照顾她。安吉拉后来注意到，希特勒和吉莉待在一起的时间，远远超过他与纳粹党员们待在一起的时间，而且每当吉莉对其他的男人表现出兴趣，希特勒都会非常嫉妒。

即使安吉拉曾对二人的关系有过疑虑，她也从未告诉过其他人。希特勒和吉莉在人前常常眼神闪躲，也经常在没有年长女性陪伴吉莉的情况下，一起去乡间散步。安吉拉一定意识到了吉莉的年龄和她母亲当年结婚时的年龄相仿，而且吉莉和希特勒的年龄差距与克拉拉和阿洛伊斯[52]的年龄差距也非常接近。希特勒叫吉莉"外甥女",吉莉称呼希特勒"舅舅",就像希特勒父母当年一样,从不用名字称呼对方。安吉拉没法反对这二人的关系,但她肯定对此深感不安。

后来,由于吉莉想去维也纳追求自己的歌唱事业,经常与希特勒发生激烈争吵。每次争吵,希特勒都会卸下充满爱意、温顺的面具,变成可怕的嫉妒狂,每次都会让吉莉潸然泪下。希特勒要求吉莉放弃自己的傻念头,并向吉莉保证:他们搬到慕尼黑后,他会给吉莉提供她所需要的一切。希特勒挪用纳粹党经费在慕尼黑买了一套奢华的公寓。这似乎暂时让吉莉平静下来,二人又恢复了去乡间散步、去城里游玩的生活。吉莉肯定十分喜欢希特勒的温驯与专一,更何况希特勒还送她各式各样的礼物。

希特勒的御用摄影师海因里希·霍夫曼(Heinrich Hofmann)曾经说过:"他仆人般爱慕地看着她,表现出少有的青春焕发,珍惜她、保护她是他现在唯一在意的事。"

可耻的秘密

日子久了,希特勒的霸道与专横让吉莉无忧无虑的天性消失殆尽。吉莉讨厌外出时被纳粹监视,也讨厌希特勒一出门就让仆人盯着她。吉莉实在无法排解自己的烦恼时,就会跟母亲抱怨,说希特勒的过度关注快让她窒息了,希特勒试图控制她的一切,包括她穿什么衣服与什么人来往。

但安吉拉怀疑吉莉的痛苦可能来自一个难以启齿的秘密。传记作家康拉德·海登(Konrad Heiden)提到过一封有失体面的信,据说1929年希特勒在这封信里向吉莉坦白,他需要吉莉来满足他的性受虐需求。

这封信后来落入了房东儿子的手中,最终被施丹佛尔神父索回。无论信里写了什么,很明显信的内容可能会对元首产生不良的影响,因此希特勒对这封信的出现非常不满。施丹佛尔神父知道这封信的存在，因而在1934年的大清洗中丢掉了性命。

其他知道内情的人也曾提到希特勒和吉莉的关系"有点不寻常"。吉莉无法忍受二人的关系，她不想做"他想让我做的事"[53]，因此她非常不开心。即使如此，据说安吉拉并不知道这个秘密，她认为女儿只是想要摆脱希特勒无休止的控制。

安吉拉和希特勒谈过自己的担忧，希特勒向她保证没什么可担心的，吉莉只不过是因为希特勒不让她去唱歌剧而生气。也许这的确是实情，因为1931年9月17日希特勒出发前往纽伦堡开会之前，有人听到吉莉在楼上冲舅舅大喊："你不许我去维也纳吗？""没错！"希特勒简短地回答道。

第二天早上，有人发现吉莉死了，胸口中了一枪。一把口径6.35毫米的瓦尔特手枪扔在她的身边，而手枪的主人是希特勒。她才23岁，就这样香消玉殒了。很明显，她自杀了。

但没人找到任何遗书。在吉莉身旁有一封未写完的信，这封信是写给维也纳的一位朋友的。吉莉在信末尾写道："等我到维也纳以后，希望这一天快点到来，咱们一起开车去赛默林，然后……"看样子，吉莉自杀是因为希特勒违背了允许她离开的诺言。一些历史学家推测吉莉写信时，有人来杀她，而杀手很有可能是希姆莱。如果真的如此，吉莉写的那封信肯定会被毁掉，不可能被留下来而给人某种联想。

得知吉莉的死讯后，希特勒急忙赶了回来。希特勒的悲痛几乎让他崩溃，他独自哀痛了一周，并宣布不论在什么情况下，任何人不许在他面前提起吉莉。他下令保留吉莉的房间，禁止任何人进入这个属于吉莉的圣地，除了他信任的仆人——稳重的文特夫人。希特勒渐渐从悲痛中恢复了，他请人为吉莉做了雕塑，还照着吉莉的照片画了画像。他把吉莉的雕像和画像，同他母亲的画像一起放在他的卧室里。他母亲的画像一直挂在他的床头，直到他生命的最后一刻。

在公众面前，希特勒努力展现的形象与德国历史上的英雄保持一致。但据他的将军们说，希特勒缺乏作为领袖的自律品格，所以他未能延续他在一战中的成功。

希特勒承认吉莉是他唯一真正爱过的女人，但希特勒显然用他"畸形的温柔"扼杀了吉莉。"畸形的温柔"这一说法来自希特勒的朋友汉夫施丹格尔[54]。

短暂的喘息（1924—1929）

有人认为，鉴于魏玛政府的政绩和德国当时的经济形势，纳粹的得势是历史的必然。德国厄运的短暂逆转，归功于古斯塔夫·施特雷泽曼总理（Chancellor Gustav Stresemann）和他于1923年成立的新政府。但是，这种逆转只不过是早于纳粹的得势而已。施特雷泽曼采取了一系列措施来拯救德国经济，包括用地产抵押马克[55]替代德国马克，获得250亿马克的外国贷款。施特雷泽曼并不指望这些措施能取得立竿见影的效果，因为德国当时的经济状况实在是太糟糕了。如果想彻底解决德国的经济问题，德国要付出的代价太惨重，所以他根本无法下手。1929年，他曾说过："德国的经济只是表面上复苏了。实际上，德国是在火山口跳舞。一旦（美国金融机构）要求德国偿还短期贷款，大部分的德国经济将再次垮掉。"

在大西洋彼岸，靠走私酒和赌博维持的虚假金融繁荣终于走到了崩溃边缘。1929年，美国股市大崩盘[56]直接导致了大萧条[57]。施特雷泽曼担心的事终于发生了，美国银行为了自救，立即要求德国偿还贷款，这导致德国国内外无数兴旺的企业瞬间破产。几百万人失去了工作，整个西方世界陷入一片黑暗和绝望之中。被称作"咆哮的二十年代"[58]的派对结束，大萧条开始了。在美国，只有黑社会组织在股市大崩盘中获得了利润。在德国，股市大崩盘让政治恶棍登上了历史舞台。

1929 年，股市大崩盘爆发 4 天前的华尔街："在美国，只有黑社会组织在股市大崩盘中获得了利润。在德国，股市大崩盘让政治恶棍登上了历史舞台。"

注 释

[1] 引自：《我的奋斗》(Mein Kampf) 一书。——原注

[2] 爱德华·格雷（Edward Grey，1862—1933），英国政治家。——原注

[3] 波美拉尼亚（Pomerania），中欧历史地名，现位于波兰北部、德国东北部和波罗的海南岸。

[4] 兴登堡将军（Paul von Hindenburg，1847—1934），德国总参谋部总参谋长、陆军元帅，在魏玛共和国时期曾担任共和国总统。

[5] 《凡尔赛条约》(Versailles Treaty)，全称《协约国及参战各国对德和约》，又译作《凡尔赛和约》，是一战后协约国与同盟国签订的和平条约，其主要目的是惩罚和削弱德国。

[6] 阿尔萨斯-洛林（Alsace-Lorraine），法国东部地区，即普法战争后法国于1871年割让给德国的领土。一战后归还法国，二战期间又被德国占领，后又归还法国。

[7] 萨尔（Saar），今德国西南部的一个联邦州，首府萨尔布吕肯，与德国莱茵兰-普法尔茨州、法国洛林区及卢森堡接壤。

[8] 莱茵兰（Rhineland），旧地名。位于今德国莱茵河中游，包括今北莱茵-威斯特法伦州、莱茵兰-普法尔茨州。

[9] 国际联盟（League of Nations）简称国联，成立于1920年1月10日，是一战结束后，在巴黎和会召开之后组成的跨政府组织，也是世界上第一个以维护世界和平为主要任务的国际组织。

[10] 德皇威廉二世（Kaiser Wilhelm II，1859—1941），末代德意志皇帝和普鲁士国王以及霍亨索伦家族首领。

[11] 威廉港（Wilhelmshaven），德国北海亚德湾沿岸的一个中型城市，属于第二大联邦州下萨克森州。

[12] 基尔（Kiel），德国北部的港口城市，石勒苏益格-荷尔斯泰因州首府。位于波罗的海基尔湾，距入海口11公里。

[13] 巴伐利亚州（Bavaria），德国面积最大的联邦州，州首府为慕尼黑。

[14] 弗雷德里希·艾伯特（Friedrich Ebert，1871—1925），德国社会民主党右翼领

导人，魏玛共和国第一任总统。

[15] 魏玛（Weimar）位于德国中部的联邦州图林根。德国历史上第一个统一的共和国魏玛共和国以及第一部民主宪法均在此地诞生。

[16] 德意志帝国（Imperialist Germany），即德意志第二帝国，通常指1871年至1918年的德国，即普鲁士完成德意志统一至霍亨索伦王朝最后一任皇帝威廉二世下台这一时期。

[17] 自由军团（Freikorps），德国民间准军事团体，因1918年德国在一战中战败而成立，其成员由退伍士兵和失业青年组成，由退役军官领导。

[18] 卡普政变（Kapp Putsch）是一场企图推翻魏玛共和国的政变，其导火线是魏玛政府签署《凡尔赛条约》。

[19] 沃尔夫冈·卡普（Wolfgang Kapp，1858—1922），德国东普鲁士的一名公务员、记者。1920年卡普政变发生时，他是政变名义上的领袖，因此后世以他的姓氏命名该政变。

[20] 德国工人党，原文使用的英译名为German Workers' Party。后文中也使用了该政党的德语名字Deutsche Arbeiterpartei（DAP）。

[21] 芬尼（pfennig），德国旧的辅币或纸钞单位，1马克等于100芬尼。

[22] 国家社会主义德国工人党的德文名称为Nationalsozialistische Deutsche Arbeiterpartei，非官方简称纳粹党（Nazi），官方简称国社党（NSDAP）。有人也主张，该党名称应译作民族社会主义德国工人党，将它的思想称作民族社会主义。——编注

[23] 这个纲领主要是根据希特勒那天发表的演讲起草的。——原注

[24] 这也是主张将纳粹党的官方名称译为民族社会主义德国工人党，将它的思想称作民族社会主义的理由之一。——编注

[25] 鲁道夫·赫斯（Rudolf Hess，1894—1987），纳粹德国政治人物，生于埃及亚历山大港，1933年至1941年任纳粹党副元首。

[26] 赫尔曼·戈林（Hermann Wilhelm Goering，1893—1946），纳粹德国的一位政军领导人，与阿道夫·希特勒的关系极为亲密，在纳粹党内有相当巨大的影响力。

[27] 里希特霍芬男爵（Manfred Albrecht Freiherr von Richthofen，1892—1918），

德国飞行员,被称为"王牌中的王牌",外号"红男爵"。

[28] 冲锋队的德文名称是 Sturm Abteilung(SA),也译作褐衫队。无特殊情况下,本书一般译作冲锋队。

[29] 保罗·约瑟夫·戈培尔(Paul Joseph Goebbels,1897—1945),纳粹德国国民教育与宣传部部长,擅演讲,被称为"宣传的天才",以铁腕捍卫希特勒政权和维护第三帝国的体制。

[30] 海因里希·希姆莱(Heinrich Himmler,1900—1945),纳粹德国的一名重要政治头目,曾任内政部长、党卫军头子、盖世太保首脑等职,他被德国《明镜》周刊称作"有史以来最大的刽子手"。

[31] 党卫军的德文名称为 Schutzstaffel(SS),是纳粹党执行监察、治安勤务、拷问行刑的特务组织和军事组织,与冲锋队并立为纳粹党的两大军事组织。

[32] 阿尔弗雷德·罗森伯格(Alfred Rosenberg,1893—1946),纳粹德国的一名重要成员,纳粹党的思想领袖,纳粹党最早的成员之一。

[33] 卡米洛特(Camelot),传说中亚瑟王的宫殿,圆桌会议的所在地。此处希姆莱是将自己和纳粹核心人物比作卡米洛特的骑士们。

[34] 恩斯特·罗姆(Ernest Röhm,1887—1934),德国纳粹党的早期高层人士,冲锋队创始人,在1934年"长刀之夜"被杀。

[35] 引自:*Völkischer Beobachter 1921.*——原注

[36] 引自:*Der Führer*, Konrad Heiden.——原注

[37] "长刀之夜"(Night of the Long Knives)又称"血洗冲锋队",在德语中也被称为"罗姆政变"。它是1934年6月30日至7月2日发生于德国的清洗行动,当时纳粹政权进行了一系列政治处决,大多数死亡者为冲锋队成员。

[38] 1919年希特勒刚加入时,该政党的名称还是德国工人党。1920年2月,该政党更名为国家社会主义德国工人党(国社党),即纳粹党。

[39] 内斗发生在1921年希特勒当上党首之后,此时该政党已改名为国社党(纳粹党)。

[40] 引自纳粹党小册子 *Das kleine abc des Nationalsozialisten*。——原注

[41] 鲁普雷希特王储（Rupprecht Ferdinand，1869—1955），德国当时的巴伐利亚王储。1916 年，鲁普雷希特被授予德国陆军元帅军衔，他是一战时德国王室中最优秀的军队统帅之一。1921 年 10 月 18 日，他成为巴伐利亚王室首领。1939 年，他因反对纳粹政权而被迫流亡意大利，后定居匈牙利萨瓦尔。1955 年 8 月 2 日，他在巴伐利亚去世。

[42] 1921 年，德国魏玛共和国政府按照《凡尔赛条约》的规定建立防卫军（Reichswehr）。1935 年，纳粹德国将防卫军更名为国防军（Wehrmacht）。

[43] 鲁登道夫将军（Erich Ludendorff，1865—1937），德国著名将领，一战时的重要军事人物。

[44] 《人民观察家报》（Volkischer Beobachter），1920 年至 1945 年纳粹党在德国发行的日报，始创于 1887 年，原名《慕尼黑观察家报》（Munchner Beobachter）。1923 年，希特勒买下这份报纸，用作纳粹党的宣传喉舌。

[45] 威廉·夏伊勒（William L. Shirer，1904—1993），美国作家、历史学家和战地记者，代表作为《第三帝国的兴亡》。

[46] 《第三帝国的兴亡》（The Rise and Fall of the Third Reich），一部反映纳粹德国历史的作品，记述了 12 年零 4 个月中，被希特勒称为"千秋帝国"的第三帝国从兴起到覆灭的全过程。

[47] 卡尔·豪斯霍费尔教授（Karl Haushofer，1869—1946），德国地缘政治学家，其生存空间理论指导了二战德国的战略选择。

[48] 亚尔马·沙赫特博士（Hjalmar Schacht，1877—1970），德国银行家、经济学家和经济部长，1922 年至 1923 年带领魏玛共和国遏制通货膨胀，后任纳粹德国经济部长（1934—1937）。战后，他被判无罪，开始为德国重建和发展中国家提供建议。

[49] "道威斯计划"（Dawes Plan）由美国银行家道威斯拟定，致力于缓解德国因《凡尔赛条约》赔款而承受的巨大财政压力。

[50] 《洛迦诺公约》（Locarno Treaties）是 1925 年 10 月 5 日至 10 月 16 日，英国、法国、德国、意大利、比利时、捷克斯洛伐克、波兰七国代表在瑞士洛迦诺开会通过的 8 个文件的总称；12 月 1 日，此公约在伦敦获得最终确认。其主要内容是一战中的协约

国与中欧及东欧新兴国家尝试确定战后领土界线，并争取与战败的德国恢复正常关系。

[51]　贝希特斯加登（Berchtesgaden），位于德国巴伐利亚州东南部的阿尔卑斯山脚下，以希特勒的"鹰巢"（Eagle's Nest）而闻名。

[52]　克拉拉是希特勒的母亲，阿洛伊斯是希特勒的父亲，两人的详细情况请参见第一章。阿洛伊斯实际上也是克拉拉的舅舅。

[53]　引自：*The Gangsters Around Hitler*, Otto Strasser. ——原注

[54]　恩斯特·汉夫施丹格尔（Ernst Hanfstaengl，1887—1975），德国商人、政治家，是希特勒早期政治活动中的重要支持者，但在希特勒掌权后逐渐失势，1937年逃往国外，二战期间曾担任美国总统罗斯福的顾问。

[55]　地产抵押马克（Rentenmark）又被称为地租马克，1923年11月德国推出的货币，用以遏制当时的恶性通货膨胀。它取代了因通货膨胀而一文不值的德国马克（Deutsche Mark），但只作为暂时货币流通，不久后被帝国马克（Reichs Mark）取代。

[56]　股市大崩盘（Stock Market Crash）指1929年10月24日纽约证券交易所的崩盘事件，是美国历史上最严重的一次股灾。

[57]　大萧条（Great Depression）指1929年至1933年，源于美国、后来波及整个资本主义世界的经济大危机。

[58]　"咆哮的二十年代"（Roaring Twenties）指20世纪20年代，北美地区（含美国和加拿大）的经济持续繁荣时期。

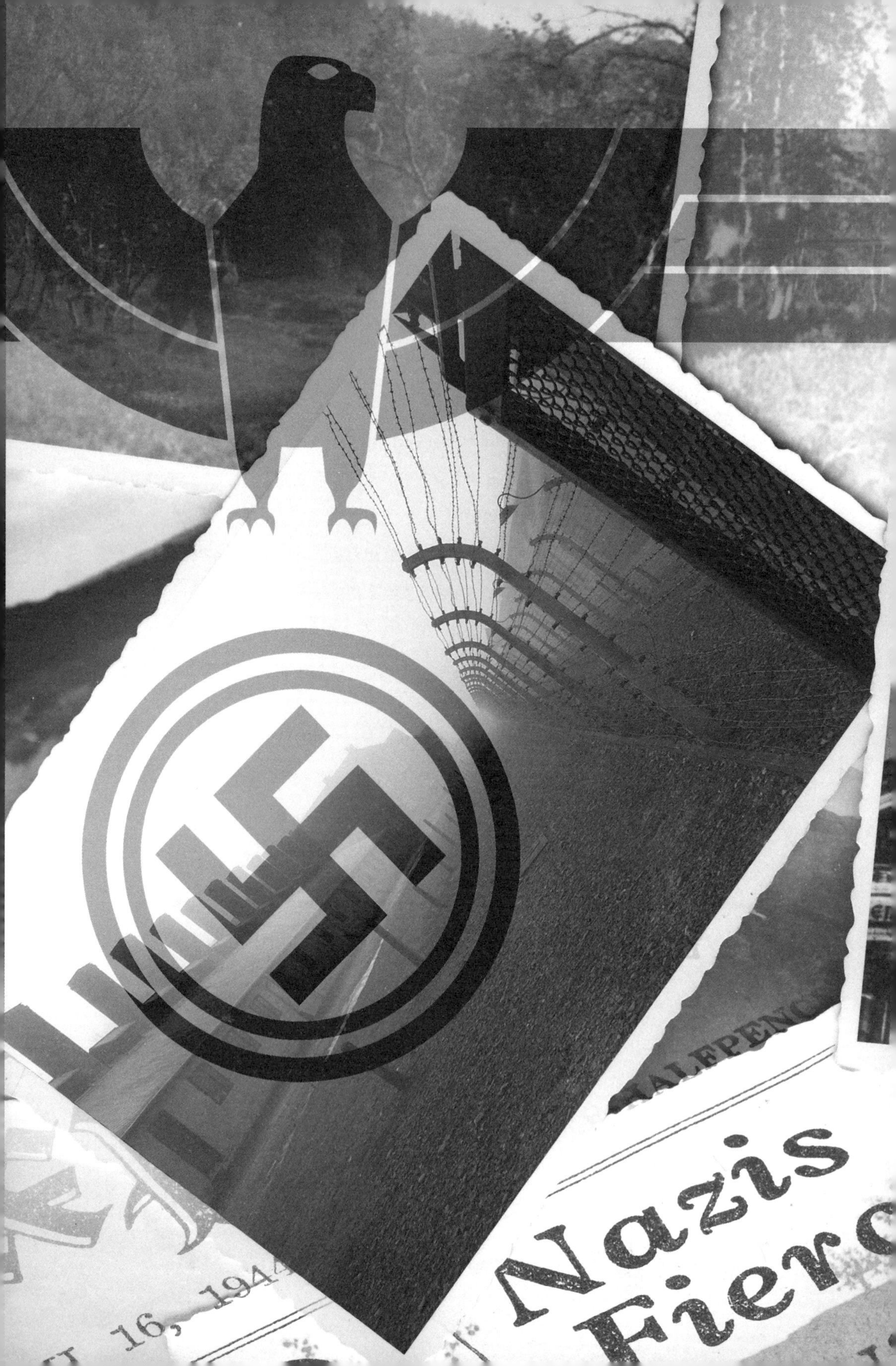
Nazis

第五章
迅速掌权

拉拢平民

1924年至1928年之间，纳粹党犯了一个严重的策略性错误，因为他们试图拉拢产业工人，而产业工人拥护的是共产党和社会民主党。中产阶级十分排斥这种策略，他们认为纳粹党只关注工人阶级。因此，纳粹党获得的选票数量下降了。在1924年全国大选中，纳粹党在国会中只获得了32个席位，大约仅为共产党的二分之一，民族党和社会民主党的三分之一。在国会中，民族党获得了95个席位，社会民主党获得了100个席位。在当年的第二轮选举中，民族党和社会民主党获得了更多的席位；但共产党遭遇重创，从62个席位跌至45个席位；纳粹党也损失了18个席位。4年后，1928年5月，纳粹党的议会席位跌至历史最低点，仅剩12个席位。

3100万德国人行使了自己的民主权利，在投票箱投了票，但只有不到100万人将票投给了纳粹党。政治评论家认为纳粹党已经是强弩之末，不值一提了。美国记者威廉·夏伊勒评价说："几乎再没人听到过希特勒或纳粹党的消息，除非是把他们当作笑料来讲。"但大萧条改变了一切。1年之内失业人数翻了3倍，450万人失去了工作。不言而喻，这对纳粹党而言是一件值得高兴的事儿，因为国家的不幸反而给纳粹党

街头士兵：1931年，一支纳粹队伍扛着骷髅头旗走在不伦瑞克[1]街头。

带来了不可思议的好运。

不断下跌的价格让农民受到了重创，批量生产让手艺人丢了饭碗，因此希特勒下令把农村地区当作拉拢目标。纳粹党还去小城镇拉选票，因为连锁店让小店主们的日子极为难过，而中产工人眼睁睁地看着自己的积蓄化为乌有。

1928年5月，纳粹党报曾报道：

> 农村地区的选举结果表明，在农村地区只需花费很少的精力、金钱和时间，就能取得比大城市更好的结果。在小型城镇，有优秀演讲者出席的公众集会是一场盛事，人们会持续谈论几周。但在大城市，几千人出席的集会也很难留下持久的影响。

为了拉选票，操纵大师戈培尔并不反对耍些手段。他的想法很简单，他认为如果不断重复一个谎言，人们便会开始相信它。希特勒也坚信：如果想向民众灌输他们的政治思想，就必须一次次地向民众强调这些思想，直到没人质疑为止，直到连最顽固的人都被说服为止。

一份1932年4月的纳粹传单上写着：

> 中产阶级们！零售商们！手艺人们！店主们！
>
> 一场旨在把你们彻底铲除的行动正在汉诺威市[2]准备实施。
>
> 现行的制度允许美国大型零售商伍尔沃斯公司，在德国城市开办吸血公司。这样的制度必须被废除！中产阶级们，你们要保护自己！快来加入我们这个强大的组织吧，因为我们正在孤军奋战、反抗你们的敌人！加入我们的手艺人和零售商分

部，携手阿道夫·希特勒，为了伟大的自由运动而奋斗！

从上面的例子中，我们可以很清楚地看到，虽然纳粹自己不承认，但他们的确是通过呼吁民众关注自身利益来拉拢民众的，纳粹利用了中产阶级对大型企业和犹太人公司的恐惧和偏见。实际上，20世纪20年代至30年代初期，拥护希特勒的核心人群是没有任何政治动机的，他们只是普通的民众，被逼无奈下只能相信希特勒会满足他们的基本需要，给他们提供工作和面包。然而，上述事实一直都被忽略了。见识过冲锋队行事风格的人安慰自己说：一旦希特勒掌权，他一定会让极端分子规矩行事。但他们没有意识到，其实纳粹党正是由极端分子组成的。

希特勒抓住一切机会通过广播宣传他的主张，因为广播能保证几百万人听到他的声音。希特勒还在德国境内做巡回演讲，因为他相信领导人的亲自出现会给民众留下更持久的印象。1932年总统大选中，希特勒乘坐飞机在城市间巡回演讲，一天能跑几个城市进行宣传。希特勒的竞选海报也是经过精心设计的，主要是为了吸引母亲、工人、农民和小店主。为了产生最大的影响力，甚至连张贴海报的时机都是经过精心考虑的。

作为1932年竞选活动组织者，戈培尔给各地的纳粹积极分子写信

> 谁能走上街道，谁就能征服民众，谁征服了民众，谁就控制了国家。
>
> ——纳粹座右铭

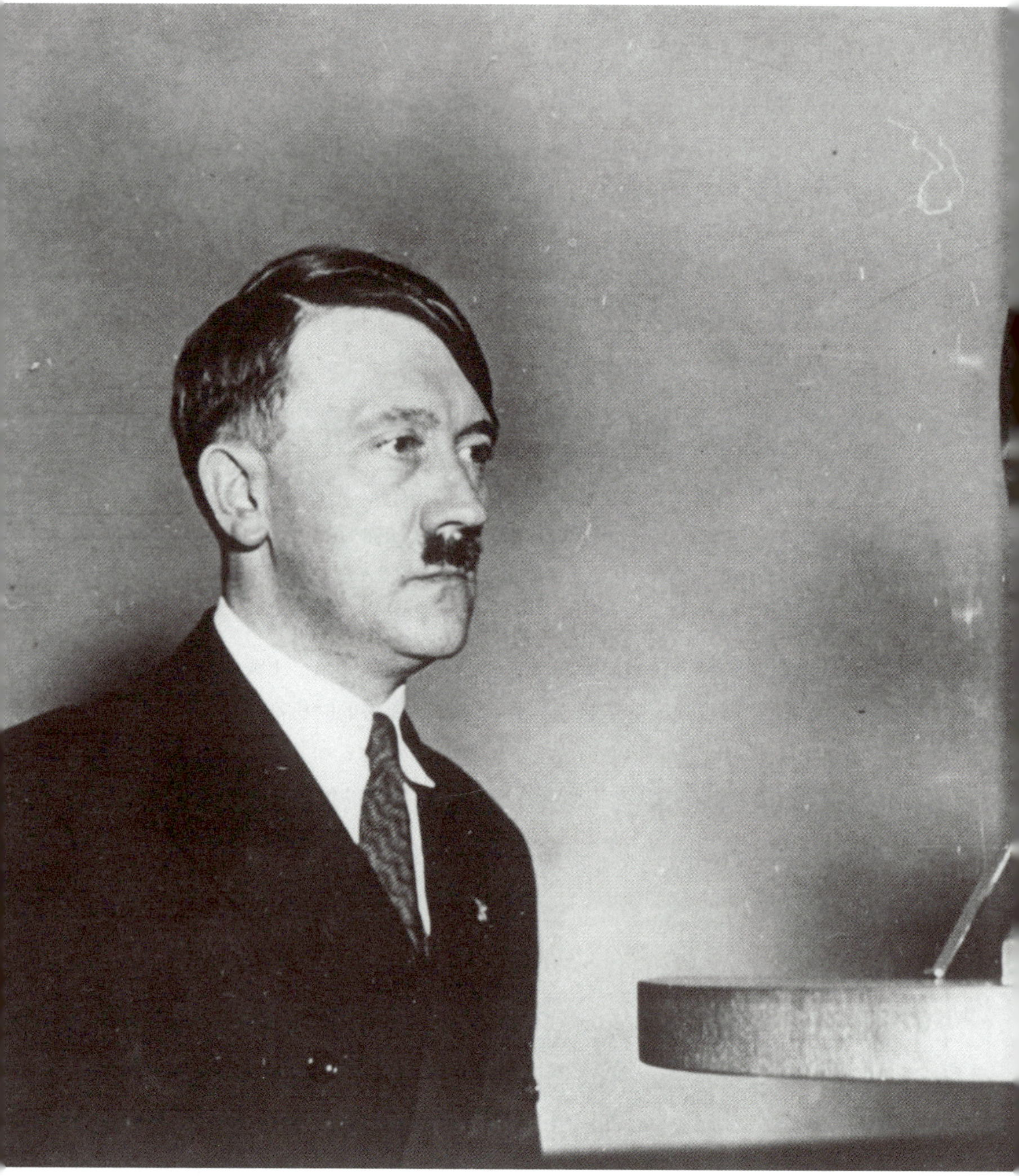

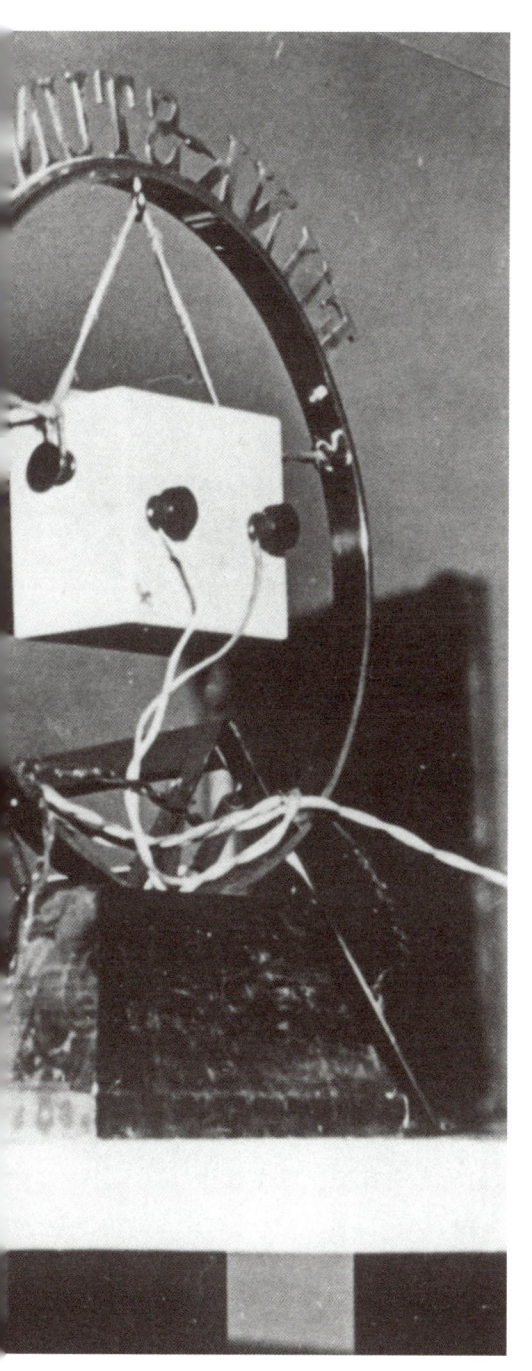

时说道：

> 元首的海报是黑色背景，海报上印有完美的元首头像。元首希望在竞选最后几天再张贴海报。经验表明，在竞选最后几天，铺天盖地的海报都是五颜六色的，因此元首的黑色海报一定能脱颖而出，给民众留下深刻的印象。

1 年以后，纳粹党和民族党合并了。两党合并给纳粹党注入了不少新鲜血液和竞选资金，也让纳粹党披上了体面的外衣。民族党领导人是富有的阿尔弗雷德·胡根伯格（Alfred Hugenberg），他名下拥有一家非常有影响力的报社，还有德国乌发电影公司[3]及其连锁影院。两党合并后，胡根伯格让希特勒随意使用他的报社和电影公司。再没人敢嘲笑纳粹党了。

1933 年 2 月 1 日，希特勒第一次通过广播向德国人民致辞。

*1932年总统选举中,纳粹党向选民们发出的呼吁[4]

带领德国走向自由

对所有相信德国复兴的人而言,希特勒是通往德国复兴之路的密码。

对被夺走一切的人、被夺走农场和家园的人、被夺走毕生积蓄的人、被夺走工作和生存机会的人而言,他们只剩下了对公平德国的执念。只有公平德国才能给它的人民带来荣誉、自由和面包,而希特勒正是这些人最后的希望。

希特勒可以解救几百万处于绝望之中的人,因为希特勒将带领大家走向新生活。

希特勒继承了在世界大战中牺牲的两百万将士的精神,但他们不是为了现行制度而牺牲的,因为这种制度只能让我们的国家渐渐走上毁灭之路,他们是为了德国的未来才献出了自己的宝贵生命。

希特勒是人民的代表,他理解人民并为人民而战,因此他被敌人所痛恨。

德国的年轻人已经厌倦了德国的现状,他们一直为了一种新的形式而奋斗,他们不能、也不会放弃对更好未来的坚信。而希特勒能代表这些年轻人的愤怒,他是通向德国未来的密码和引领年轻人奋斗的指路明灯。

旧体制的掌权派曾向民众承诺自由和体面的生活,但实际上他们却向民众投石子并进行无端谩骂。3月13日,民众将一起向这些人大喊:我们已经看清你们的真面目了!现在让你们见识一下我们的力量!

希特勒一定会成功,因为人民需要他胜利!

希特勒总理

与大多数人的看法不同，纳粹党并没有采用武力手段夺取政权，也没有通过选举掌握政权。在希特勒出任德国总理之前的那次全国大选中，纳粹党所获选票数在总票数中的比重从 37% 下降到 33%，纳粹党在国会只获得了 200 个席位，仅占总席位数的三分之一。纳粹党之所以能掌权，是因为魏玛政府已经无力招架任何政治内讧。兴登堡任命希特勒为德国总理，希望此举能结束政治内讧。

1929 年 10 月华尔街崩盘，给德国带来的不仅是经济方面的打击。德国的政治联盟原本就非常不稳定，华尔街崩盘加剧了各党派之间的嫌隙，而纳粹党和共产党又拒绝拥护政府。于是，德国的政治联盟最终彻底破裂了。年迈的兴登堡总统不得不亲自出马。

自 1930 年起，德国一直由老战士兴登堡统治，而他的幕僚是野心勃勃的军官库尔特·冯·施莱谢尔[5]。据施莱谢尔别有用心的提议，兴登堡任命了几任总理，而这几任总理都不假思索地批准了一些对军队有利的政策。施莱谢尔提议任命的第一任总理是海因里希·布吕宁[6]；第二任总理是弗朗茨·冯·巴本[7]，他于 1932 年 5 月接替布吕宁出任总理。1932 年 12 月，施莱谢尔接替巴本出任总理。巴本十分愤怒，他向希特勒提议：如果希特勒能帮他把施莱谢尔拉下马，他承诺给希特勒在政府里安排一个位置。在动手之前，巴本还是去寻求兴登堡的支持，但兴登堡一直不信任希特勒，他把希特勒称作"自命不凡的奥地利下士"。

1932 年 8 月和 11 月，希特勒曾两次提出要担任德国总理，但都被兴登堡迅速回绝了。8 月 13 日，两人的第一次会面就充分表明，兴登堡这位久经沙场的老战士并没有老眼昏花，因为他清楚地意识到希特勒和纳粹党将对民主和个人自由构成威胁。

鉴于国家社会主义运动（National Socialist movement）的重要性，

1933年,希特勒与兴登堡见面时,主动伸出手与兴登堡握手,还恭敬地鞠躬致敬。当兴登堡将权力的缰绳交到希特勒手上时,这个"自命不凡的奥地利下士"已经比傲慢的兴登堡棋高一着了。

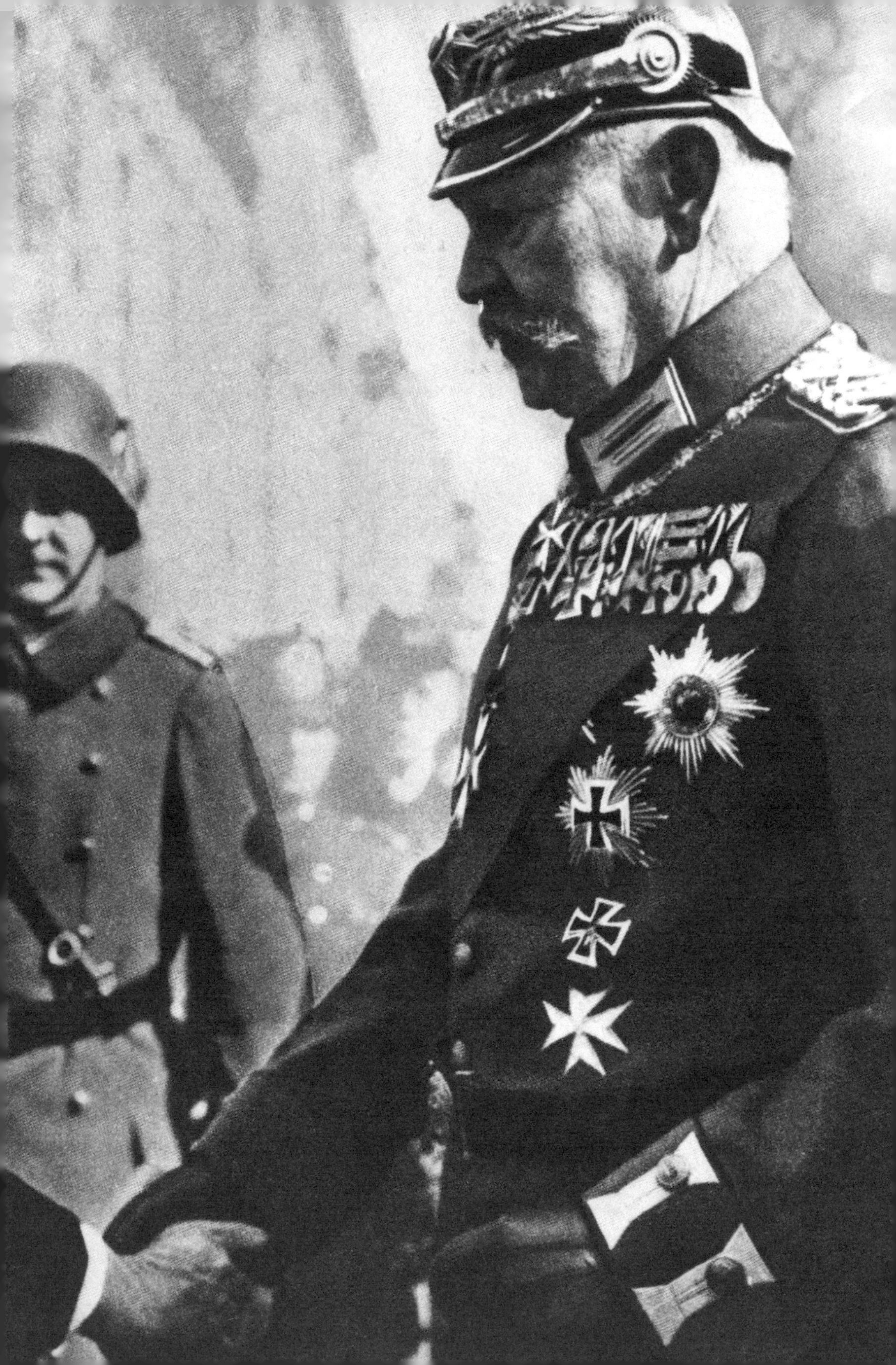

1933年3月,为了拍摄新闻影片,冲锋队员冒着瓢泼大雨、骑着马得意扬扬地通过勃兰登堡门,事先精心挑选出来的民众伸直胳膊向他们行礼。

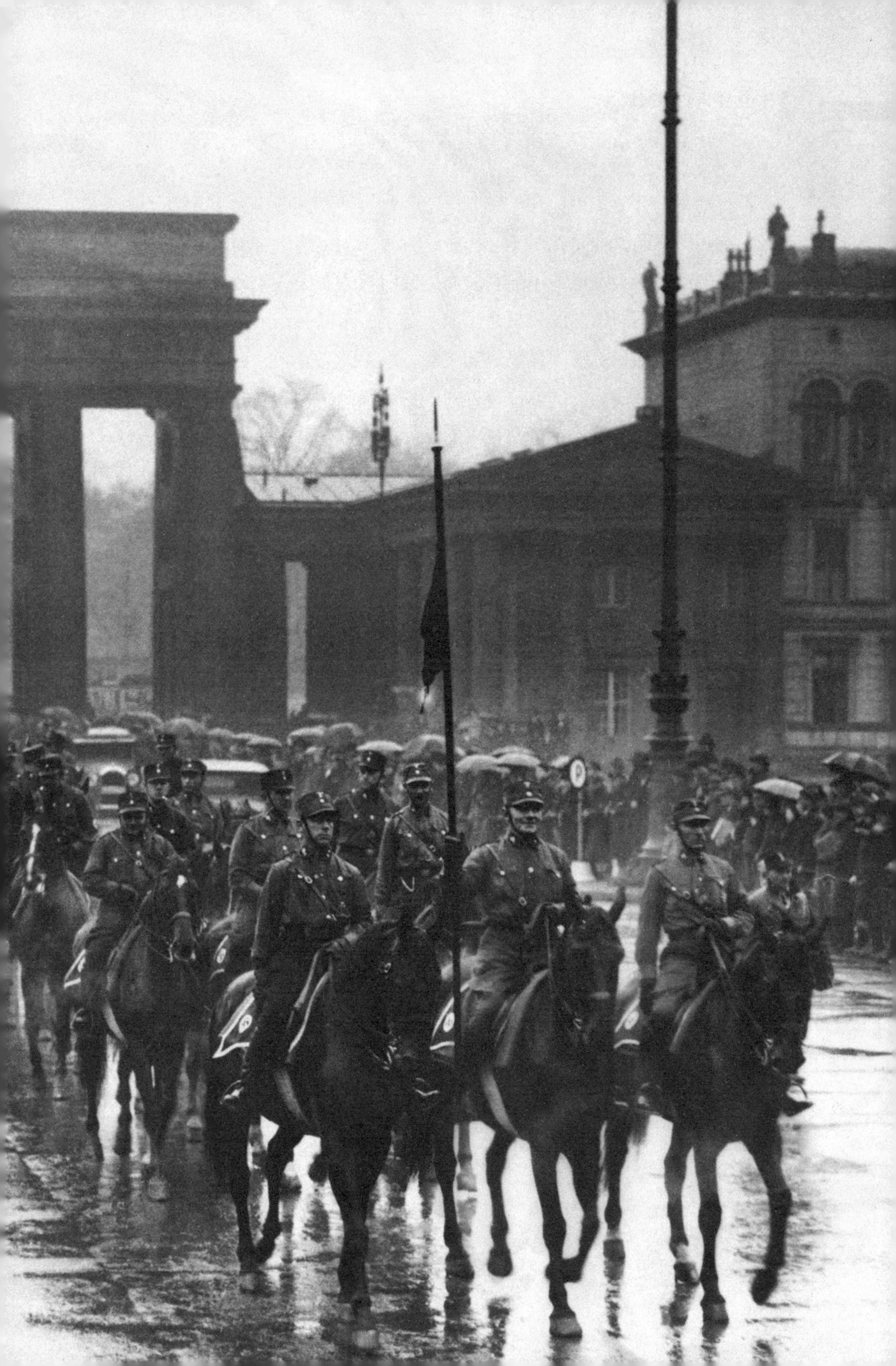
P

希特勒一定会要求由他和纳粹党全面、彻底地掌握政府权力。但兴登堡总统随即强调，他是绝对不会同意这种要求的。在上帝面前、良知面前和祖国面前，兴登堡绝不能将所有的政府权力交予一个政党，更何况这个政党对持不同信念的人只会采取不公正的态度。

但巴本固执己见，最终成功说服了病中的兴登堡。巴本承诺他会从两方面限制希特勒的权力：一方面，他会限制纳粹的内阁部长人数；另一方面，他会坚持让希特勒在内阁里与政治竞争对手合作。

兴登堡的态度有所缓和，施莱谢尔被拉下马。1933年1月30日，希特勒被任命为德国总理。

从民主走向独裁

身着褐衫的冲锋队员们在柏林的大街小巷进行了一场大规模火把游行，以此来庆祝希特勒出任总理。至此，没人会怀疑德国已经身处法西斯军事独裁的铁蹄之下。然而，当希特勒从总理府阳台上向支持者挥手致意时，他敏锐地意识到，还有几百万德国人并没有与国家社会主义运动保持步调一致。民主制度的朽枝必须被砍掉，只保留纳粹党这结实的树干。因此，新政府的第一份公告确保让人民相信他们的右翼立场：

> 新国民政府将把统一国家意志和精神当作第一要务。新政府将保护和捍卫国家力量的基础。新政府将坚定不移地拥护基督教，因为它是我们的道德基础。新政府将保护所有的家庭……新政府将教导年轻人尊重我们辉煌的过去，以我们的古老传统为傲。新政府将向精神、政治和文化虚无主义宣战……新政府将再次以民族戒律为准绳。

国会纵火案

菩提树大街上还回荡着冲锋队员的长筒靴踩在路面上的声音,但希特勒已经意识到他的权力仍然可能受到共产党的挑战。在上一次选举中,63%的选民拒绝响应纳粹党的武装号召,而纳粹领导层也不能排除苏联将支持反革命的可能性。议会中纳粹党是少数派,所以兴登堡总统有权让希特勒辞职,只要他愿意,他随时都可以让希特勒下台。

除非希特勒对政府的控制是万无一失的,否则他无法安心。彼时纳粹需要制造一个对新政权的威胁,才能保证希特勒的权力不被夺走。没人能确定究竟是谁想出了在国会大厦纵火并嫁祸给共产党的主意,有些历史学家认为是戈林的主意。实际上,国会纵火案巧妙地展示了纳粹的政治手段是多么卑鄙。

2月27日,国会大厦内部失火,但只有共产党人马里努斯·凡·德尔·卢贝(Marinus van der Lubbe)一人被匆匆审判并处决了。显而易见,卢贝是纳粹挑选出来的替罪羊,因为他比较愚笨,根本不可能为自己辩解。这场虚构的纵火案让新政府找到了完美的借口,纳粹抓捕了4000名共产党高层人士,并号召举行新的选举来认可他们的政策。

2月28日,希特勒成功地要求兴登堡通过了一项紧急法令,该法令废除了言论自由,禁止反对党召开政治会议,并授权政府搜查民宅。虽然该法令严重限制了反对党的参选能力,但纳粹党仍未能获得他们所预估的压倒性支持。纳粹党获得了288个席位,但仍未拥有多数席位,他们必须采取更为严酷的措施。为了加强政府对民主的控制,纳粹党起草了一系列法案。

3月24日,纳粹党通过了《授权法案》(Enabling Act),该法案赋予了希特勒不需要议会批准的立法权力。5月,纳粹党通过了取缔共产党的法令。6月,纳粹党通过了取缔社会民主党的法令。7月,纳粹政府向梵蒂冈施压。为了确保政府以后不干预教堂的运作,梵蒂冈不得不

国会大厦失火后,希特勒找到了完美的借口来夺取政权。

取缔德国的天主教中央党（Catholic Centre Party）。

7月，纳粹政府还通过了第二个主要法令，即《禁止组织新党法》（Law against the Formation of New Parties）。该法令禁止任何人创建新政党，否则就会被逮捕。1934年，代表各地区的州议会被废除。至此，党与政府合二为一。

1934年8月1日，兴登堡总统去世。此后，纳粹党实施了《德国国家元首法》（Law Concerning the Head of the German State），这是纳粹政府采取的第三个重要措施。该法案将总统与总理的职责合并，此后希特勒成为德国的绝对统治者。

兴登堡还没下葬，希特勒就废除了总统职责，开始担任国家元首（Head of State）。他首先命令所有的武装部队向元首（Führer）宣誓效忠，这一举动非常狡猾和肆无忌惮，因为将士们如果不服从希特勒的命令，就等于对祖国不忠。

旧的德意志帝国与兴登堡一同被埋葬了，希特勒成为新帝国元首。他夸口说这将是一个千年帝国。事实上，希特勒的第三帝国只维持了差不多12年而已。

> 难道不是我辛辛苦苦干了一辈子、把一切都给了希特勒？要是没有我，他还不知道在哪儿呢！希特勒最好小心一点，因为德国的革命才刚刚开始……[8]
>
> ——恩斯特·罗姆对库尔特·卢戴克所说的话
> 1933年6月

"长刀之夜"

如果有人还心怀希望,认为纳粹掌权后或许会变得规矩一点,1934年6月30日那天所发生的一切将会让他们彻底不再幻想。那一天,希特勒团伙对自己人痛下杀手。自那以后,不会再有人怀疑纳粹政权的主张,也不会怀疑纳粹为了铲除异己、掩盖过去的"错误"能干出什么来。

恐怖统治：1933年，左翼势力和右翼势力对德国城市的争夺进入白热化，辅警（冲锋队的恶棍们混入了警察队伍）正在逮捕共产党员。

希特勒和罗姆就冲锋队的未来产生分歧由来已久。希特勒十分感激他的这位老战友，因为罗姆在希特勒的崛起之路上发挥了非常重要的作用。然而，罗姆在国会与冯·布伦伯格将军[9]越发频繁地发生争执。布伦伯格将军是希特勒的首任国防部长，罗姆和他的频繁争执既让希特勒难堪，又挑战了希特勒的权威。罗姆经常要求正式承认冲锋队是"人民的革命军队"。他还竭力主张将普鲁士精英军官从正规军中清除，正规军的军衔和档案都应该纳入冲锋队。

从罗姆的角度来看，这样的要求是合情合理的。他手下有300万人，是欧洲最大的武装力量之一，和正规军的人数比例达到4∶1。普鲁士军官们却害怕军队里混进一群流氓和性变态，他们认为这群人会玷污他们光荣的军队传统。罗姆的同性恋丑闻和关于罗姆核心集团的谣言广为流传，迟早会人尽皆知。这些谣言一定会抹黑整个国家社会主义运动。

冯·布劳希奇将军[10]曾说道："……重整军备是一件既严肃又困难的正经事，容不得投机分子、酒鬼和同性恋。"

希特勒得知主要的财力支持者也有和军方一样的担忧后，深感不安。仅古斯塔夫·克虏伯[11]一人就给纳粹党贡献了300万德国马克的经费，他认为冲锋队简直是罗姆的私人军队，对国家构成了威胁，而这也正是元首所担心的。克虏伯拥有德国最大的钢铁厂，因此他对德国的重整军备计划能起到举足轻重的作用。

冲锋队公然违反《凡尔赛条约》，配备大口径重机枪，这是不能姑息的。虽然希特勒并没有什么亲密的朋友，但他信任的战友或同事稍有差池，他还是会立即翻脸不认人。尽管如此，他还是一直劝说罗姆遣散"老战士"、接受革命已经结束的事实。

但罗姆非常顽固，根本没法跟他讲通道理。1934年4月11日，德国在东普鲁士进行了海军演习，冯·布伦伯格将军，三军总司令冯·弗立契将军（Werner von Fritsch）和海军上将雷德尔（Erich Raeder）都在场，就在这一天事情发生了转折。希特勒非常清楚，如果他想稳固自己的权力，就必须获得这些人的拥护，特别是在病重的兴登堡去世之后。"德意志"号（*Deutschland*）巡洋舰开往哥尼斯堡[12]时，他们四人正在舰上吃晚饭，希特勒简要地谈了他的计划，他要建立一支让全世界都嫉妒的海军舰队。他还描述了建立一支新国防军的设想，不论要付出怎样的代价，德国将公开抵制遭德国人痛恨的《凡尔赛条约》，给国防军配

1933年9月,希特勒和罗姆走向纽伦堡纪念碑。过了不到1年,希特勒认为罗姆没有价值了,便将他处决了。

1934年6月28日,希特勒参加约瑟夫·特尔波文(Josef Terboven)和伊尔丝·斯特尔(Ilse Stahl)的婚礼,而新娘曾是戈培尔的情妇。

备坦克和重型火炮。

  作为回报,希特勒要求他们在兴登堡去世之后,提名他为兴登堡的继任者,并向全军下令宣誓效忠作为最高统帅的元首。如果弗立契和雷德尔信任他,他就会制约冲锋队,并保证正规军将是新帝国的唯一武装力量。希特勒已采取了一系列措施,来复兴德国经济、重塑德国辉煌,其中包括花费数十亿马克实施大规模公共工程项目。因此,他们怎么能拒绝希特勒的这一提议呢？希特勒获得了他们的拥护之后，放心地采取行动来肃清内敌。

秋后算账

为了让希特勒采取行动，希姆莱和戈林凭空捏造了罗姆正在计划一场政变的消息。得知这个消息后，希特勒立即下令逮捕并处决罗姆和冲锋队的高级领导层。这个命令正是希姆莱和戈林一直等待的，他们终于有机会跟罗姆算旧账，更何况他们还得到了元首的首肯，也并不需要为他们的行动负责。

1934年6月30日晚，150名冲锋队领导层成员在柏林被逮捕，希姆莱的贴身卫队、身穿黑衫的党卫军（SS）和戈林的特警队将他们当场击毙。他们中的有些人临死前还喊着"希特勒万岁"，因为他们坚信是希姆莱和戈林下令杀死他们，而元首并不知情。

当天晚上，在慕尼黑附近的维塞（Wiessee），韩塞巴瓦酒店（Hanslbauer Hotel）门前停着一排豪华轿车，因为冲锋队的领导层正在此地度假。希特勒表情坚决，看着几十个困惑的冲锋队成员被从床上拖下来，就地处决。随后，希特勒走进罗姆的房间，开始破口大骂。希特勒离开后，罗姆被转移到史塔德汉监狱（Stadelheim Prison）。在那儿，有人给了罗姆一把上了膛的手枪，让他自行了断。

罗姆蔑视地说："要杀我，让希特勒自己来动手！"

两名冲锋队员走进牢房，冲罗姆的脑后开了枪。

没人知道究竟有多少人在"长刀之夜"丧生。7月13日，为了说明行动的正当性，希特勒在国会发言，但他只承认77人死亡。然而，在战后审判中，一些行凶者承认1000多人在那天被杀害了，其中包括参与挫败慕尼黑政变的古斯塔夫·冯·卡尔和施丹佛尔神父。施丹佛尔神父曾参与《我的奋斗》的编辑工作，据说他了解吉莉·拉包尔死亡的

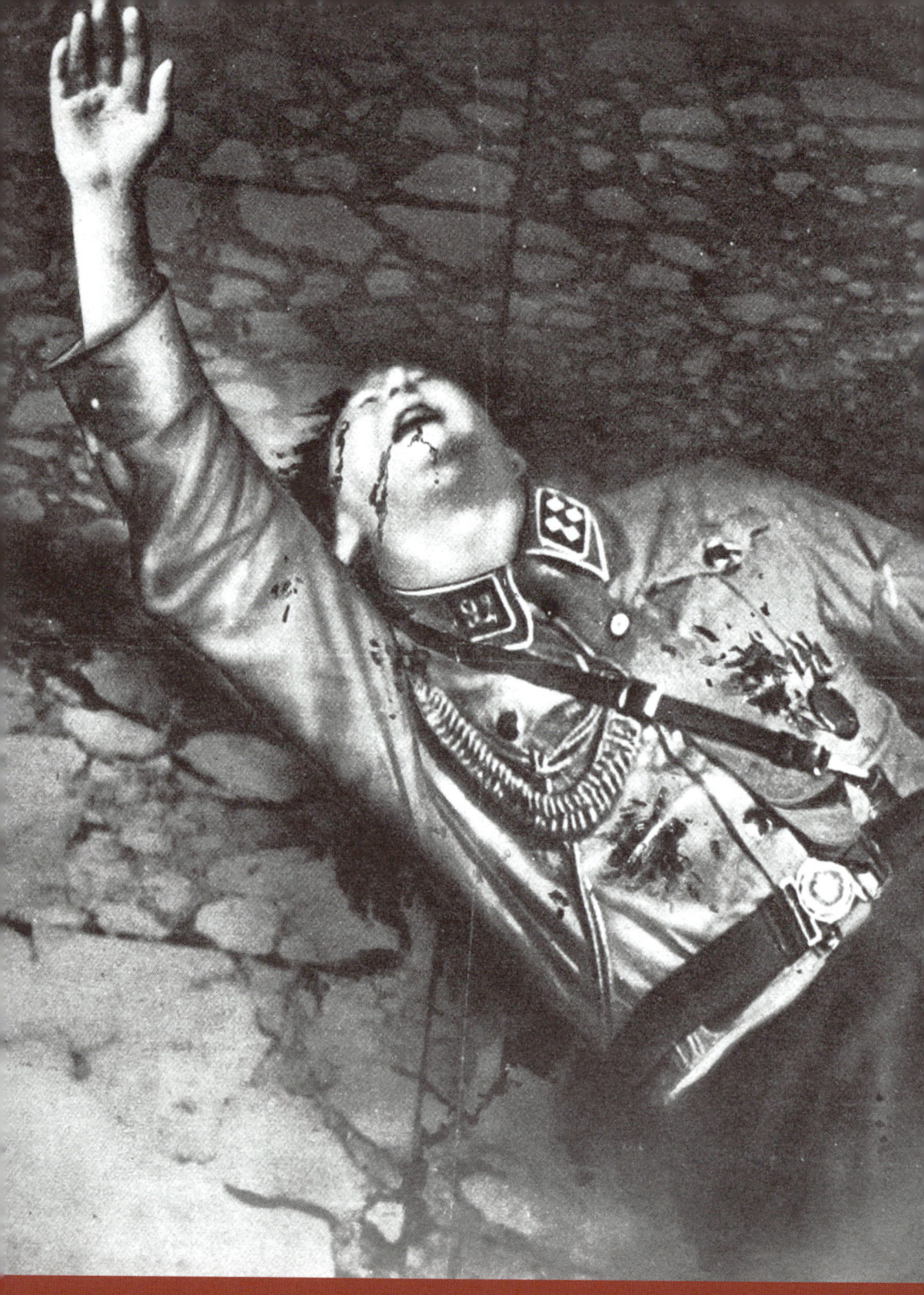

1934 年 6 月 30 日，罗姆的尸体似乎在行最后的纳粹礼。

真实内情。卡尔是被用镐打死的，尸体被扔在达豪[13]附近的沼泽里。施丹佛尔神父的尸体在慕尼黑城外的森林中被发现，他的脖子被扭断，胸口还中了3枪。

其他的受害者还包括：冯·布雷多将军（Ferdinand von Bredow）、冯·施莱谢尔将军和格雷戈尔·施特拉塞尔。施莱谢尔将军在希特勒之前担任德国总理，他在纳粹党成立初期曾公开地挑战希特勒的权威。冲锋队和党卫军的暗杀小队还搜查了一些纳粹官员的住宅，因为他们怀疑这些官员不忠或有不检点的行为，在此期间又有几十人被随意枪决了。前任普鲁士总理弗朗茨·冯·巴本逃过一劫，但他的秘书被杀了，其他同事后来都死在了监狱里。公教进行会（Catholic Action）领导人埃里希·克劳森纳（Erich Klausener）在办公室直接被击毙，而他的全部员工被赶进了集中营。

从那以后，德国处于永久的紧急状态，公民自由也被无限期地暂停了。在这种情况下，当希特勒保证一千年内德国再不会出现另一场革命时，几乎没人感到宽慰。

第二天早上，德国人看到报纸上的报道时，深感无奈。他们意识到新秩序（New Order）意味着"伸张正义"甚至都不需要一场装样子的审判。党卫军头子希姆莱、戈林和其他希特勒的亲信，一时兴起就随意杀人或将人关入监狱，他们的行为方式跟封疆领主毫无差别。从这方面来看，德国人民的想法是正确的，因为德国已经陷入了新的黑暗时代[14]。

军队在这次大屠杀中的同谋角色也产生了深远的影响。军方不仅帮忙押送犯人，还为行凶者提供武器。"长刀之夜"结束几天后，冯·布伦伯格将军称赞希特勒对"叛国者"采取了迅速、坚定的行动，这表明他已经选择与独裁结盟。在此之前，有些将军还奢望以武力解除希特勒总理之职，从此以后这是绝对不可能的，因为布伦伯格表达了他对希特勒行动的拥护。从此时起，军官团的公信力就大打折扣了。

注释

[1] 不伦瑞克（Braunschweig），德国中北部的城市，属下萨克森州。魏玛共和国时期，希特勒在此地加入德国国籍，纳粹党最早的基地也是在此建立。

[2] 汉诺威市（Hanover），德国下萨克森州首府，位于北德平原和中德山地的相交处，二战时期遭受了严重的破坏。

[3] 德国乌发电影公司成立于1917年，其官方使命是按照政府授意宣传德国，不仅要直接进行电影宣传，还要求其制作和发行的影片能表现德国的文化特性并服务于国民教化的目的。

[4] 引自：*Völkischer Beobachter* 3 March 1932.——原注

[5] 库尔特·冯·施莱谢尔（Kurt von Schleicher，1882—1934），德国将军，魏玛共和国总理之一。在1934年6月30日"长刀之夜"中，被纳粹认定为敌人而被谋杀。

[6] 海因里希·布吕宁（Heinrich Brüning，1885—1970）于德国魏玛共和国时期（1930—1932）担任德国总理，是魏玛共和国在任时间最长的总理。

[7] 弗朗茨·冯·巴本（Franz von Papen，1879—1969），德国政治家和外交家，信奉天主教，于1932年担任德国总理。

[8] 库尔特·卢戴克所著的 *I Knew Hitler* 中引用了1933年6月罗姆对该书作者所说的话。——原注

[9] 冯·布伦伯格将军（Werner von Blomberg，1878—1946），德国一战后的第一位元帅，第三帝国时期唯一一位战争部长，在魏玛防卫军向第三帝国国防军转型和扩军过程中扮演了关键角色。

[10] 冯·布劳希奇将军（Walter von Brauchitsch，1881—1948），纳粹德国陆军总司令，著名的德国陆军元帅。1941年12月，莫斯科战役失败，布劳希奇成为替罪者。1941年12月19日，他被希特勒解除了陆军总司令一职，希特勒在同一天任命自己为陆军总司令。

[11] 古斯塔夫·克虏伯（Gustav Krupp，1870—1950），德国垄断资本家、军火制

造商。1933 年，希特勒上台后，克虏伯立即成为纳粹政权的狂热拥护者，积极支持希特勒实行法西斯统治和对外扩张。

[12]　哥尼斯堡（Koenigsberg）指现在的俄罗斯加里宁格勒（Kaliningrad），此地原属德国，二战期间被苏联占领，后更名为加里宁格勒。

[13]　达豪（Dachau），德国小镇，位于慕尼黑西北约 16 公里，第一个纳粹集中营便建于此。

[14]　黑暗时代（Dark Age），18 世纪左右开始使用的名词，特指西欧历史的中世纪早期，具体是指没有皇帝的时期（476—800）。这一时期战争频发，是一个文化上愚昧和野蛮的时期。

Nazis
Fierc

16, 194

第六章
千年帝国

御用建筑师

希特勒出任总理6周以后，一个彼时默默无闻、但很有前途的青年建筑师接到了来自柏林的电话。艾伯特·施佩尔[1]当时才27岁，他毫不犹豫地接受了邀约，连夜从曼海姆（Mannheim）驱车赶往柏林。第二天，他疲惫不堪但满心欢喜地来到了纳粹党总部。施佩尔见到了给他打电话的纳粹党地区领导汉克，汉克让施佩尔去见"博士先生"。戈培尔博士已经选定了一处宏伟的19世纪建筑作为自己新部门的办公地点，他想带施佩尔一起去实地视察。

戈培尔博士热情地接见了施佩尔，虽然这并不常见。随后，戈培尔带着施佩尔乘坐公务车，一同前往威廉广场。许多渴望见到元首的人聚集在威廉广场，因为广场对面正是总理官邸。施佩尔打量着这群陌生人写满期待的脸庞，发现自己与他们拥有一样的情感——对未来的希望和对元首的信任。当公务车拐进宽敞的办公大院时，施佩尔意识到一个新的时代开始了，而自己已经置身其中。

施佩尔于1931年加入纳粹党，在纳粹核心人物中，这已经是相对较晚的时间了。但他失望地发现当地的纳粹党员都是一些小肚鸡肠的官僚，不论个人水准还是智力水平都非常低。施佩尔无法想象由他们管理

建造未来：艾伯特·施佩尔正在描述一个全新的经典德国建筑的建造计划。

一个国家。然而，在后来的几周内他将会明白，是希特勒的性格力量驱动着这些无能的人。这些人渴望取悦希特勒，所以他们竭尽全力地为新政权添砖加瓦。

在楼内视察时，戈培尔十分清楚地表明：只要改建后的大楼能配得上他的地位，翻新帝国风格的办公室和会议厅需要花多少钱，都在所不惜。新政权的所有建筑项目都没有预算的限制，也不需要审批计划，所以施佩尔可以不受任何约束地大展拳脚。尽管如此，为了与原建筑风格保持一致，施佩尔在画草图时还是采用了不张扬的传统设计。然而，他的设计未能让戈培尔满意，戈培尔认为他的设计"不够令人印象深刻"。后来，戈培尔决定委托一家慕尼黑公司实施改造工程，而施佩尔把他们的改建风格称作"远洋游轮风格"。

过了不久，戈培尔又邀请施佩尔整修他的私人住宅。这位年轻的建筑师获得了第二次展示自己的机会，所以他鲁莽地承诺两个月内一定完工。施工期间，3队工人24小时不间断地赶工，施佩尔才得以在约定的完工日期之前顺利交工。这样的业绩吸引了希特勒的注意，而这正是施佩尔所希望的。最初，元首核心集团的成员对施佩尔这个新人心存怀疑，因为怨恨他分走了元首的注意和喜爱。

不管他们怎么想，未能成为建筑师的希特勒对施佩尔青睐有加，并委托施佩尔实现他的帝国梦想。这一切或许是无法避免的，因为施佩尔给元首带来了很多乐趣。元首身边终于有一个人能和他讨论重建柏林和林茨的计划了，重建后的林茨将成为奥地利的新首都。

日耳曼尼亚

柏林将被建成一座拥有令人印象深刻的历史遗迹和公共建筑的城市。新建的一切建筑都将拥有宏大的规模，即使古代建筑也相形见绌。一条宽400英尺（122米）、长3英里（5公里）的大道将从柏林市中穿过。大道一端将坐落着一座高 400 英尺（122 米）的凯旋门，门上刻有为德国捐躯的将士们的姓名；而大道的另一端将坐落着一座穹顶会议厅。柏林的详细建设计划已经起草完毕，建筑模型也按比例制作完成，希特勒原本打算将改建后的柏林更名为日耳曼尼亚（Germania），但战争中断了所有的计划。日耳曼尼亚最终未能建成。

施佩尔参与重新设计了许多纳粹党高官的私人住所，因而他能近距离观察纳粹领导层，从而见识到他们之间的互相猜疑。众所周知，戈培尔憎恨戈林、里宾特洛甫[2]和马丁·鲍曼[3]；里宾特洛甫鄙视纳粹政府里的所有人，而其他人也看不起他。戈林并不信任里宾特洛甫、戈培尔、鲍曼和施佩尔，但他还是委托施佩尔重新设计他的住宅。其实，戈林几个月前已经斥巨资整修了自家住宅，但希特勒抱怨说他家看上去像一座陵墓，他只得再让施佩尔重新设计。纳粹领导层似乎都认可同一个观点：每个人都得亲近自己的朋友，但更要亲近自己的敌人。

"光之大教堂"

每完成一项受委托的工作，施佩尔的名气就会随之大增，但他对纳粹政权最为重要的贡献是设计了纽伦堡集会[4]的布景。施佩尔初到柏林时，曾看到一份布景设计草图，这份草图是为即将在柏林滕珀尔霍夫机场[5]召开的纳粹党大会设计的。看到这份草图后，施佩尔立即表示自己能设计出更好的布景。他从歌剧院和古罗马汲取了灵感，设计了一个大型舞台，舞台的背景由 3 面巨大的卐字旗组成，每一面旗帜比 10 层楼还高，这 3 面卐字旗还被一组强力探照灯照亮。

施佩尔设计纽伦堡集会的布景时，表现得更为出色。他征用了 130 盏防空探照灯，每隔 40 英尺（12 米）放置一盏探照灯。所有的探照灯都照向天空，呈现出巨大光柱直达苍穹的恢宏效果。置身于这座"光之大教堂"中，希特勒认为在狂热的追随者眼中，他的身影会显得无比伟艾伯特·施佩尔设计的"光之大教堂",使1937年纽伦堡集会成为一个辉煌时刻。130盏防空探照灯照向天空,呈现出巨大光柱的效果。

岸。纽伦堡集会后来成为展现军事力量和集体意志的例行庆祝活动。

也许施佩尔曾经历过一些良心谴责,但他从未告诉过任何人,因为在第三帝国中唯一不可饶恕的罪行是对元首不忠,而其他言行不当却可以忽略不计。

帝国中心

希特勒经常夸口说他的帝国能持续千年,所以他要求所有的建筑都能反映帝国的历史重要性。1938年,希特勒委托施佩尔在柏林为他设计新的总理官邸。新总理官邸将在旧帝国总理府原址扩建,并沿沃斯大街(Voss Strasse)扩建至整个街区。新官邸的构想是用超大的规模让众人将它与历史遗迹相提并论。同时,其设计一定要让来访的权贵们感到胆寒。希特勒希望来访者离开时,能对"德意志帝国的实力和伟大"产生敬畏之心。新官邸的入口处必须令人印象深刻。来访者得走过200英尺(61米)深的院子,才能来到入门处的台阶。台阶两侧矗立着高达42英尺(13米)的新古典主义门柱和两尊铜像,而铜像是由希特勒最喜爱的雕塑家阿尔诺·布雷克(Arno Brecker)设计的。

进入官邸后,映入眼帘的是150英尺(46米)长的马赛克厅(Mosaic Hall),大厅的墙面和地面都是用红色大理石铺就的。大理石上还镶嵌着灰色大理石鹰和金色装饰,金色装饰让人不禁想起罗马皇宫。希特勒还将帝国鹰(Imperial Eagle)作为标志。每一扇门上都栖有一只金色帝国鹰,鹰爪中握着嵌有夕字符的花环。

到达元首办公室之前,来访者必须穿过480英尺(146米)长的大理石画廊(Great Marble Gallery),这画廊的长度是凡尔赛宫镜厅的两倍。大理石画廊两侧的墙上挂着首都博物馆永久出借的挂毯。希特勒的办公室气势恢宏但不张扬、家具陈设品味高雅,唯一能暴露他真实性情的是办公桌桌面上镶嵌的图案——一把拔出一半剑鞘的剑。

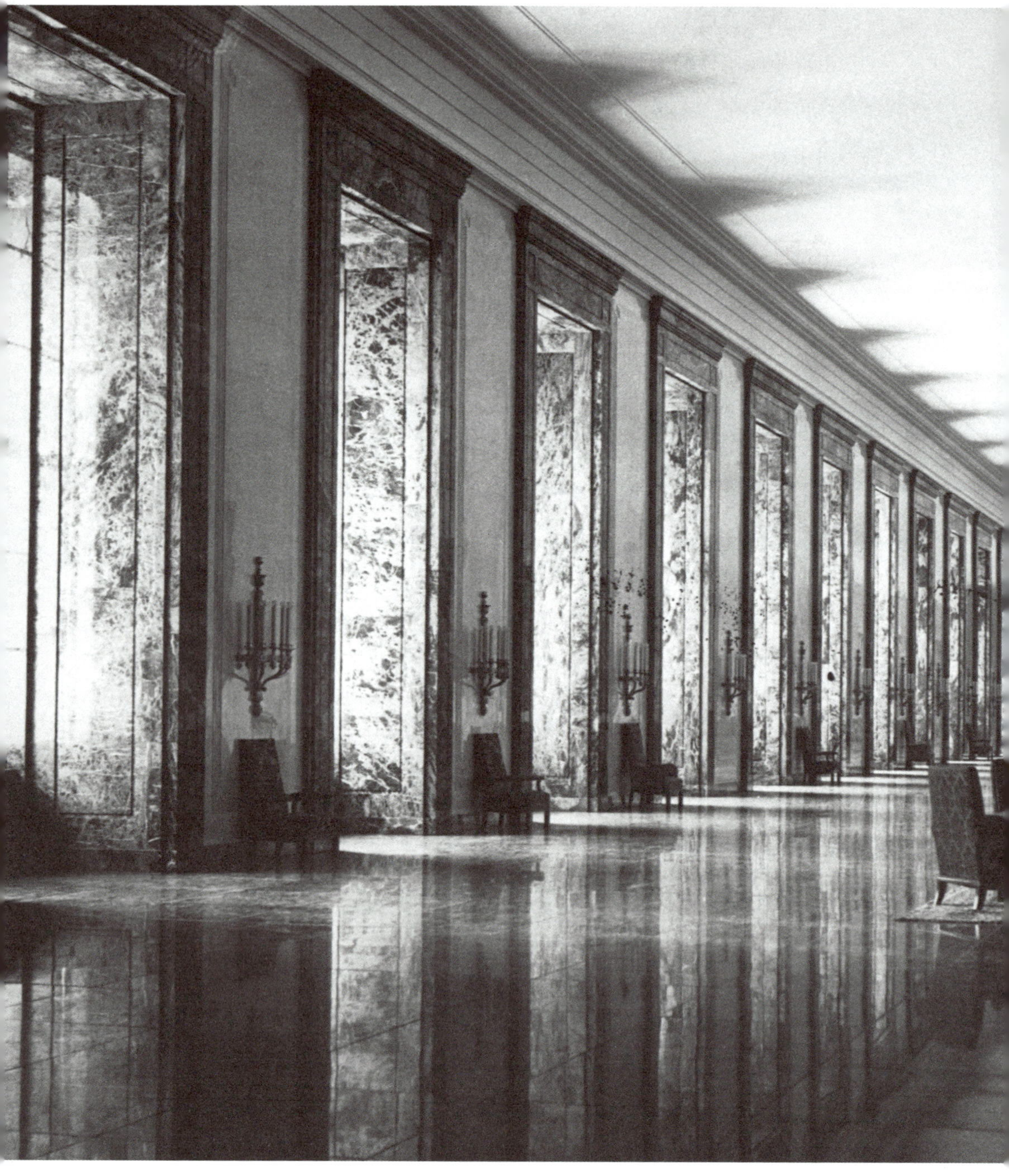

希特勒曾说道:"外交官看到这样的图案一定会胆战心惊!"

希特勒办公室的后面是内阁会议室,会议室正中摆着一张长长的会议桌,24把帝国会议椅摆放在桌子四周。所有的椅子上都有鹰和卐字符的装饰。具有讽刺意味的是,希特勒从未在这里召开过内阁会议,所以内阁部长们只能满足于短暂的参观,以便在他们的荣耀之地看到自己的名字以金色压印在写字板上。

4500多名劳工负责建设新总理官邸,国内还有几千人负责生产各种奢华的配件和装置,其中包括17英尺(5米)高的红木门,金色壁灯和金色饰板。金色饰板上刻有柏拉图的四大美德——智慧、勇敢、节制和正义。但这些美德对希特勒并没什么影响,因为他曾吹嘘说:"你们无法想象,一个小人物一旦获得了关注,他会对周围的人产生多么巨大的影响。"

这是希特勒有生之年为数不多、颇有见地的言论之一,但很明显,这话讽刺的正是他自己。

第三帝国新总理官邸里的长厅。新总理官邸仿效凡尔赛宫的风格而建,设计初衷也是为了震慑和威吓来访者。

"褐衫大人"

希特勒十分懒惰，又不屑于做文书工作，所以纳粹政府里没人清楚自己的职责，每个人还经常遭到同僚的打压。希特勒下达的命令总是语焉不详，还时常前后矛盾。希特勒在政府内部造成了混乱，他却把自己比作花匠，说自己时不时从篱笆外看看植物们争抢阳光的样子。希特勒的政府建制让情况变得更为糟糕，纳粹政府简直是一个卡夫卡式迷宫，由关系盘根错节的官僚们组成，而每个地区由一位地方长官（Gauleiter）管辖。官员们会因为不喜欢发布命令的上级官员，就拒不执行命令或者延迟执行命令。

希特勒的新闻秘书奥托·迪特里希（Otto Dietrich）曾说过："希特勒在德国领导层中制造的混乱，是不应该出现在一个文明国家的。"

或许，希特勒只是在下意识地反抗他的父亲，因为他特别痛恨父亲的条理性及其对官僚机构的推崇。

幸运的是，希特勒被一群奉承者所包围，他们急切地执行希特勒发布的指令，为后人记录希特勒的每一个想法。在这群下属中，马丁·鲍曼最为忠心，他坚持不懈的奉献和毫无异议的恭顺甚至超越了他的上级鲁道夫·赫斯。鲍曼体格健壮，只是身材矮小，还溜肩。他的声音又尖又高，所以他与公众演讲无缘。虽然自己没

1944年7月，克劳斯·冯·施陶芬贝格（Claus von Stauffenberg）在"狼穴"[6]试图暗杀希特勒的6天后，希特勒和高级官员们在一起。他们下令进行了最残忍的报复。

第六章　千年帝国

法发表公众演讲，但他每次都会出席。即使没有扬名立万的机会，他也永远在现场。他一直都狂热地看护着与元首接触的机会，甚至拒不休假，因为他担心其他人会用花言巧语骗取元首的信任。整个纳粹高层因此而痛恨鲍曼，戏称之"褐衫大人"，因为他的制服是褐色的，而且他永远不离元首左右。鲍曼的官方职责是打理元首的个人财务，他对这份工作抱有极大的热情。德国邮局要支付使用费才能使用带有元首肖像的邮票，这正是鲍曼的主意。几年之内，这项收入就多达几百万马克。鲍曼还管理着一个秘密行贿基金，钱款都来自有钱的工业家，因为他们从重整军备的合同中赚得盆满钵满。第1年内，该基金总额就达到了1亿马克。

虽然在这样一个组织结构松散、人人只谋私利的政府里，很多官员都会忍不住捞钱，但鲍曼从未中饱私囊。为了讨好元首，鲍曼不惜花费几百万马克翻建贝格霍夫（希特勒在贝希特斯加登的阿尔卑斯山间别墅）。贝格霍夫原本是一个规模不大的山中小屋，后来被扩建成一栋多层的别墅。较低的楼层是从山坡上新开辟的区域，包括生活区、厨房和储藏室。在扩建后的贝格霍夫，最让人叹为观止的是一扇巨型观景窗，窗外正是奥地利阿尔卑斯山的壮美风景。虽然一般人根本无法接近这栋山顶别墅，但别墅仍被带刺的铁丝网围住，戒备森严。20世纪30年代中期，鲍曼筹到资金后，为希特勒在贝格霍夫别墅上方的顶峰建造了一所茶室，即著名的"鹰巢"。通往"鹰巢"的升降机是凿装在花岗岩崖壁中的。据说，单这一项支出就高达3000万马克。这也引发了大家对鲍曼的嘲讽，说鲍曼开创了反向淘金热，因为只有他花大价钱来开山。

虽然鲍曼不讨人喜欢，但他的履历还是十分丰富的。1927年，26岁的鲍曼加入纳粹党，随后加入了纳粹刺杀队，后因参与杀害他的小学老师被判入狱1年。在娶了一位纳粹高官的女儿后，鲍曼说服赫斯任命他为副手。担任赫斯的副手之后，他巧妙地接替了赫斯所痛恨的文书工作。

鲍曼是一个天生的官僚，他深知政府内真正有权力的人，是能限制他人接触到决策者的人。因此，鲍曼从希特勒中午起床直到凌晨时分一直随侍左右，他用记事本和铅笔记下希特勒的每一个命令、每一句随口说的话。鲍曼认为事无巨细必须都记录下来。通过这种方式，鲍曼成功获得了希特勒的青睐，希特勒逐渐依赖鲍曼将他的随口之言起草成正式的官方命令，并为他概述需要了解的事务。希特勒曾这样评价鲍曼："因为鲍曼，我只需花 10 分钟就能处理一大堆文件。如果换一个人，我估计得花上几个小时。"这是希特勒所能想到的对鲍曼的最高褒奖了。

鲍曼甚至假装像元首那样喜欢素食，但背着希特勒时，他会偷偷跑回自己的宿舍，狼吞虎咽地大吃猪排和炸牛排。

注释

[1] 艾伯特·施佩尔（Albert Speer，1905—1981），德国建筑工程师，第三帝国军备和战时生产部长，深得希特勒赏识。

[2] 里宾特洛甫（Joachim von Ribbentrop，1893—1946），纳粹德国政治人物，他曾任第三帝国驻英国大使和外交部长等职务，对促成德、日、意三国同盟起过重要的作用。

[3] 马丁·鲍曼（Martin Bormann，1900—1959），纳粹"二号战犯"、纳粹党秘书长、希特勒的私人秘书。他掌握着纳粹党的钱袋子，人称"元首的影子"。在纳粹政权垂死挣扎的最后日子里，鲍曼成了仅次于希特勒的第二号重要人物。二战结束后，1946 年 10 月，他被纽伦堡国际军事法庭判处死刑。

[4] 纽伦堡集会（Nuremberg Rallies），1923 年至 1938 年期间纳粹党在该地每年举行一次的集会。自 1933 年纳粹党夺权以后，纽伦堡集会便成为纳粹党进行政治宣传的重要途径。

[5] 滕珀尔霍夫机场（Tempelhof Airfield），坐落于德国柏林的商用国际机场，位于滕珀尔霍夫–舍嫩贝格区内，曾是柏林三个主要机场之一。

[6] "狼穴"（Wolf's Lair），二战时期希特勒的一个军事指挥部代号，位于当时德国东普鲁士的腊斯登堡，即今波兰肯琴以东约 15 公里处的密林中，暗杀希特勒的"七月密谋"（July Plot）也发生于此。

Nazis
Fierc

16, 1944

第七章
不为人知的希特勒

与暴君饮茶

两次世界大战之间，外国权贵云集贝希特斯加登。希特勒振兴德国的计划非常成功，堪称创造了"经济奇迹"，因此权贵们蜂拥而至，与希特勒饮茶交流。然而，各国权贵却惊讶地发现希特勒只不过是一个好逸恶劳、没有教养的人。希特勒每天要睡到中午时分才起床，不但常常自说自话，还酷爱奶油蛋糕和巧克力。此外，希特勒每天晚上都会看电影打发时间，活像一位没有紧急国家大事需要处理的退休绅士。

希特勒同部长们及他的核心集团会面时，他总是凭直觉做出重要决定，或者压根不考虑来访者是否能承受他的决定。希特勒的行事风格好像一位理想王国的王子，他只在意排场和盛况，毫不考虑现实中的外交手腕。尽管希特勒时不时能发表一些颇有见地的政治见解，或者能表现出精明能干的政治家风范，但他早期的成功凭借的主要是恃强凌弱和虚张声势。希特勒的表现无异于动物的狡猾天性，他能察觉到猎物的弱点，也能发现敌人是否有决心去维护一个脆弱的联盟。

因此，希特勒一度愚弄了一批名人政要。到访"鹰巢"的客人包括爱德华八世和他的美国新娘华里丝·辛普森（Wallace Simpson）。英国

> 我将成为历史上最伟大的人。我必须获得永生，哪怕整个德意志民族在这一过程中毁灭。[1]
>
> ——阿道夫·希特勒

前首相大卫·劳合·乔治[2]也曾是希特勒的座上宾，他热情洋溢地盛赞希特勒。他对希特勒的溢美之词若不经修改，根本无法刊登在《每日快报》（*Daily Express*）上：

> 我见到了这位著名的德国领导人，也见识了他所带来的巨变……民众在战后首次拥有了安全感。民众十分喜悦……德国现在是一个幸福的国度，而希特勒以一己之力创造了这样的奇迹。他是一个天生的领导者。他是一个有魅力、有想法、有专注力、意志坚定和勇往直前的人……年长者信任他，年幼者崇拜他。这不是对受爱戴的领导人的简单敬佩，这是对一个国家英雄的崇拜，因为他挽救了意志消沉和国力衰退的国家……我没听到任何对希特勒的批评或不赞同。
>
> 希特勒在纽伦堡所说的都是事实。德国人会誓死抵抗侵略者，但他们不会再次侵略任何国家。[3]

私下里的希特勒

尽管有人认为希特勒极具个人魅力和演讲天赋，但真正了解他和每

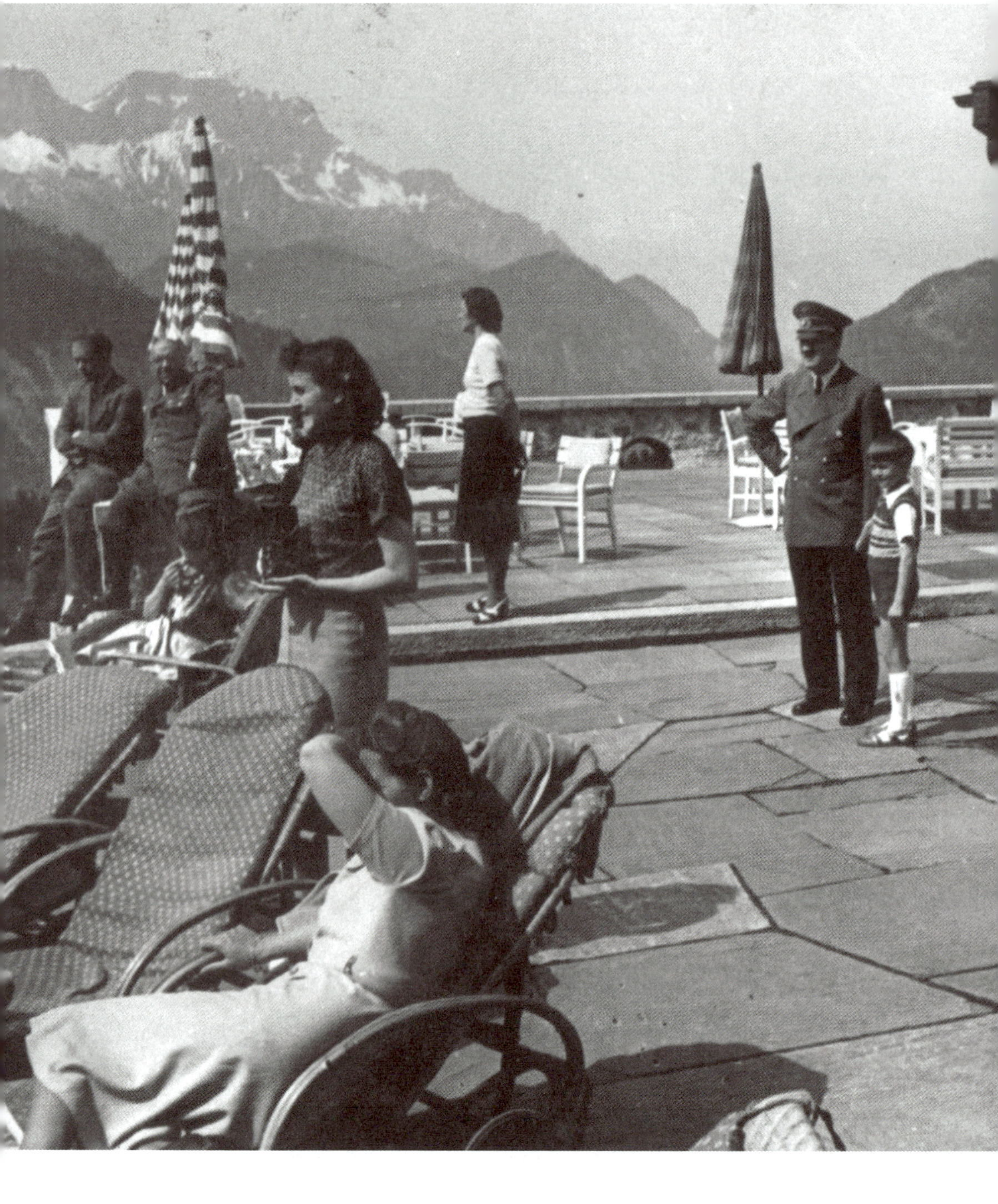

天侍奉他的人认为,希特勒是一个浅薄、不善交际、令人难以忍受的市侩之徒,而这才是希特勒的真实面目。希特勒以激怒客人和同伴为乐。他经常告诉女性访客,化妆品是用人类脂肪、粪水或厨余垃圾制成的。荤菜一上桌,食素的希特勒会说这道荤菜看上去像烤婴儿,或绘声绘色地描述屠宰场里的情景。然而,他也会像个中产主妇那般为自己的茶话会而烦恼。

希特勒刻意确保他身边的人都不如他,因为只有这样,才不会有人注意到他智力水平的不足。如果被他选中的人同时还有身体残疾,那就再好不过了。布吕克纳和布格道夫是希特勒的私人副官,但他们的智力水平不高。他的3位党卫军副官费格莱因、京舍和拉登胡伯也是如此。鲁道夫·赫斯更是一个绝佳的例子,他绝对是现代欧洲国家中智力水平最低的副元首了。1940年5月,赫斯为了寻求和平而飞抵苏格兰,这种做法不仅非常天真,还说明他非常愚蠢。

"世界之巅":在贝格霍夫的露台上,希特勒正和宾客们享受着阳光。

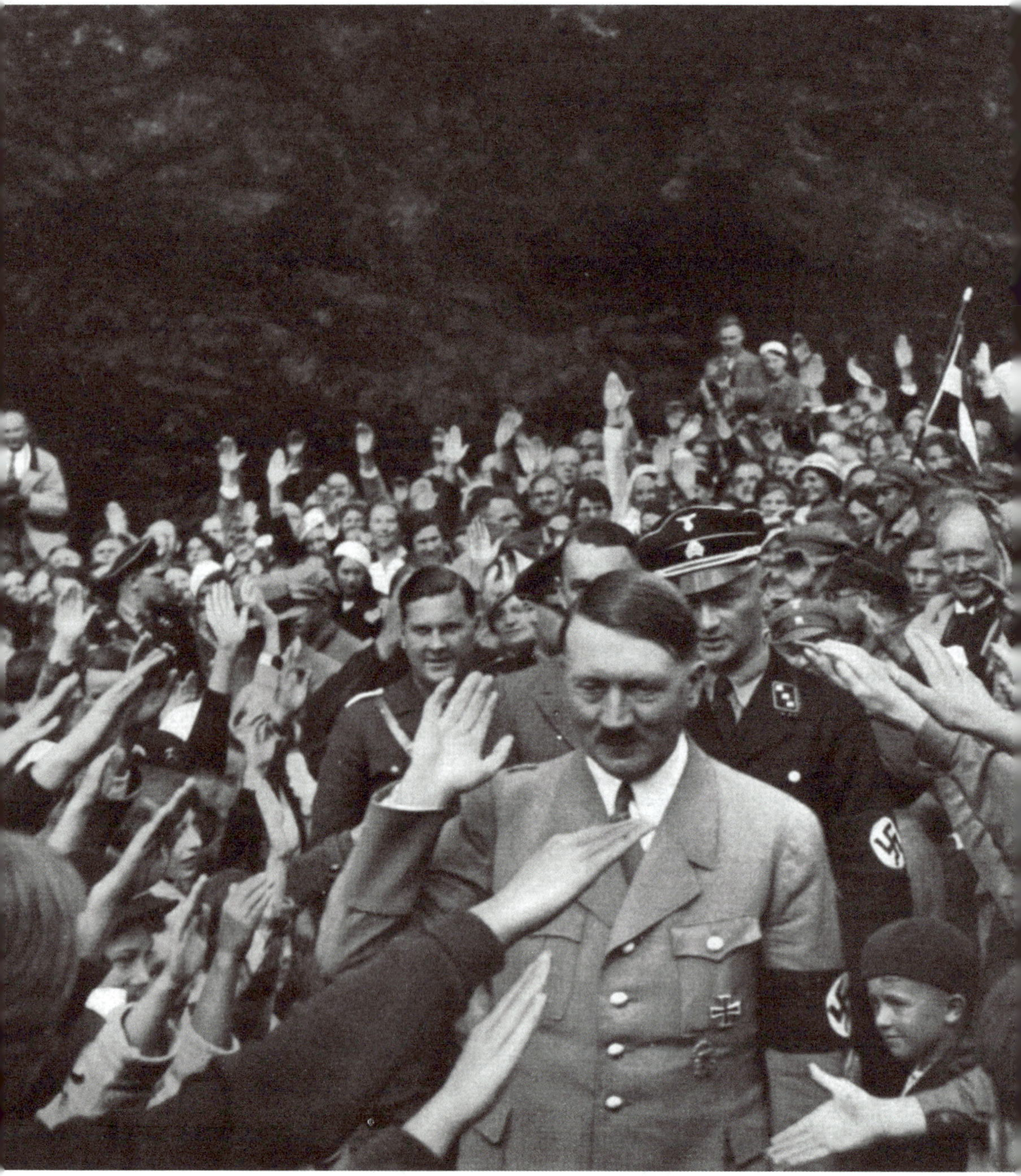

第七章 不为人知的希特勒

从身体条件来看，希特勒身边的人也是千奇百怪。希特勒的司机非常矮小，他开车时必须把座椅垫高，要不然没人能看见是他在开车。这种有悖常理的任命政策在其他人身上也有体现：戈培尔有畸形足，纳粹党总务主任马克斯·阿曼只有一条胳膊，而助理新闻秘书是聋子。

罗姆被处决后，希特勒任命独眼的维克多·卢策（Victor Lutze）接替罗姆。德国劳工阵线[4]的头目罗伯特·莱伊（Robert Ley）深受语言障碍的困扰，希特勒反而认为这十分有趣，他故意安排莱伊多次参加各种公众演讲，并以此为乐。

但并不是所有纳粹官员的选任都只是为了寻开心。纳粹精英中，有许多虐待狂、性变态、吸毒者、酗酒者、色情文学家和偷鸡摸狗的罪犯，这些人如果没在希特勒的罪犯政府爬到高层的位置，早就被关进监狱了。希特勒认为戈林是"飞

二战前，为了见到元首或与元首握手，大批群众涌向上萨尔茨堡山。希特勒和其他纳粹领导人均在那里拥有山间别墅。

行史上最伟大的天才飞行员",但在二战期间,据说戈林一直使用麻醉剂,始终处于迷糊状态。而希特勒的外交部长里宾特洛甫对国际事务的了解,跟一个四年级学生的水平差不多。希特勒乐于制造混乱并幸灾乐祸,他对国家大事也满不在乎,这些都导致他重复性地分配职责。因此,他的内阁部长们和高官们都忙着内部争斗,不可能对他的领导地位构成任何威胁。据说,希特勒认为有过出国经历的人就是外交事务方面的专家。

与所有的暴君和独裁者一样,希特勒任用阿谀奉承之徒,并坚信自己是一贯正确的,这些都为他的毁灭播下了种子。如果希特勒将权力分配给更有能力的人,听取更胜任军中工作的军官们的意见,第三帝国可能会走得更远。希特勒的新闻秘书曾评价说:

> 希特勒没有任用那些品格高尚、经验丰富、视野开阔的人,反而对他们敬而远之,绝对不愿受到他们的影响……他不允许其他具有偶像潜质的人出现在他身边。

疯狂"救世主"

罗伯特·维特著有《心理变态的"神"》一书,在书中他详细、深刻地研究了希特勒的性格,他认为纳粹德国是一个"任性孩子的幻想"。他将希特勒所提倡的新秩序与威廉·戈尔丁所著《蝇王》[5]中的野蛮社会相比较。在《蝇王》这部小说中,遭

> 希特勒把自己变成"欧洲最伟大的演员",他总以为自己处于舞台中心。

遇海难幸免于难的孩子们在一座海岛上创建了一个野蛮社会。希特勒和戈尔丁小说中的主人公都具有教科书式病态人格，他们成为社区恶霸后踏上了自己的罪犯之路。他们会控制弱者，为了加强对追随者的控制，他们会怂恿追随者实施不当行为。玩腻了这些，他们会在成年阶段追求声名，并可能成为邪教组织的领导人或教派领袖，因为他们寻求崇拜与自我扩张，而且他们想要证明自己对世界的恨意是合乎情理的。

这类人蔑视弱者。他们会盲目地搞破坏，然后大肆庆祝。他们也会无端地实施残忍的行为，并以此为乐。为了让下属们误以为他们的团伙拥有令人尊敬的传统，他们的惯用伎俩是举行盛大的配乐典礼、游行和崇拜古老的象征。在被灌输了这种错觉后，追随者们被派去羞辱、恐吓甚至谋杀反抗者时，他们不可能提出任何的质疑。这类人毫无良知，他们认为受害者是咎由自取。而与他们勾结的人认为自己不需要负任何责任，丝毫没有同情或悔恨；如果被要求承担责任，他们会说自己只不过是服从命令而已。

面具背后

希特勒自称"欧洲最伟大的演员"，这不但能透露出一些内情，而且还有几分道理，因为希特勒是一个操纵大师和欺骗大师。他利用与生俱来的模仿天赋诱骗敌人相信，他是真心实意的，他的承诺是真实可靠的。他通过精心的算计和对自己的信心实现了对他人的欺骗，因为他不只是在扮演一个角色，而是完全为那个角色活着。

为了达到预期的效果，希特勒会借助夸张的言行，或者假装勃然大怒。在魏玛政府时期，希特勒曾与德国财政部长亚尔马·沙赫特发生争执。为了恳求沙赫特留任，希特勒成功地让自己双眼含泪。然而，沙赫特一离开，希特勒马上向同伴吐露了自己的真实情感。1939年8月23日，他的外事秘书曾亲眼见证了希特勒具有说服力的表演，当时希特勒给英国大使内维尔·亨德森爵士（Sir Neville Henderson）留下了深刻的印象。

"直到亨德森离开，我才意识到希特勒刚才的表演是预先策划好的，他只不过是在演戏而已。"

在会见国外权贵或外交官之前，希特勒会和副手赫斯私下里详细排练对话，他会尝试不同的嗓音，直到找到适合的腔调。

希特勒是一位演技出色的演员。他所扮演的角色符合人们的期望，所以每一个人都被他骗了。然而，在希特勒永远地离开世界舞台之后，连他最亲近的伙伴都无法描述他的性格，虽然他们曾对他的性格那样着迷。

艾伯特·施佩尔是希特勒的建筑师和军备部长，他认为自己是希特勒唯一的朋友。他曾承认："现在回想起来，我也不确定什么时候、什么场合的希特勒是真实的，是没有被角色扮演扭曲的。"

希特勒的私人飞行员汉斯·鲍尔（Hans Baur）回忆说，只有和孩子们在一起时，希特勒才能表现出类似真实的人类情感，因为他不需要刻意给孩子们留下什么深刻印象。但希特勒下达的命令却让成千上万的孩子们被杀害、被奴役，他还让更多的孩子们变成了无家可归的孤儿。

历史学家罗伯特·维特曾评价道："希特勒并不具备他自己想要的，或其他人希望他拥有的那些品格，他只是制造了一个他拥有那些品格的幻觉。"

有人认为希特勒具有边缘型人格，这似乎有点事实依据，因为希特勒具有让每一个人都满意的能力，但同时他又很难被定义。彼得·克莱斯特曾是纳粹德国外交部长里宾特洛甫的助理，他在回忆录中写道，希特勒的脸总是很吸引人，因为"他脸上有许许多多、各种各样的表情，好像他的脸是由一系列单个元素构成的，但这些元素并没有整合在一起……摄像师只能捕捉到某一情景下的一瞬间，

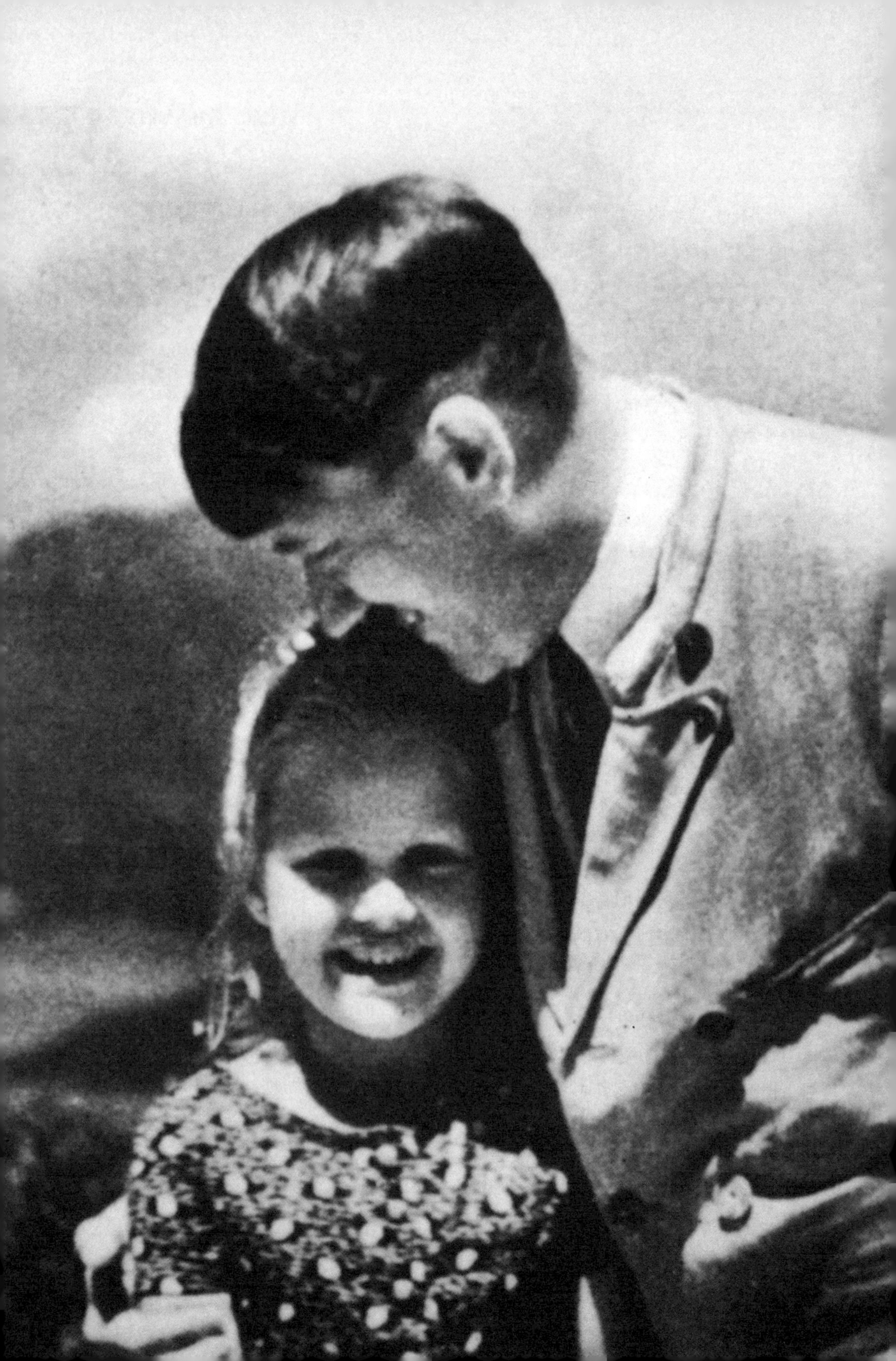

第七章　不为人知的希特勒

因此照片只能展现希特勒的一个侧面，并不能真实地展现照片后的表里不一或多样性……"[6]

一贯正确

希特勒曾多次表现出他无法接受不同的意见、无法应对失望的情绪。一位英国外交官曾说过，如果有人敢不同意希特勒的观点或者谈论他不喜欢的话题，他就会表现得"像一个被宠坏的、生闷气的孩子"。此外，大名鼎鼎的还有他的暴脾气。他发脾气总是因为一些微不足道的小事，或是因为他感觉自己被轻视了，从来不是因为他的计划遭遇了重大挫折。军事失败会让他不悦，但如果侍从拿来的矿泉水不是他常喝的品牌，或者有人说他吹口哨的曲调是错的，他会立刻当场发脾气，绝不顾及有谁在场。他会挥舞着拳头，语无伦次地大喊大叫，他甚至会靠在墙上摆出被钉在十字架上的姿势。毫无疑问，这些策略最初都是用来引起他母亲的关注。有一次，一位秘书指出希特勒在吹口哨的时候跑调了，希特勒说他没有跑调，是作

"国父"形象：拍照时，希特勒抱着一个事先被挑选出来的小女孩。

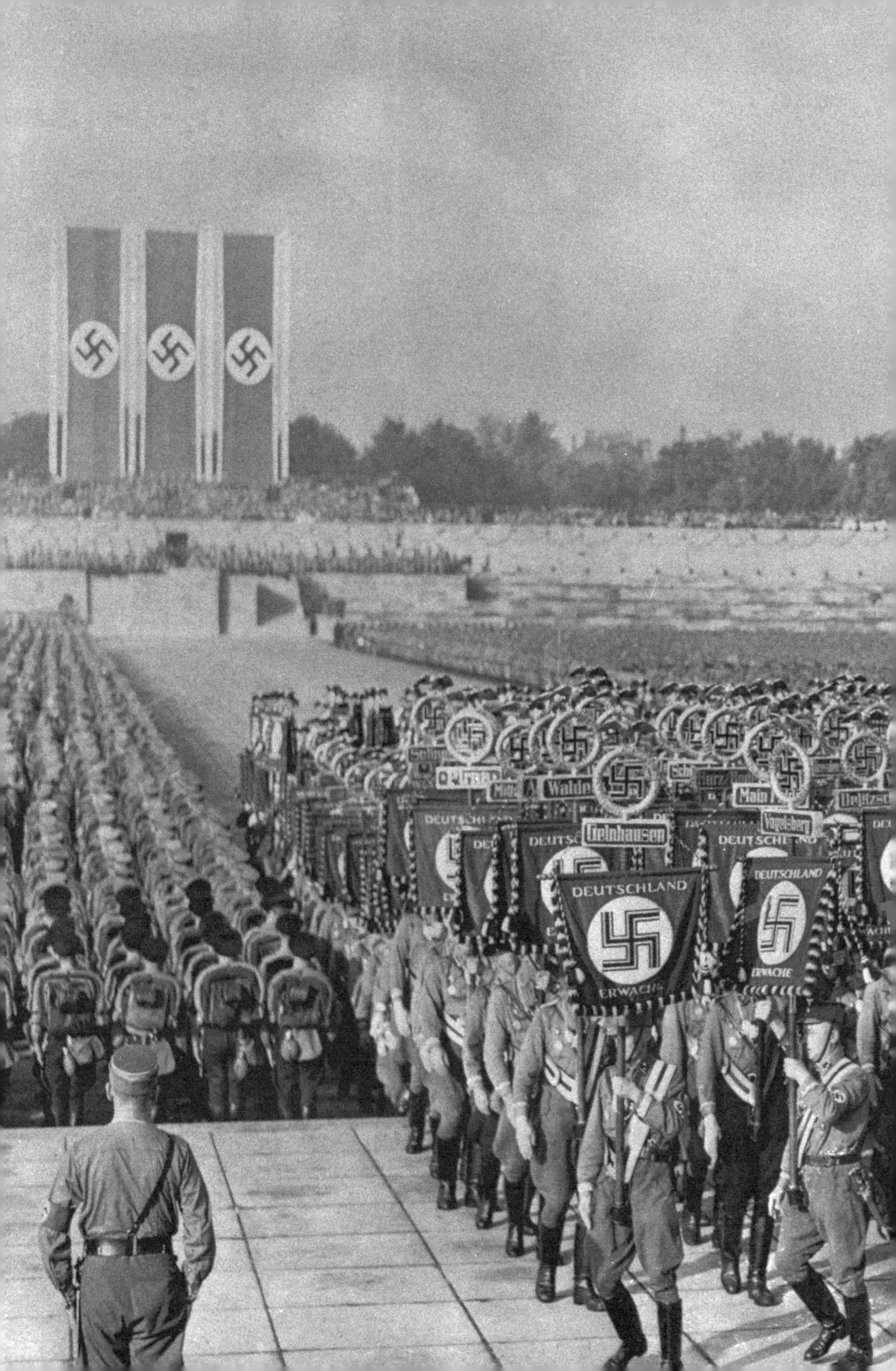
DEUTSCHLAND
Gelnhausen
Vogelsberg
ERWACHE

从地理学上看，纽伦堡是第三帝国的中心，多达 25 万人参加的集会正是在此举行。这些集会旨在展示德国的新军事实力。

曲者写错了曲调。

　　一位儿时熟人曾回忆，希特勒对任何事都无法做到一笑而过。外交部的一位官员回忆道："希特勒对任何人的评价都是既尖刻又贬低。他一点都不了解宽容、幽默、自嘲等品格。"

　　唯一能让他发笑的时刻，是其他人付出代价的时候。希特勒的建筑师与军备部长艾伯特·施佩尔说："希特勒似乎很享受破坏他人的名誉和自尊心，甚至包括他的伙伴和忠诚的战友。"

　　希特勒的自怜倾向淡化了他的傲慢和对他人的轻视。他认为，他为德国人民承受了许多苦难、做出了许多牺牲，所以他不得不寻求安慰和同情。希特勒不断抱怨他有可能被遗忘，因而他的追随者们才会不停安慰他说：他是一个伟大的人，他注定会被后人世代传颂。

　　希特勒下令建造了大量的纪念碑来纪念民族运动中的"烈士"，这主要是因为他对死亡的病态迷恋，以及对自己终将死亡的极度恐惧。他还计划修建一些纪念性的帝国建筑，因为他想展示千年后当第三帝国成为历史，建筑变成废墟的样子。

　　同瓦格纳的许多歌剧一样，第三帝国最重要的主题便是死亡。纳粹集会的设计类似《诸神的黄昏》[7]，集会配有舞台灯光，身穿制服的党卫军看上去像日耳曼骑士一样，整个集会的配乐都是瓦格纳的音乐。集会的目的是让德国人民做好准备，让每个德国人都热血沸腾。在纳粹所有的活动中，为"牺牲的英雄们"召开的纪念活动最富有成效，也让所有人印象最为深刻。

顽固不化

　　希特勒的日常生活和习惯是一成不变的。希特勒的新闻主管曾注意到：

希特勒总是长期与同一群人相伴。他总是在同样的氛围里，和同样的人聊着同样的话题，并发表同样的宣言。希特勒总是处于单调乏味和无聊的状态之中。

施佩尔也曾评价，私下里的希特勒非常浅薄，绝对不是他在公众面前刻意表现出的那种充满激情的形象。当施佩尔回想起希特勒用来娱乐客人和狐朋狗友的重复性长篇大论时，他曾评价说：

希特勒的保留节目是一样的。他既不会扩充内容，也不会深化主题，更不会采用新的讲述方式。他甚至都不刻意掩饰他只是在一直重复的事实。我认为，他的这些重复性话语并不能给人留下深刻印象。

希特勒没完没了地谈论他最喜欢的话题：他早年为了纳粹党所做的斗争，他对历史的见解，他对建筑的品位，他最喜欢的电影明星，以及不在场的纳粹高官们的不检点行为。在场的客人不需要参与谈话，只需默默地赞同主人说的一切。用餐时间不再是社交时间，而是元首对着一群听众发表讲话的时间。

然而，希特勒的这一面并不是普通民众能看到的。作为德国的绝对统治者，希特勒成功地让无数追随者将他奉若神明。希特勒在大众面前表现出一种神秘感，就像罗马皇帝和埃及法老一样。

在1934年一篇罕见文章中，戈林描述了德国人民对元首的着迷：

现在，其他人都无法像元首那样吸引大众的注意力，也没有任何人的品格像元首这般难以描述……在我们眼中，元首的每一个品格都是完美无瑕的……元首是永远正确的……元首对他的追随者产生了巨大的影响，但他的秘诀是什么

希特勒在德国妇女心中占有特殊的地位。图中,一位女纳粹党员正全神贯注地注视着演讲中的希特勒,她佩戴着纳粹徽章和"德意志母亲十字奖章"。

呢？……他是一个神秘、高深莫测、无法描述的人。如果一个人无法感知到这些，他将无法理解元首的伟大。我们热爱希特勒，是因为我们坚定不移地认为，他是上帝派来拯救德国的人。[8]

注 释

[1] 引自：US OSS sourcebook 1943.——原注

[2] 大卫·劳合·乔治（David Lloyd George，1863—1945）曾任英国财政大臣、陆军大臣及英国首相。

[3] 引自：I Talked To Hitler', *The Daily Express.*——原注

[4] 劳工阵线（Labour Front），纳粹取缔各种自由工会后创立的一种德国官方组织，旨在加强控制。

[5] 《蝇王》（*Lord of the Flies*），英国现代作家威廉·戈尔丁（William Golding）创作的长篇小说。它讲述了第三次世界大战的一场核战争中，一群6岁至12岁的孩子因飞机失事而被困荒岛，最初和睦相处，后来互相残杀的故事。

[6] 引自：*The European Tragedy*, Kleist.——原注

[7] 《诸神的黄昏》（*Götterdämmerung*），大型歌剧《尼伯龙根的指环》（*Der Ring des Nibelungen*）的第4幕，即最后一幕，由瓦格纳作曲。

[8] 引自：*Aufbau einer Nation*, Hermann Goering.——原注

Nazis
Fierc

16, 194

第八章
帝国内幕

元首的春天

整个国家的良知逐渐被蒙蔽，民众像被麻醉了一样，德国最终出现了全民顺服的景象。几乎没人抱怨，至少没人在公众场合抱怨。生活水平还是不错的。希特勒任总理的第1年，失业率下降了三分之一，失业人数从600万下降到不足400万。失业率下降主要归功于大型公共工程项目，公共工程项目共耗资180亿马克，保证了大量人口的工作。参加公共工程项目建设的人都是罗伯特·莱伊[1]领导下的德国劳工阵线成员。私人公司如果对新高速公路的建设有贡献，也会收到大笔的补贴。高速公路系统在德国境内纵横交错，总长共计4350英里（7000公里），均为混凝土路面。在柏林和其他行政中心还兴建大批市政建筑，包括为元首新建的总理官邸、一系列规模宏大的政府部门办公楼。元首亲自绘制了几处建筑的草图，他终于实现了自己青少年时期的梦想。

接下来的1年里，又有100万人找到了工作。失业率逐年下降，截至1939年，官方数字显示只有30.2万体格健全的德国人处于失业状态，仅占总劳动力的0.5%。由于失业率的逐年下降，几乎没人抱怨工会被解散了，即使工人不能再要求提高薪酬、减少工作时间和改善工作

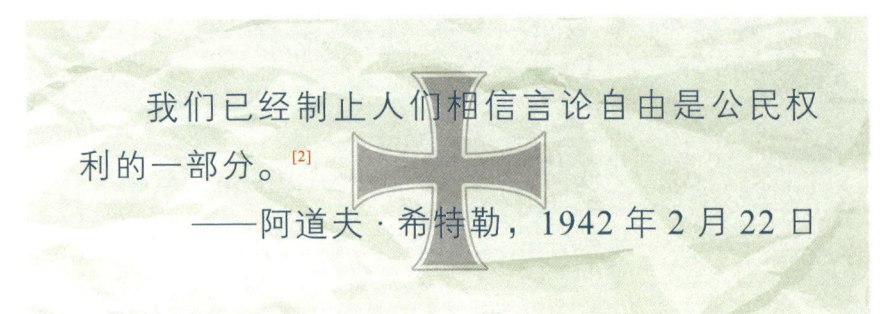

> 我们已经制止人们相信言论自由是公民权利的一部分。[2]
>
> ——阿道夫·希特勒，1942 年 2 月 22 日

条件。工人在任何情况下都不允许举行罢工，未经许可也不能更换工作。纳粹引进了绩效工资制度，年轻工人能从中受益，但对年老、能力较差的工人和妇女而言，他们的生计都受到了负面的影响。工作时间被强制延长，因而旷工人数激增。发展是需要付出代价的。

失业率的数据也具有一定的欺骗性。1935 年，纳粹开始实行征兵制度，成百上千的年轻人被迫参军，因此他们不再出现在失业率统计中。截至 1939 年，150 万人应征入伍，不再属于失业人口。

在农村地区，农民如果生产较少的食物反而会收到大笔补贴。为了人为地维持高物价，政府积极地鼓励农民少种粮食。在工业地区，为了达到重整军备的目标，工厂马力全开地大搞生产。截至 1938 年，仅重整军备计划就花费了 260 亿马克。

德国出现了一片繁荣景象，希特勒认为自己居功至伟。事实上，德国经济状况的改善主要得益于全球性的经济复苏。大萧条已经结束，主要的金融机构也恢复了信心。让希特勒居功自傲的高速公路建设，其实是魏玛政府从 20 世纪 20 年代发起的。魏玛政府 1927 年在修建公路上花费的费用，已经超过了纳粹 1934 年在修建公路上花费的费用，但这一事实却鲜为人知。

此外，德国的年轻人也忙着参加户外健身活动。这些活动一边对年

1938年,纽伦堡举办德国运动会:在希特勒的统治下,每个德国公民的首要职责是为国家效力,必要时甚至要为祖国献出生命。

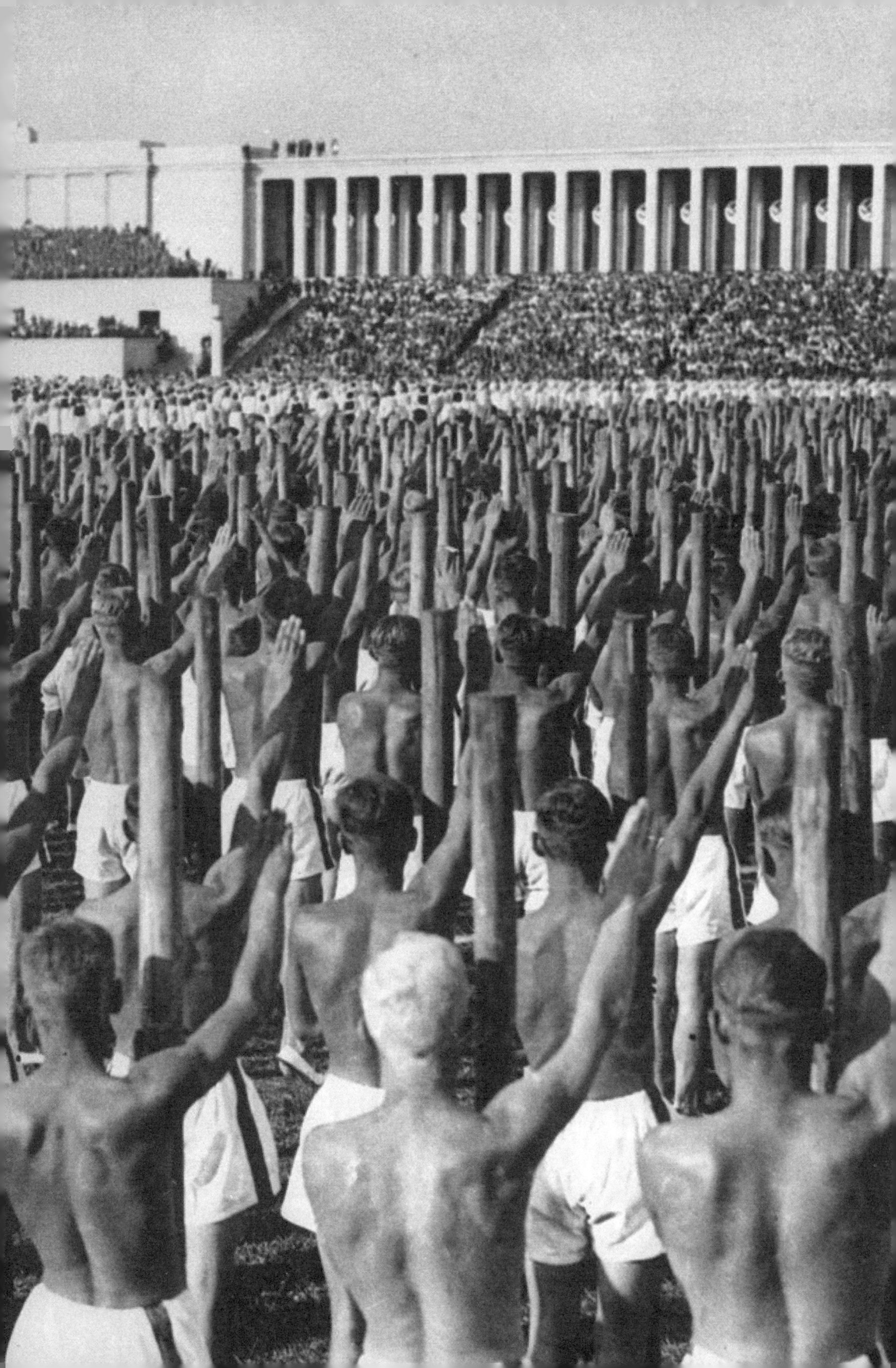

轻人进行身体素质训练，一边向年轻人灌输纳粹意识形态。

青年运动

希特勒青年团于1926年成立。根据1939年通过的一项法规，德国年满6岁的男孩和年满10岁的女孩必须加入青年运动各级组织。该法规规定：

> 德国的年轻人决定着德国的未来。因此，为了迎接未来的职责，年轻人必须做好准备……为了将来为祖国和种族社会效力，本着国家社会主义的精神，德国的年轻人将在身体、精神和道德上接受教育。

在此之前，政府曾鼓励父母给孩子报名参加各种纳粹组织。1933年，其他的青年组织被取缔；3年后，教会的青年组织也被取缔。父母们没有别的选择只能服从。拒不让孩子加入纳粹组织的父母，将面临被开除、被罚款或被监禁的惩罚。

根据规定，男孩6岁必须加入儿童团，10岁升入少年团，14岁升入青年团，18岁开始接受军事训练。女孩10岁必须加入少女团，14岁升入德国少女联盟，直到18岁才能离开少女联盟。

1932年，处于初期的青年运动只有10.8万名成员；1936年，成员人数激增至近550万；1939年，青年运动达到鼎盛时期，各类青年组织总人数达到了800万。青年运动确保不足征兵年龄的年轻人都充分接受了纳粹纲领的熏陶。

未被国家社会主义运动感染的父母，肯定已经意识到：德国的孩子正在被培养成顺从国家意志、了解纳粹纲领和时刻准备上战场的一代。

国家资助的活动：从很小开始，德国的孩子们就被灌输纳粹的意识形态。

希特勒曾评价说："希姆莱正在培养令世界战栗的年轻人。"

这简直把格林兄弟童话中花衣吹笛手的故事[3]变成了现实。大多数的男孩很乐意成为国家青年运动的一员，他们骄傲地穿上了制服。国家青年运动将友谊、忠诚和荣誉奉为典范，并承诺为孩子们举办运动会和野外露营活动，这些都受到孩子们的热烈欢迎。加入青年运动，孩子们将学习地图、射击、使用信号和了解古代北欧符号的神秘意义。对许多孩子来说，这是一场冒险，是一个让他们产生归属感的机会。如果掌握了新技能，孩子们还能获得荣誉勋章。在整个过程中，每个孩子还能检验自己的自律能力和耐力。

但并不是所有的孩子都对青年运动充满热情。少数孩子认为军事化的纪律要求非常压抑。在进行每一项活动之前，孩子们都得先进行重复性训练。12岁的男孩子会监督训练，并时常向10岁的下级发号施令。一些大孩子很享受拥有权力的感觉，乐于见到他们的命令被无条件地服从。他们还很享受拥有惩罚的权利，不服从命令的孩子会被惩罚。犯错的孩子会被延长训练时间，被罚打扫厕所。

青年运动的座右铭是："青年必须由青年来领导。"实际上，这座右铭意味着恶霸会欺凌他们不喜欢的孩子。在被灌输了雅利安意识形态之后，孩子们被教会监视他们的父母、老师和其他成年人，因为这是他们的职责。他们还接到指示，必须上报任何不忠于国家的事件和言论。孩子们变成了正在成长中的小希特勒。

劳工阵线领导人罗伯特·莱伊将政府的政策解释得很清楚：

> 在我们的国家，任何人从生到死都不可能脱离政府的约束。孩子3岁时，我们已经开始工作了。只要孩子有了思考能力，我们就会给他一面小旗子。随之而来的是学校教育、希特勒青年团、冲锋队和军事训练。我们不会放过任何一个人。当这一切结束了，孩子们长大了，劳工阵线就成了他们的新主

人。不管他们乐不乐意，他们会一直受到政府的约束，直到死亡的那一天。

欢乐创造力量

劳工阵线发起了一个旨在提高工人幸福感和生产力的运动——"欢乐创造力量"[4]。它主要负责为工人们组织休闲活动和社会活动，并为没钱参加休闲娱乐活动的工人，以较低价格提供音乐会、歌剧、度假和各种教育课程。但实际上，收入较高的工人和管理层员工才能享受到更好的旅行体验，比如乘坐游轮前往斯堪的纳维亚和西班牙。该活动的组织机构还设有劳动之美办公室（Beauty of Work Department），负责在工厂和其他工作地点修建休闲娱乐设施和食堂。工人们对此颇有微词，因为他们都是在休息时间、自掏腰包来修建这些设施。

莱伊曾承诺，只要每位工人预先分期支付车款，他们都有机会拥有私人汽车。但这个承诺为莱伊招致了更多的怨恨。据说，甲壳虫形状的大众汽车[5]是由元首亲自设计的。1938年，在大肆宣传中，希特勒参加了大众汽车厂的奠基仪式。1年以后，大众汽车厂转为生产军火，预先付款的工人从未见到他们所购买的汽车。

帝国女性的角色

在希特勒的世界里，女性只被看作装饰品。在第三帝国期间，女性没有资格担任陪审员，因为希特勒认为女性不具有逻辑思维能力和客观推理能力。

希特勒曾对冲锋队领导人弗朗茨·冯·普费弗（Franz von Pfeffer）的妻子说："女人一定得是可爱、天真、讨人喜欢的小东西，温柔、甜蜜却傻乎乎的。"

具有政治意涵的跳背游戏：1936年，"欢乐创造力量"正在全面开展各种休闲娱乐活动。

希特勒选择的女伴爱娃·布劳恩（Eva Braun）无疑是符合这一标准的。

纳粹提出了"孩子、教堂、厨房"[6]的口号，这口号也总结了女性在第三帝国内被赋予的角色。虽然纳粹精英们都选择了苗条的美女作情妇，但他们仍认为理想的女性是臀部宽大的微胖女性，因为她们对家庭以外的事情毫无兴趣。当时还有一种流行的说法，说婴儿车是"家庭前线的坦克"。

纳粹担心几代人与"劣等种族"混血会威胁到德国的人口素质，而且长此以往，斯拉夫人的数量就会超过雅利安人。为了扭转这种局势，政府鼓励女性离开全职工作岗位、回家嫁人并留在家中养育孩子。政府提供免息的结婚贷款，每生1个孩子就减免四分之一的贷款。生育多子的母亲还会被授予奖章，表彰她们的忠诚和牺牲。政府极力阻止那些不愿意回家生孩子的女性继续追求事业，为女性提供教育课程的机构越来越少，女性的选择也越来越少。许多职业女性被迫离开了工作岗位。除此之外，政府还关闭了节育诊所，并通过法令严禁堕胎。

人种改良学是一个与纳粹有着紧密联系的科学分支。人种改良学涉及一系列为了达到种族"净化"目的，而进行的选择性繁殖计划。1936年，纳粹建立了"生命之源"（Lebensborn）生育中心。党卫军与符合

> 女人的任务，是打扮得漂漂亮亮和生孩子。
> ——约瑟夫·戈培尔，1929年

特定种族标准的女性发生性关系，以期生下纯种的雅利安后裔。除此之外，纳粹还开展"安乐死"计划来清除"不适宜生育"的公民，从而确保他们的"缺陷"不会出现在下一代身上。

"安乐死"

1933年，纳粹通过了《防止遗传病后代法》（Law for the Prevention of Hereditarily Diseased Offspring），强制身体残障者、失明者、听障患者、癫痫病人和抑郁症患者接受绝育手术，甚至连酗酒者都被包括在内。

1935年，纳粹又通过了《德意志人民遗传健康保护法》（Law for the Protection of the Hereditary Health of the German People），禁止患有遗传病或传染病的人结婚和生育"患病的后代"，因为患病的后代会成为"社会的负担"。

4年之内，20万人接受了强制性

希特勒青年团中的德国少女联盟：女孩子在一起跳舞，她们正在被培养成未来的妻子、母亲和家庭主妇。

第八章　帝国内幕

绝育手术。同时，纳粹还以令人恐怖的德意志效率，计划实施"安乐死"计划。纳粹政权创建伊始，纳粹医生杀害了5000名孩子，格尔达·伯恩哈特（Gerda Bernhardt）的智障弟弟曼弗雷德正是其中之一。

格尔达仍然记得弟弟：

> 曼弗雷德是一个可爱的孩子，但他只会叫爸爸妈妈……他很晚才会走路。他总是喜欢帮忙干活。如果妈妈让他去地窖里搬些煤，他会一趟趟地跑去搬。
>
> 爸爸本来想把弟弟送到类似儿童医院的地方，但后来听说了阿普勒贝克（Aplerbeck）这个地方，据说那里有一个很大的农场，弟弟被送到那里正好可以帮忙干活。

纳粹在阿普勒贝克建立了"特殊儿童中心"，由那里的工作人员决定哪些病人能活下来；如果有些病人照顾起来太过麻烦，他们就会被注射毒药处死。

格尔达回忆起她最后一次见到弟弟的场景："他们把弟弟领进等候室。我离开时，等候室里秩序井然。弟弟站在窗口，我冲他挥手告别，他也冲我挥手。那是我最后一次见到他。"

那个时候，纳粹还未出台官方的"安乐死"政策，也没有立法授权。实施依据的只有指令。医生们只是简单地服从上级的指示，而他们的上级只是了解到希特勒曾在给他的私人医生写信时，随便认可了一个"安乐死"的个案。然而，这就足以决定几千名"不合需要"、没有价值者的命运。像曼弗雷德·伯恩哈特这样的病人，都被注射了过量的镇静剂或吗啡（之前的做法是把病人活活饿死）。为了不让家人对死因产生怀疑，他们的死因被记录成一些常见病。阿普勒贝克中心将曼弗雷德·伯恩哈特的死因记录为麻疹。同1周内，

挑选出最好的孩子:"生命之源"计划在选择性繁殖方面进行了非常诡异的实验。

还有 11 个孩子夭折。

公众的质疑

然而,并不是所有的人都接受纳粹的官方解释。有一家人被告知他们的亲人死于阑尾感染,但纳粹机构并不知道此病人 10 年前就接受了阑尾切除手术。类似的错误让许多家庭产生了怀疑,但他们知道警察不会相信他们,他们只能向神父们倾诉自己的担忧和怀疑。

1940 年 9 月,一位新教牧师布劳内神父(Pastor Braune)给司法部写信,表达了自己的担忧,因为他发现由他监管、由教堂资助的精神病院里，病人们经常性地挨饿：

> 去萨克森州（Saxony）的精神病院看一看，你就会发现死亡率的增高，是因为不给病人提供食物……没有食物，病人就没法存活，工作人员还给病人服用三聚乙醛，让病人一直处于昏睡状态。口头报告和书面报告都记录了病人时常在呼喊"饿啊，饿啊"。工作人员和护士实在看不下去的时候，会偷偷地给病人一些食物。在过去的几个月内，上百人因此命丧黄泉。
>
> 这些机构里的病人并不是对自己的处境一无所知。病人很清楚发生了什么，他们每天都看到有人死去。有一份报告记录了一位病人的恐惧，因为他已经预感到自己和其他病友将有什么样的下场。

明斯特市的盖伦主教（Bishop Galen）正式向地方检察官和警方提出抗议。为了应对这场由主教领导的、广为人知的公开抗议，希特勒1941年8月下令停止"安乐死"计划。

威斯特法利亚的医院和疗养院正在整理名单，纳粹要将那

> 国家社会主义和基督教的观念之间存在不可调和的矛盾。
> ——马丁·鲍曼，1941年7月

些所谓的"无用公民"转移，不久后再将他们杀害……

一些病人被转移到了离家人更远的机构，因为他们是被挑选出来、将被实施"安乐死"的病人。有人预谋杀害这些可怜的病人，他们可是我们的家人啊！将他们转移的原因可能是为了保护那些有预谋的行凶者。这些病人的死因都被记录成某种疾病，由于病人的遗体被立即火化了，家人或犯罪调查部门也无法查证真正的死因。

然而，他们向我保证：无论是在内政部，还是在帝国医生领导办公室，康迪医生（Dr. Conti）都没有掩盖预谋杀害大量精神病患者的事实，也没有掩盖更多精神病患者即将被杀害的事实。[7]

反对之声

几乎没人敢在公众场合表达对纳粹政权的不满，但一些新教或天主教的神职人员在教堂布道会上批评纳粹政府，因为他们发现纳粹想用一个新宗教来取代基督教，而这种意图越来越明显。基督教的十字架将被乡字符取代，教堂里悬挂的圣徒画像也将被取下。《圣经》最终将被《我的奋斗》取代，而在圣坛的左侧将会放置一把剑。

1935年3月，柏林的马丁·尼莫拉牧师（Pastor Martin Niemöller）向普鲁士的教民们发出呼吁，告诫他们警惕这种新偶像崇拜：

> 我们发现教民受到了致命的威胁，而威胁来自一个新的宗教。

尼莫拉曾在一战中担任潜艇指挥官，他最初是拥护纳粹掌权的。尼莫拉后来发现纳粹计划建立由国家控制的帝国教会（Reich Church），也

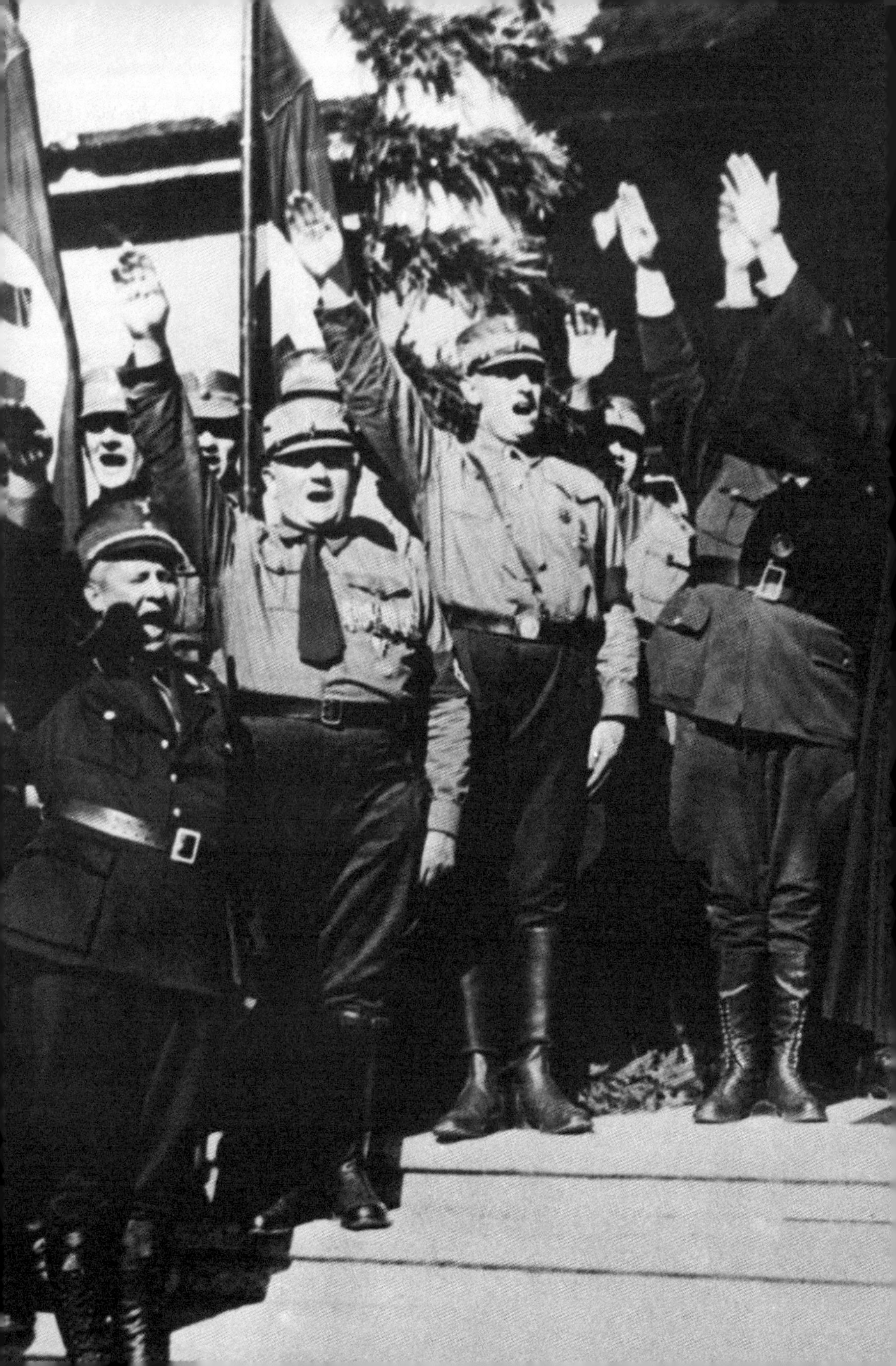

神的虚假崇拜者：路德维希·穆勒主教（Bishop Ludwig Müller）和纳粹分子站在维滕贝格的城堡教堂门前喊口号。16 世纪，马丁·路德张贴反对赎罪券的《九十五条论纲》[8]，也正是发生在同一地方。

见识到阿尔弗雷德·罗森伯格和其他纳粹核心集团人士所表现出的偏激的反基督教情绪,于是他对纳粹不再抱任何幻想了。在对纳粹政权的谴责中,尼莫拉提醒他的基督教会众:新宗教是违反基督教第一戒律的,即基督徒只崇拜一个上帝。对血腥和种族的崇拜,对民族的崇拜,对荣誉和自由的崇拜,只能创造新偶像,而不是新理想。

尼莫拉认为,对"永恒德意志"的信仰将代替对永恒基督天国的信仰,而这种"错误的信仰"正是反基督教者的说辞。

教会有责任抵制教会习俗被世俗化、宗教节日被抹去基督教的深刻含义。教会的使命是保护教众不被灌输与基督教教义冲突的"新神话"。

尼莫拉的神职人员地位并未让他免受纳粹的摧残。在被数次威胁和警告之后,尼莫拉于1937年7月被逮捕,被送往萨克森豪森集中营,后转至达豪集中营。他在达豪集中营待了7年,一直到同盟国解放那里。尼莫拉公开抗议之后,1000多名神父和非神职信徒被逮捕。为了对抗亲纳粹的德意志基督教运动,尼莫拉成立了认信教会(Confessional Church),被逮捕的1000多人中有800人是认信教会的教民。

越来越多有操守、直言不讳的牧师被赶下教会讲坛,剩下的牧师只能不情愿地祝福纳粹政权。纳粹并没有实施建立全国性帝国教会的计划,但他们确保宗教生活的方方面面都受到纳粹的影响,并带有明显的军事色彩。从那时起,纳粹式婚礼、受洗仪式和葬礼相继出现了。

种族灭绝与犹太人

德国的犹太人并不是一夜之间消失的。纳粹通过持续、有计划的立法剥夺了犹太人的权利,夺走了犹太人的产业。其意图是将犹太人从德

Zur Gründung der deutschen Staatskirche

Der Katholik Adolf Hitler organisierte die evangelische deutsche Staatskirche und ernannte einen Reichsbischof

Fotomontage: John Heartfield

Das Kreuz war noch nicht schwer genug

对纳粹而言，没有什么是神圣不可侵犯的。为了推广新的德国国家教会，纳粹印制了一批海报。

国社会中孤立出来，直至实施解决犹太人问题的"最终解决方案"。收音机里的新闻公告、电影院里的每周新闻影片和报纸上的报道，将这些法律法规广而告之，所以德国民众非常清楚发生了什么。

纳粹政权建立伊始，冲锋队就时不时地骚扰犹太人。1933年4月，希特勒下令抵制犹太人的商店和企业。从那时起，纳粹把骚扰犹太人的行为变成了明确的政策，甚至连老迈的兴登堡都知道发生了什么。1933年4月4日，兴登堡在写给希特勒的一封信中，表达了自己的反对意见：

总理先生：
　　最近，许多法官、律师和司法官员向我反映，仅仅因为他们的犹太血统，他们就被迫退休，或面临被开除。这些人都是为祖国受过伤的老兵，他们的工作表现也是无可指摘的。
　　我个人认为……这样对待曾为祖国受过伤的犹太官员，是令人无法接受的。
　　……如果他们曾经能为德国上战场、洒热血，他们也应该继续在自己的岗位上为祖国效力。

一如既往，希特勒迂回地回复说，这些措施只不过是"净化过程"的一部分，而净化是为了确保在某些职业中日耳曼人和犹太人能"恢复健康且自然的平衡状态"。他还说，以"异族为主"的体制有必要被净化，因为这个体制已经从内部腐化了。

迫害合法化

1933年4月7日，纳粹通过了《恢复职业公务员法》(Law for the Restoration of a Professional Civil Service)，合法地将所有担任公职的犹

海涅曾警告："人们在哪里焚书，最终就会在哪里焚人。"

太人开除。同年 5 月，犹太作者所著的书籍在柏林被当众焚毁。多位记者不得不提醒读者们，早在 100 年前，德国浪漫主义诗人海涅就曾警告世人："人们在哪里焚书，最终就会在哪里焚人。"

1933 年 9 月，犹太人被禁止参加所有的文化活动。同年 10 月，所有的犹太记者被解雇，并得不到任何补偿金。1934 年，犹太学生被禁止参加职业资格考试。1935 年 5 月，所有的犹太人被从军队中清除。1935 年 9 月，臭名昭著的《纽伦堡法令》（Nuremberg Laws）剥夺了犹太人的公民权，《德国血统与德国荣誉保护法》（Law for the Protection of German Blood and German Honour）禁止犹太人与非犹太人通婚和发生性关系。

而 1936 年通过的一系列法令又将犹太人赶出了医生、教师和法律行业。犹太医生只能给犹太人看病，犹太律师只能给犹太人提供法律咨询和代理服务，犹太教师只能在家招收犹太学生。德国学校不再接纳犹太教师和犹太学生。

犹太人被禁止前往诸如公园、餐厅、电影院和商店等公共场所。1936 年柏林奥运会期间，为了避免国际批评，纳粹摘除了禁止犹太人进入柏林市中心的道路指示牌。没过多久，对犹太人合法化的迫害演变成公开的暴力行为，从而引发全球媒体的关注。

"水晶之夜" [9]

1938 年 11 月 9 日，纳粹在全国范围内进行了一场大屠杀，即"水晶之夜"。在此期间，近 200 所犹太教堂被烧毁，7000 家犹太人名下的商行被捣毁，不计其数的犹太公墓惨遭亵渎。3 万名犹太人被逮捕并送往集中营关押，其中 2000 名犹太人在 1 周内丧命。暴行是由纳粹领导层发起的，但他们后来声称，这是气愤的德国民众的自发行为，因为一名犹太极端分子刺杀了一位德国外交官，从而激起了民愤。

破碎的幻想:"水晶之夜"之后,犹太人在德国的日子屈指可数了。

埃米·邦赫费尔（Emmi Bonhoeffer）是柏林的一位家庭主妇，她不能容忍有人说不知道那天发生了什么。她回忆道：

> 1938年，当犹太教堂被烧毁时，每个人都知道发生了什么。我还记得我的小叔子说过他的个人经历。"水晶之夜"过后的那天早上，他坐火车去上班。他看见泽瑞恩广场（Zarienplatz）和动物园两站之间的一所犹太教堂还在着火，便喃喃自语："这真是我们文化的耻辱啊。"
>
> 坐在他对面的一名男子立刻翻开外套衣领，露出纳粹党徽，并出示了盖世太保证件。我的小叔子只好也出示了证件，并告知对方他的住址。那位盖世太保命令他第二天早上9点到纳粹办公室报到。我的小叔子在那儿受到了审问，被要求解释他那句话究竟是什么意思。他试着为自己开脱，可还是受到了惩罚。盖世太保罚他在每个月初，为整个居民区的居民整理和发放配给卡。他一直接受这项惩罚直到7年后二战结束。家人帮助他按照工人、儿童等类别整理好配给卡，但盖世太保禁止任何人帮他，所以他只能独自一人去发放配给卡。纳粹用这种方式来打断人民的脊梁。[10]

当埃米听说集中营所发生的事情后，她试着告诉邻居们，但邻居们说他们不想知道这么可怕的事情。这一切太令人难以置信了，简直像外国电台杜撰的耸人听闻的故事。埃米的丈夫听说她告诉了别人她知道的内幕故事，便警告埃米她正将全家人置于危险的境地。他提醒埃米，纳粹独裁政权像一条蛇，你要是打它的尾部，它会转过头来咬你，你得猛打它的头部。

采取反抗政府的行动不是一件容易的事情。在这样的独裁国家，反抗政府一旦失败，后果不堪设想。

1938年末，纳粹采取了更多措施来盗取犹太人的房产和企业。国家只支付很少的金额就将犹太人的房产和企业买断，根本不考虑它们的实际价值，而它们原来的主人却被赶到大街上或被赶去集中营。1939年，犹太人从自己的家中被赶走之前，被迫交出了所有的财产，包括珠宝首饰。这些犹太人后来被安置在了犹太人居住区（ghetto）。

纳粹将犹太人从德国社会的各个层面彻底清除，也抹掉了犹太人存在的所有证据。纳粹从纪念碑上抹去了一战中为国捐躯的犹太士兵的姓名，销毁了为祖国冲锋陷阵的10万犹太士兵的军队记录。

对邪恶装聋作瞎

每个人都知道在犹太人身上发生了什么，但大多数人选择熟视无睹，或者选择相信犹太人只会被驱逐出境而已。许多人心存幻想，直到同盟国解放了死亡集中营，真相才大白于天下。然而，在纳粹政权创建伊始，有人曾亲眼见证纳粹对犹太人的迫害。他们很快就意识到了一个可怕的事实：失踪的几百万犹太人到底是什么下场。

克里斯特贝尔·比伦伯格（Christabel Bielenberg）是一位德国主妇，她的丈夫后来因参与暗杀希特勒的"七月密谋"[11]而被处死。比伦伯格现在想起她保护一对犹太夫妇的那个夜晚，仍然感到惊魂未定。她不顾邻居的反对，让那对犹太夫妇到她家里躲避追捕。虽然这位邻居最终也成为整件事的共谋者，但善意提醒比伦伯格：一旦她帮助这对犹太夫妇，她就将自己、丈夫和孩子们的生命置于危险之中；如果盖世太保发现了这对夫妇，她一家定会被送往集中营。尽管如此，比伦伯格还是尽力让这对夫妇在她家的地窖里待得更舒服些。

比伦伯格回忆说："我只是不忍拒绝他们。"

这对犹太夫妇在比伦伯格家待了两天。第三天早上，比伦伯格发现他们自行离开了。为了保护帮助他们的比伦伯格，离开之前他们打扫并整理了地窖，没留下任何曾逗留过的痕迹。

几天后，比伦伯格听说他们在火车站买火车票时被抓住了，后来被送到了奥斯威辛（Auschwitz）。

比伦伯格说："那时我意识到，希特勒已经把我变成了帮凶。"

1933 年，德国共有 50 万犹太人拥有德国公民身份。如果不是纳粹有计划地将他们杀害，他们肯定会通过与德国人通婚融入德国社会。他们当中的一些人预见到了纳粹政权下的犹太人命运，并幸运地移民到英国或美国。这些人包括：科学家阿尔伯特·爱因斯坦，电影导演亚历山大·柯尔达、弗里兹·朗（Fritz Lang）和迈克尔·柯蒂兹，演员彼得·洛。共计 28 万犹太人逃离了德国。

许多普通犹太人却留在了德国，因为他们不愿意离开自己的家人，或者因为他们没能获得移民签证。彼时，许多国家都限制了难民人数，不是每个想逃离德国的犹太人都有机会移民。有些犹太人坚信纳粹不会伤害他们，只不过会把他们安置在德国东部。甚至有些人一开始并未看出希特勒的真实意图。

剧作家埃里希·埃贝迈尔（Erich Ebermayer）在 1933 年 3 月的日记里，记录了他与一位老师的遗孀见面的情形。这位年轻遗孀对纳粹的看法非常天真，让埃贝迈尔十分吃惊：

……这位年轻遗孀根本不反对纳粹，她反而告诉我，希特勒的品格是多么高尚，我们将见证的时代是多么伟大，德国的重生是多么美好。她还坚信，受过教育的犹太人在德国不会受到任何伤害。我真的不能理解她怎么会有这样的错觉呢……但这并不是个例。不久前，我在莱比锡还见到了最高法院委员西蒙森的妻子。她受过洗礼，是一个地地道道、彻彻底底的犹太人。在跟我父亲聊起希特勒最新的国会演讲时，她居然说道:"希特勒难道不是我们的救星吗?"闻之,我心里突然一紧……

"犹太人会毁灭我们"

1941年,纳粹政权的犹太策略彻底从歧视转变为灭绝。1941年11月,戈培尔撰写的一篇文章阐明了纳粹领导层的对犹政策。戈培尔明确表示支持元首对犹太人的态度,并表明任何对犹太人施以援手的人都将被看作国家的叛徒:

让我再次声明:

1. 犹太人会毁灭我们。是他们挑起了这场战争。他们想通过战争达到摧毁德国的目的。我们必须挫败他们的计划。

2. 犹太人之间并没有什么差别。每一个犹太人都是德意志民族的死敌。如果一个犹太人没有表现出对我们的敌意,绝对是出于懦弱和狡猾,并不是因为他心里没有敌意。

3. 犹太人要为这场战争中牺牲的每一名士兵负责。他们会受到良心的谴责,所以他们得付出代价。

4. 每一个佩戴犹太星的人都被标记为国家的敌人。任何与

> 每一个纳粹党员都说:"犹太人将被消灭。"这是必然的,因为这在我们的计划之中。我们要排斥犹太人,消灭他们。
>
> ——希姆莱

他们保持社交关系的人都会被看作他们的一员,并被当作犹太人来对待。他将受到整个国家的鄙视,因为他在祖国最辉煌的时刻竟然加入了敌人的阵营。

5. 犹太人受敌对国的保护。他们在人民中间扮演的毁灭性角色是不需要进一步证明的。

6. 犹太人是敌人安插在我们中间的探子。任何与他们为伍的人都会在战争时期加入敌人的阵营。

7. 犹太人无权要求与我们平等的权利。在大街上、在商店的等候队列中、在公共交通工具上,只要犹太人说话,他们就应该被噤声。他们之所以会被噤声,不仅因为他们的原则是错误的,还因为他们是犹太人,他们在社区里根本没有

1939年,纳粹入侵波兰之后,开始要求犹太人佩戴"大卫星"(Star of David)。1941年9月,希特勒手下的刽子手莱因哈德·海德里希(Reinhard Heydrich),签署了一项法令,强制执行这项措施。

发言权。

8.如果犹太人在你面前表现得很伤感，一定要记住他们只是认为你记性不好。你应该立即向他们表示：你早就将他们的鬼把戏看穿了，并轻蔑地惩罚他们。

9.值得尊敬的敌人在被我们打败之后，会获得我们的宽恕。但犹太人不是那样的敌人。他们只是装出一副值得尊敬的样子。

10.犹太人将因这场战争受到谴责。我们对待他们的方式是无可厚非的，是他们应得的……[12]

1943年，希姆莱在波森[13]向一群纳粹党卫军领导发表了讲话。该讲话可以被看作纳粹心态的绝佳例证。希姆莱在这次讲话中，试图为冷血屠杀几百万犹太人辩解：

> 请允许我坦白地给各位揭开一个极其艰难的篇章。虽然在公众面前我们一个字都不能透露，但在自己人面前我们可以公开地讨论这件事……我说的是撤离犹太人、灭绝犹太民族。这是一件说起来容易的事情。
>
> 每一个纳粹党员都说："犹太人将被消灭。"这是必然的，因为这在我们的计划之中。我们要排斥犹太人，消灭他们。我们会把这事处理好的……你们中的大多数人都知道看着100具尸体、500具尸体、1000具尸体是什么感觉。我们都曾经历过这些，都曾将我们的弱点抛在一旁，但到最后我们仍然是体面正派的人，因为正是这一切让我们坚强。这是我们历史上光荣的一页，却不曾也永远不会被记录下来……
>
> 我们之所以消灭这个想要毁灭我们的民族，是因为我们拥有道德权利并肩负着国家职责……我们是在消灭一种细菌……

我们可以说，我们之所以能完成这项艰难的任务，是因为我们热爱我们的人民。我们的精神、灵魂和品德都不会因此受到任何伤害……[14]

注 释

[1]　罗伯特·莱伊（Robert Ley，1890—1945），1933年至1945年期间劳工阵线领导人，在纽伦堡审判过程中自杀。

[2]　引自：希特勒1942年2月22日非正式谈话。——原注

[3]　花衣吹笛手的故事发生在一个德国小镇。小镇上闹鼠患，众人一筹莫展，承诺能解决鼠患的人将获得丰厚的奖赏。一位穿着花衣服的吹笛人用笛子吹奏出有魔力的音乐，成功解决了鼠患，但他却没有获得奖赏。于是，他再次用笛子吹奏出有魔力的音乐，带走了镇上所有的孩子。

[4]　"欢乐创造力量"（Kraft durch Freude [Strength Through Joy]），纳粹发起的大型国家休闲运动。其组织机构隶属于德国劳工阵线，是宣扬国家社会主义优越性的工具，20世纪30年代成为世界最大旅游运营商。其目标一方面是促进经济发展，另一方面是提高人民的身体素质，为战争做好准备。

[5]　德文名称为Volkswagen（意为"人民的汽车"），即今天德国大众汽车的起源。最开始希特勒将自己画好的"甲壳虫汽车"草图交给奔驰公司生产，后来为实现"人人开得起汽车"的愿望，而专门成立了这家新汽车公司。

[6]　德文为Kinder, Kirche, Küche，英文为Children, Church, Kitchen。

[7]　引自：*Kreuz and Hakenkreuz,* Johannes Neuhäusler. ——原注

[8]　1517年10月31日，马丁·路德（Martin Luther）张贴在德国维滕贝格城堡教堂大门上的辩论提纲，被认为是新教改革运动之始。马丁·路德在论纲中反对用金钱赎罪的办法，提出了"信仰耶稣即可得救"的原则。

[9]　"水晶之夜"（Kristallnacht），英文为The Night of Broken Glass，又译作"碎玻璃之夜"。

[10] 引自：*Emmi Bonhoeffer: Essay, Gespräch, Erinnerung*, 2004.——原注

[11] 指 1944 年 7 月 20 日在"狼穴"对希特勒实施的暗杀行动。

[12] 引自：*Das Reich*, November 1941.——原注

[13] 1848 年至 1918 年，波森（Posen）原是普鲁士王国的领土。1919 年，德国一战战败，被迫接受《凡尔赛条约》，把波森割让给波兰，后成为波兰的波兹南省。该地区被誉为波兰的发源地，居民包括波兰人、德国人、犹太人与其他少数民族。

[14] 引自：IMT document 1919-PS, XXIX.——原注

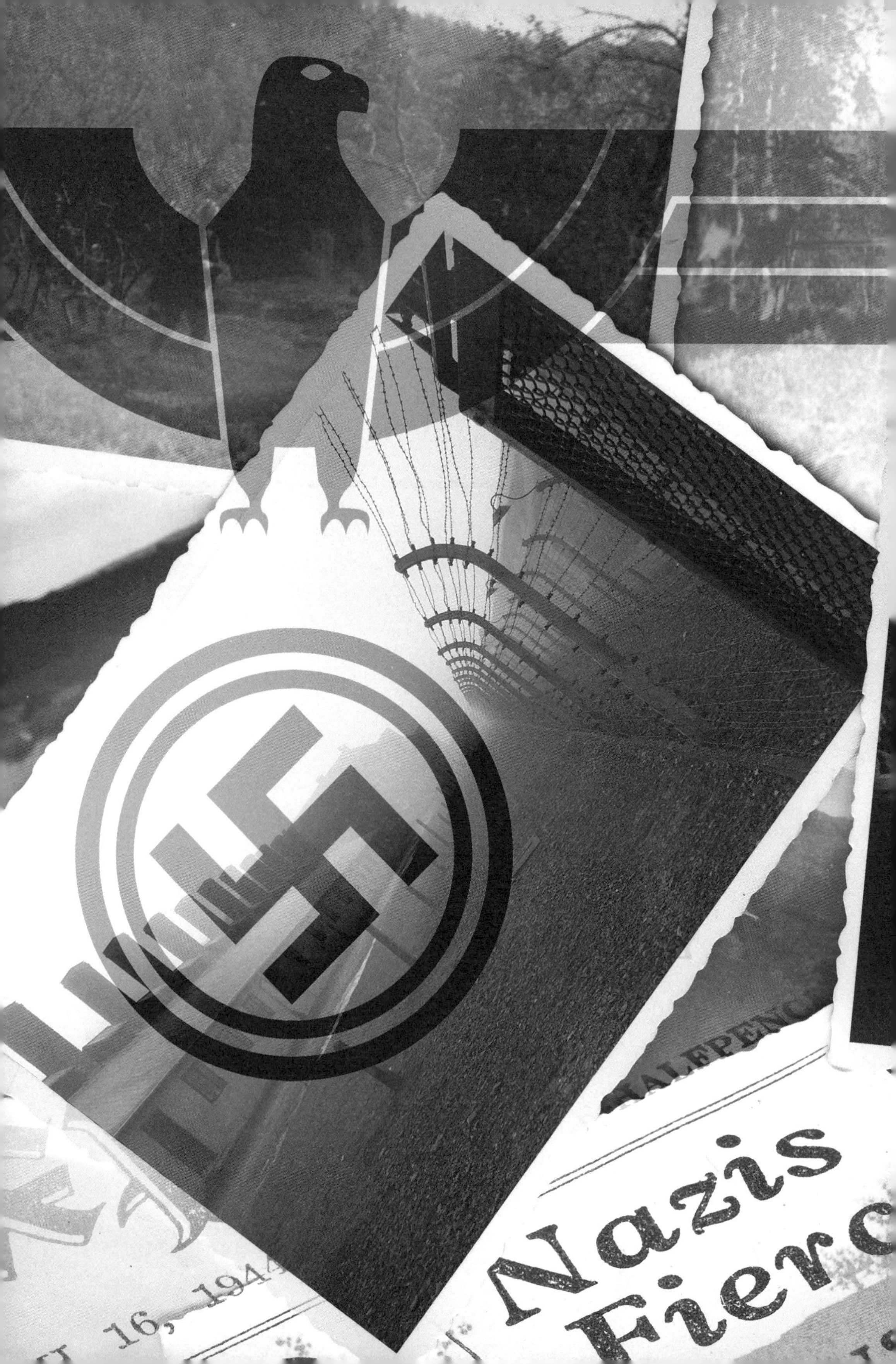
Nazis

第九章
教化与意识形态

纳粹化

全国的纳粹化不仅仅是通过恐吓来实现的，改造人民的思想也是实现纳粹化的重要手段。纳粹要求文化团体和学术机构与纳粹党保持"一致"，从而确保纳粹意识形态被人们热情地接纳，这个过程被称作"一体化"（Gleichschaltung）。每一个职业协会、业余俱乐部和社团都被要求推行纳粹民族价值观，并通过共同努力来实现更大利益。纳粹政权是邪恶的，但它在政府计划中设立了一些具有吸引力的目标，成功地欺骗了许多正直的人为政府效力。

政府计划中最核心的理想是创建无阶级社会。在纳粹发起人民社区计划之前，德国是一个等级制度森严的国家，有头衔的家庭和富人家庭才有资格送孩子上大学，而军队的军官都是从贵族家庭中挑选的。在纳粹统治下，雇主与雇员们一起用餐。在劳工阵线等组织中，专业人员和工人阶级是平等的，他们互相融合，不再划分等级。

纳粹通过这种方式，将整个国家的注意力转移了，因此没人注意到纳粹政府更为极端的措施。纳粹政府的极端措施包括：取缔反对派报纸，取缔工会，抵制犹太人企业，将犹太人从政府机构开除，将政治对手监禁于新建的集中营。新建的集中营位于柏林附近的奥拉宁堡

> 让我们能将整个德意志民族调动起来的基本原则很简单,即"集体利益高于个人利益"。
>
> ——约瑟夫·戈培尔
>
> 题为《战争是世界观的斗争》[1]的演讲,1944年

(Oranienburg)和巴伐利亚的达豪。在这些集中营内,最初的情况虽不是残忍至极,却也严苛难挨。

二战后,前纳粹成员否认知晓集中营、"安乐死"和绝育中心的情况,但他们的书信和日记却讲述了不同的故事。早在1934年,因为有人指责纳粹发动了恐吓和镇压行动,纳粹激进分子约翰·施努尔(Johann Schnur)不得不为纳粹辩解:

> 有人向我控诉,说希特勒运动导致基督教堂被毁坏,瘸子和无用的人受到了迫害,工会将被取缔,工人权利将受到威胁,社会保险将被取消,纳粹将发动另一场战争,等等。当我听到这些谎言和诽谤时,我试着教化他们……[2]

宣传

纳粹政权是第一个意识到无线电广播的重要性,并加以充分利用的极权主义政权。纳粹刚一掌权,戈培尔就下令生产了几百万台便宜的无线收音机。截至1939年,70%的德国家庭都拥有收音机,而更多的人可以在工作场所、咖啡馆和酒吧收听广播。艾伯特·施佩尔曾评价说:

1939 年 3 月，立陶宛将梅梅尔[3]割让给德国后，一个犹太家庭逃离该城市。在他们身后，一群身穿制服的纳粹分子面带嘲讽地看着他们仓皇出逃。

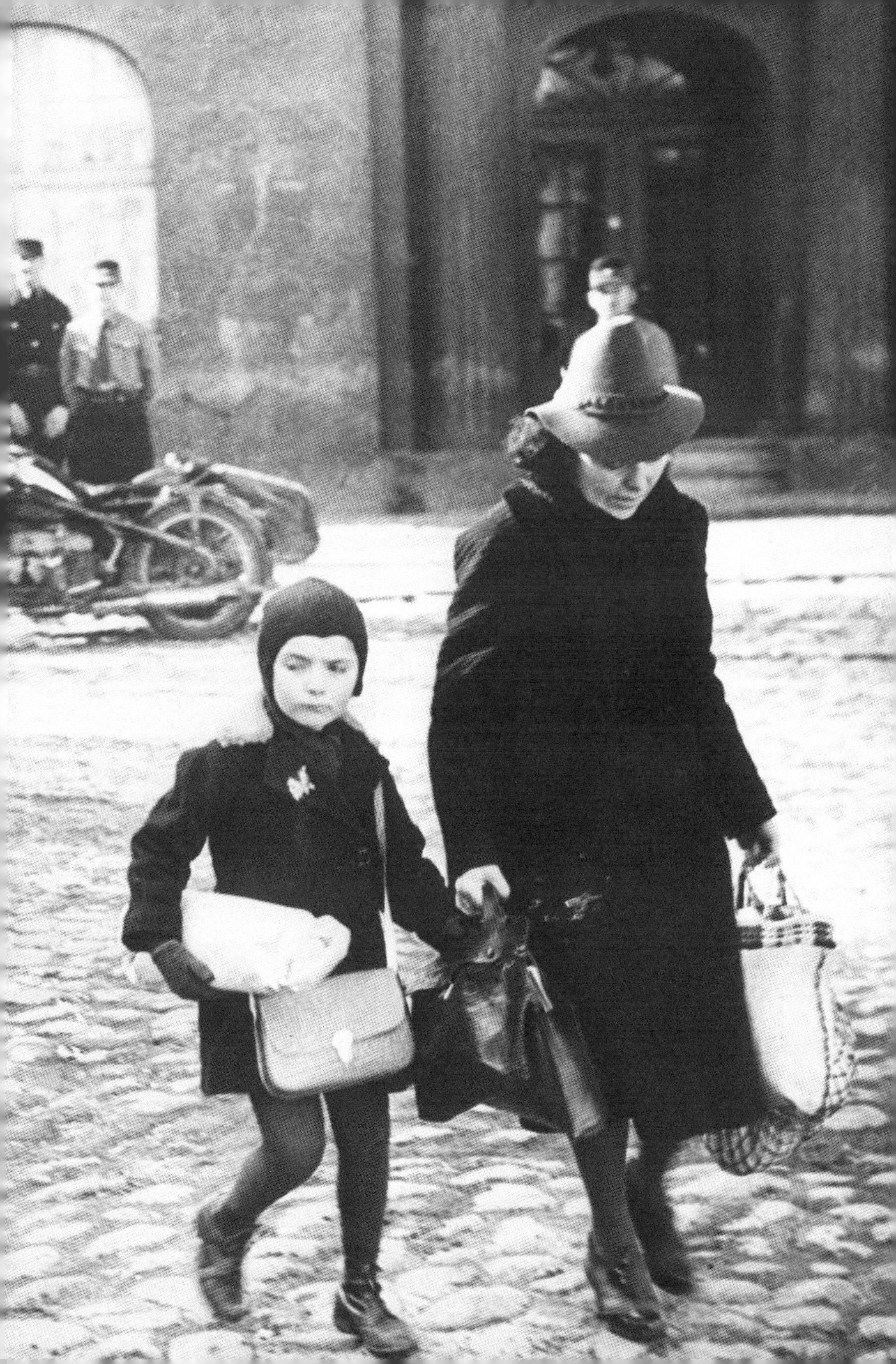

"收音机之类的技术装置剥夺了8000万人的独立思想，所以他们才可能服从一个人的意愿。"

从1934年开始，所有的广播节目都必须经过宣传部批准。虽然有位作家评价纳粹的外语广播节目"荒唐到令人无法相信"，它却旨在改变国外听众的政治信仰。德国人被禁止收听国外电台节目，特别是BBC的节目。

报纸杂志的新闻工作者也受到了政府的审查。新闻报道和专题都必须通过国家控制的德国通讯社（DNB）的批准，任何关于纳粹政权负面影响的或未通过DNB审查的新闻都不能发表，对纳粹政权的批评也被禁止。1938年11月10日，希特勒在对新闻工作者的讲话中，把他们的职责讲得很清楚："我们需要新闻工作者毫无保留地遵守下面这条基本原则——领导层永远是正确的！"

戈培尔严密控制第三帝国内所有出版物，而且他认为有必要发布每日备忘

聆听元首的教诲：一个空房间内，一群经过精心挑选的希特勒青年团成员围坐在收音机旁，着迷地收听希特勒的演讲。

第九章　教化与意识形态　233

录，以确保新闻工作者和编辑紧跟纳粹路线。1936年10月22日，戈培尔所做出的指示完全不同于他一贯乐于嘲讽的风格：

> 德国的报纸上还是屡次出现一些具有所谓客观性的新闻和背景故事，而这种客观性是毁灭性、是不负责任的。我们需要的是不带任何自由主义精神的报纸。我们需要的是与建立国家社会主义国家的基本原则保持高度一致的报纸。

在纳粹政权下，所有报纸变成了纳粹的党报。编辑们被告知发表什么文章，甚至被告知把文章排在哪一版，因此对纳粹政权有利的新闻都能在报纸上占据头版位置。国外政客的观点，或对纳粹政权不利的新闻都被排在了报纸的末版。

1939年9月1日发布的第674号总指令是一个典型的例子：

> 在下一期刊物中，必须要有一篇关于元首最新决策的头条文章，排版位置要尽可能地突出。无论元首的新决策是什么，这篇文章都必须表明：对德国而言，元首的决策是唯一正确的决策。

雅利安艺术和纳粹科学

纳粹化也有荒唐愚蠢的一面。纳粹急切地想要清除所有的犹太文化，所以他们试图将雅利安艺术与非雅利安艺术、雅利安科学与非雅利安科学区分开来。雅利安艺术吹捧英雄主义、身体力量、同志友谊、团体精神、伟大母爱、爱国主义和牺牲精神等日耳曼民族美德。纳粹把非雅利安艺术称作堕落艺术，认为堕落艺术破坏了人体的对称性完美，是对生活中丑恶面的探索。

事实上，希特勒最喜爱的绘画作品展示的都是堕落的场景，例如汉斯·马卡特（Hans Makart）所绘的《佛罗伦萨的瘟疫》。希特勒还钟情于病态的色情画，特别是法兰兹·冯·斯托克（Franz von Stuck）的画作。斯托克的画作常常描绘与大蛇缠绕在一起或被人头马追赶的裸女。然而，元首对艺术的偏好在那时是不为人知的。更没人知道戈林私人收藏了数量颇丰的"堕落艺术"作品。"堕落艺术"包括所有能被看作现代派的艺术作品，比如立体主义、达达主义[4]和表现主义。但当代的写实艺术是被纳粹政府批准的，比如现实主义的肖像、风景画和展现乡村生活的画像。

爵士乐被彻底禁止了，因为它被看作黑人文化。但一些具有反叛精神的年轻人违抗禁令，他们被称作"摇摆少年"。这些年轻人偷偷聚集在一起，听着最新的美国唱片跳舞。他们常听的是美国黑人贝西伯爵（Count Basie）、艾灵顿公爵（Duke Ellington）等人的爵士乐。

像导演弗里兹·朗这样的电影工作者也会受到政府的审查，他们发现创作自由在纳粹政府的严格控制下被彻底扼杀了。朗被带到宣传部见戈培尔，戈培尔清楚地告诉他，在下一部电影中，他应该强调什么样的主题。朗只能赞同地点头，并感谢帝国部长对他的肯定和称赞。第二天早上，朗离开德国前往法国，然后从法国辗转到了美国，再也没有回来。

有趣的是，戈培尔批准的1300部电影中大约只有200部是露骨的宣传片。他十分清楚，民众并不喜欢看政治电影，但民众可以在娱乐的伪装之下，接受他想要传达的信息。戈培尔绝不愿意降低影院的上座率，因为在二战之前，每周有几百万人走进电影院观看电影。

著名流亡者

所有的文学、音乐、电影、戏剧和艺术都在宣传部控制之下。宣传部决定哪些艺术家、作家、音乐家和电影工作者有资格成为帝国文化协会[5]的会员。没有资格加入该协会的人无法获得工作机会，因为他们

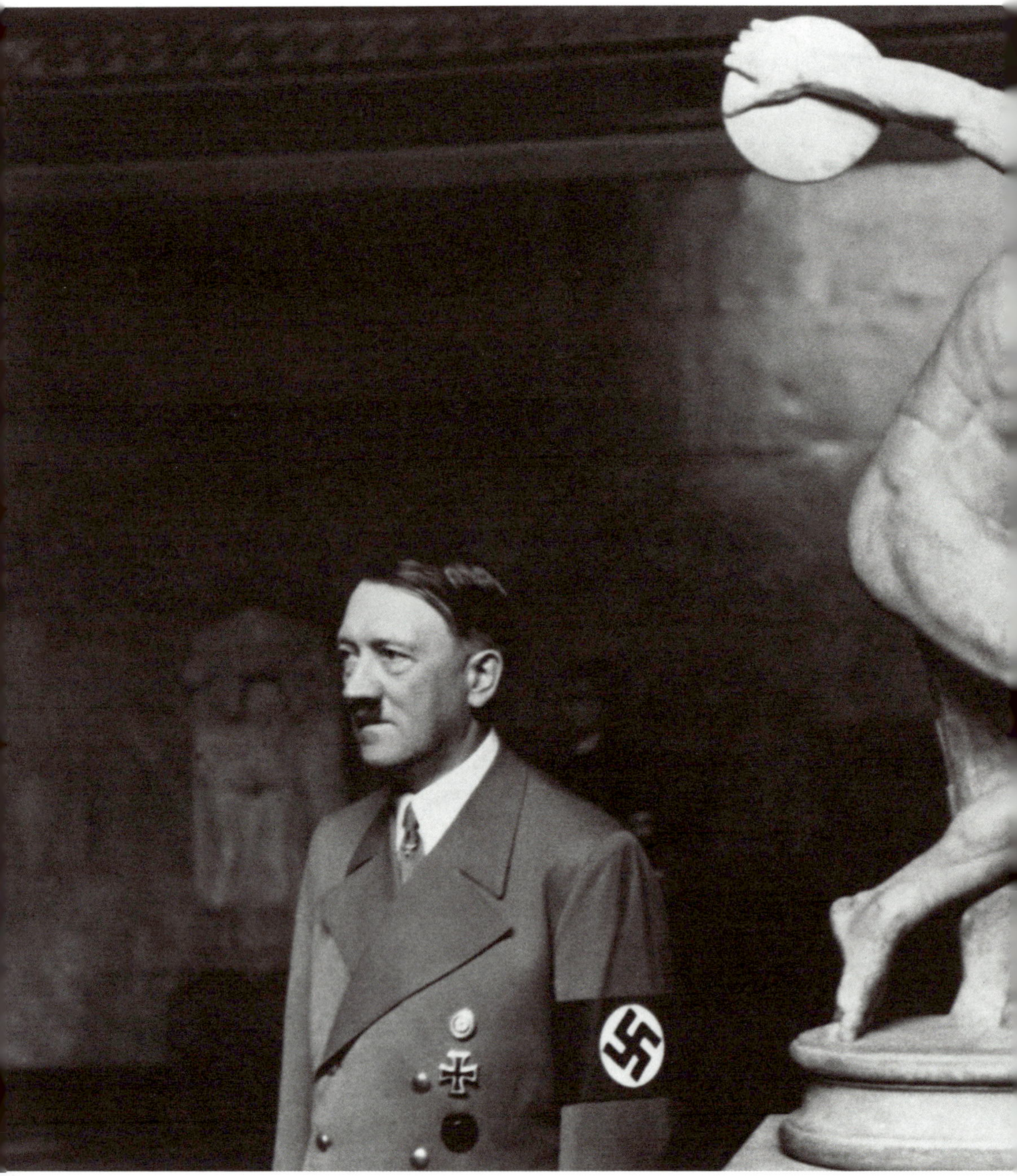

第九章　教化与意识形态

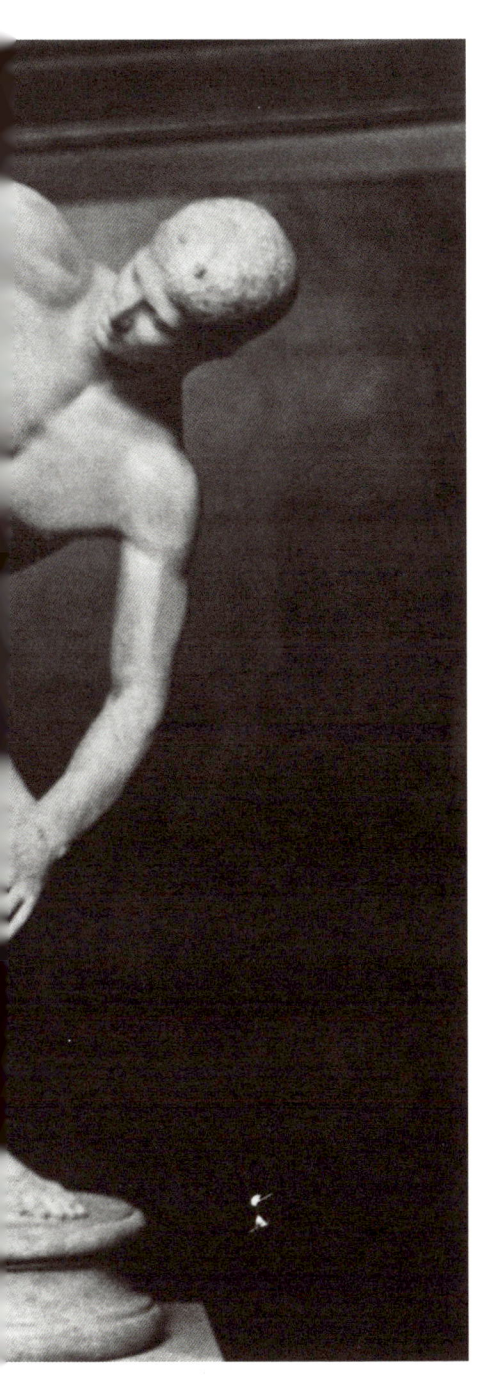

无法提供帝国文化协会会员证明。因此，许多享有盛誉、富有天赋的艺术家被迫移民到英国和美国。

这些知识分子没有轻易地被希特勒浅薄的魅力伪装所愚弄，即使希特勒保证他没有在欧洲扩展领土的野心，他们也没有感到心安。1937年，波恩大学撤销了小说家托马斯·曼（Thomas Mann）的名誉学位，他写了一封信作为回应。在信中，他言辞激烈地控诉了纳粹政权，但没人理会他的控诉，因为人们认为他只是在危言耸听。他写道：

> 国家社会主义政府唯一可能的目标是：将一切反战情绪残忍地铲除、镇压和消灭，从而让德国民众为未来的战争做好准备，同时将德意志民族变成顺从、没有鉴别能力的战争工具。由于对真实情形一无所知，整个民族都处于盲信和狂热之中。

希特勒喜欢把自己同古典理想联系在一起，因为古典理想是雅利安艺术的基础。他对几乎所有现代派艺术不屑一顾，包括立体主义、达达主义和表现主义。

截至1939年，近600名作家被列入了纳粹黑名单，数以千计的著作被焚毁。现在回想起来，有些书籍的内容根本是无伤大雅的。卡尔·瓦赫特尔博恩（Karl Wachtelborn）所著的《什么是生命？什么是营养？》被认为是有害和不受欢迎的，因为这本书批评了德国人的饮食习惯。尤金·史丹利蒙（Eugen Steinemann）博士所著的《基础经济学》也被禁了，因为这本书谴责了纳粹政权推行以工人为代价、国家为指导的资本主义。

一旦小说刻画了德国人生活中的负面故事，也会被禁。埃里希·冯·沃斯（Erich von Voss）所著的《看看柏林，继续服缓刑》被禁，因为它描绘了德国的黑社会组织。埃米尔·奥托（Emil Otto）所著的《魔鬼的厨房》被认为是"无礼的"，因为小说出版时墨索里尼和希特勒是盟友，而小说的主人公是一个意大利罪犯。在玛格丽特·冯·萨斯（Margarete von Sass）所著的《爱情游戏》中，十几岁少女进行的性冒险让戈培尔手下的官僚们感到不适，但他们却批准出版了反犹太主义色情文学。他们对反犹太主义色情文学没有丝毫愤慨之感，因为这些色情书是被当作政治讽刺作品出版的。

雅利安科学很难被界定，但纳粹政权找到了一个愿意帮他们界定雅利安科学的人。菲利普·勒纳（Philipp Lenard）是一位获得过诺贝尔奖的物理学家，当时他在海德堡大学担任物理教授，他接下了纳粹的这桩差事。勒纳后来著有《德意志物理》，此参考书一套四卷。在这套书的前言中，勒纳一边维护雅利安科学的定律，一边絮絮叨叨、逻辑混乱地谴责阿尔伯特·爱因斯坦（犹太人）的发现：

> 实际上，与人类创造的其他东西一样，科学是由血统和种族决定的……不同种族的人有不同的探求科学的方式。（爱因斯坦的）相对论想要改变和主宰整个物理学领域，但面对现实时，它便失去了所有的可信性……这是一个必然的结果，因为在现有的研究中，没有任何领域需要与这种错误的知识框架打

臭味相投：德国一枚邮票上也有这样类似的图像，并标有"两个民族，一场斗争"的字样。

交道……事实上，没有任何人会想起相对论，这也说明了相对论根本无足轻重。

这种矛盾的想法当然不可能坚持到纳粹政权倾覆的那一天，也不可能经受住任何的理性推敲。现在看来，纳粹艺术既粗俗又缺乏想象力，甚至没有任何创造性。而纳粹科学简直是明白无误的自相矛盾。1945年冬天，为了取暖，人们在汉堡、柏林和科隆点燃了那些纳粹参考书，没人想要留下一本。

希特勒统治下的成长

王者和征服者造就历史，但普通人才是历史的亲历者。只有在纳粹统治时期生活在德国的人，才了解那动荡年代的滋味。

1933年，希特勒被任命为总理时，霍斯特·克鲁格（Horst Krüger）才14岁，他的父亲是柏林的一位公务员。他在畅销自传《墙上的裂缝》（*A Crack in the Wall*）中，回忆了那个难忘的夜晚：

> 关于希特勒，我最早的记忆是庆祝活动。很抱歉，今天的历史学家们对那段历史了解得更透彻，但我最初听到的消息真的是关于庆祝活动的……那是1月的一个寒冷夜晚，据说那天举行了火把游行。收音机里播音员洪亮的声音更像是在歌唱和抽泣，而不是在播报节目。播音员正在经历难以用语言表达的时刻……他一直在念叨德意志的复兴，还一遍遍地说一切都会不同、一切都会变得更好。

克鲁格记得，他的父母最初对席卷全国的欣喜若狂感到十分惊讶。他们十分困惑，还有点怀疑。不久后，对美好未来的信心传播到了他们所居住的安静郊区，就像季节变换般自然：

> 时机成熟了……伟大的巨浪好像要涌向全国……

柏林郊区的艾希卡姆普（Eichkamp）是一个安静的地方，克鲁格在那里生活和上学。德意志复兴的第一个证据，是家家户户的窗户里都伸出了纳粹旗帜。许多旗帜都是手工缝制的，因为人们仓促间准备了旗帜，有些旗帜上纳粹彡字符的方向都不对。克鲁格的妈妈还给他的自行车准备了一面带有彡字符的三角旗，因为附近男孩子们的自行车上都飘舞着这样的旗帜。这并不是一种政治姿态，这只不过是一个公民在表达社区归属感，因为当时人们急需归属感。事实上，克鲁格的妈妈是从一个犹太小贩那里买来的三角旗，而小贩对这一切也并不了解。他回忆：

> 突然之间，每个人都变得重要了，每个人都能成为社会更好阶级的一分子。从更高层面上讲，每个人都将成为一名德国人。将希特勒奉为神明的情绪，弥漫在整个德国大地。

到处都是游行和庆祝活动，纳粹还设立了新的节日，庆祝以前从未被认可的德国生活与文化的方方面面。人们似乎满怀希望并拥有了使命感。参与劳动服务的人肩上扛着铁锹走过街道。他们要去修建德国的高速公路，或者去建造艺术画廊和歌剧院。旧德意志的腐朽心脏已经被割掉，重要的新基础设施正在建设之中。新基础设施会让德国血脉偾张，充满活力和生命力。

街头暴力和对犹太人的迫害引起了关注，但人们认为一切都归咎于纳粹党内的粗暴之徒，而他们会给新政府带来麻烦。在艾希卡姆普，煤气灯照亮的狭窄街道上，在郊区住所的绿色百叶窗后，心地善良的德国人自问："元首知道这些事吗？"1934年罗姆被处决后，人们的问题有

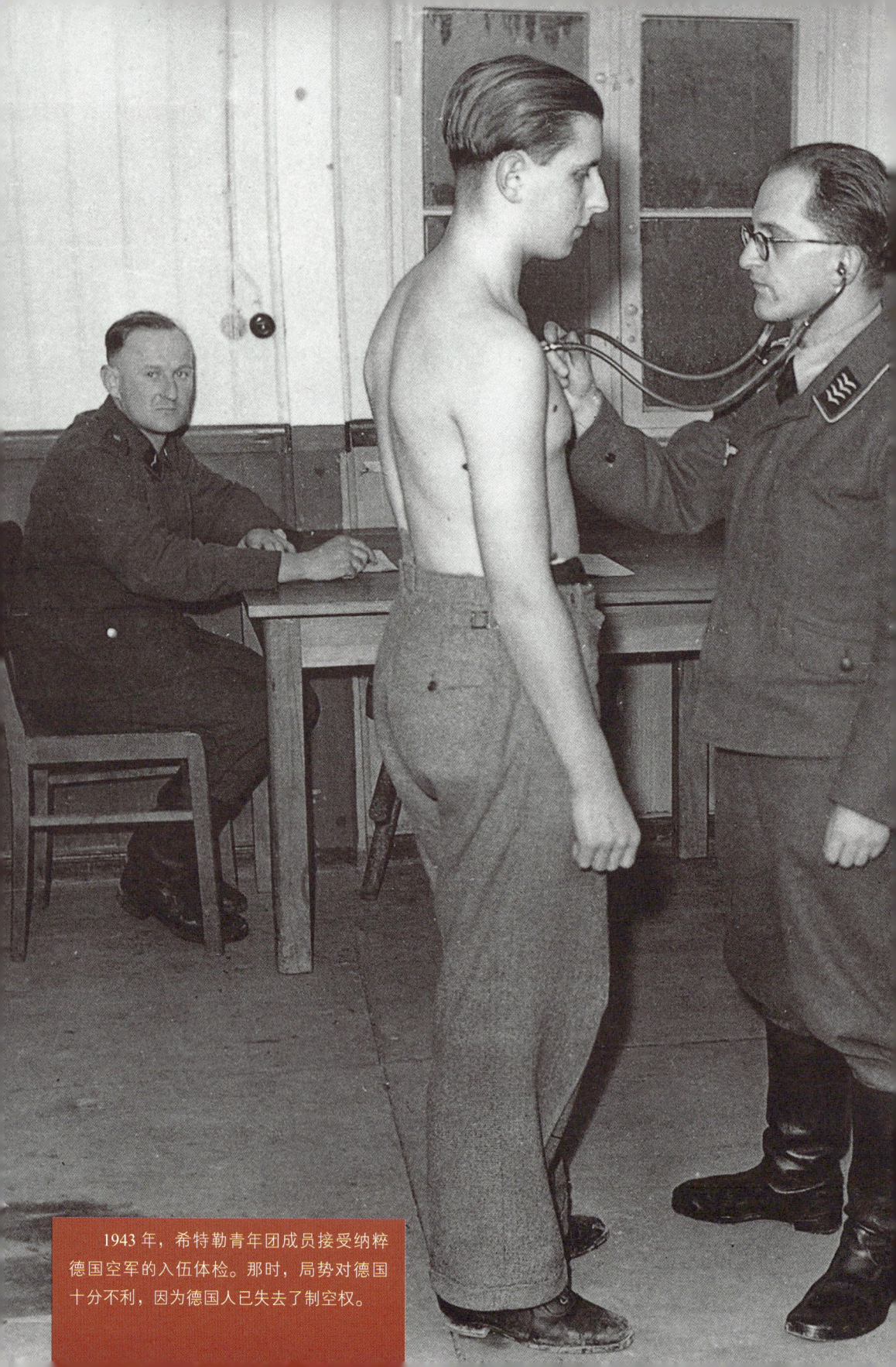

1943年，希特勒青年团成员接受纳粹德国空军的入伍体检。那时，局势对德国十分不利，因为德国人已失去了制空权。

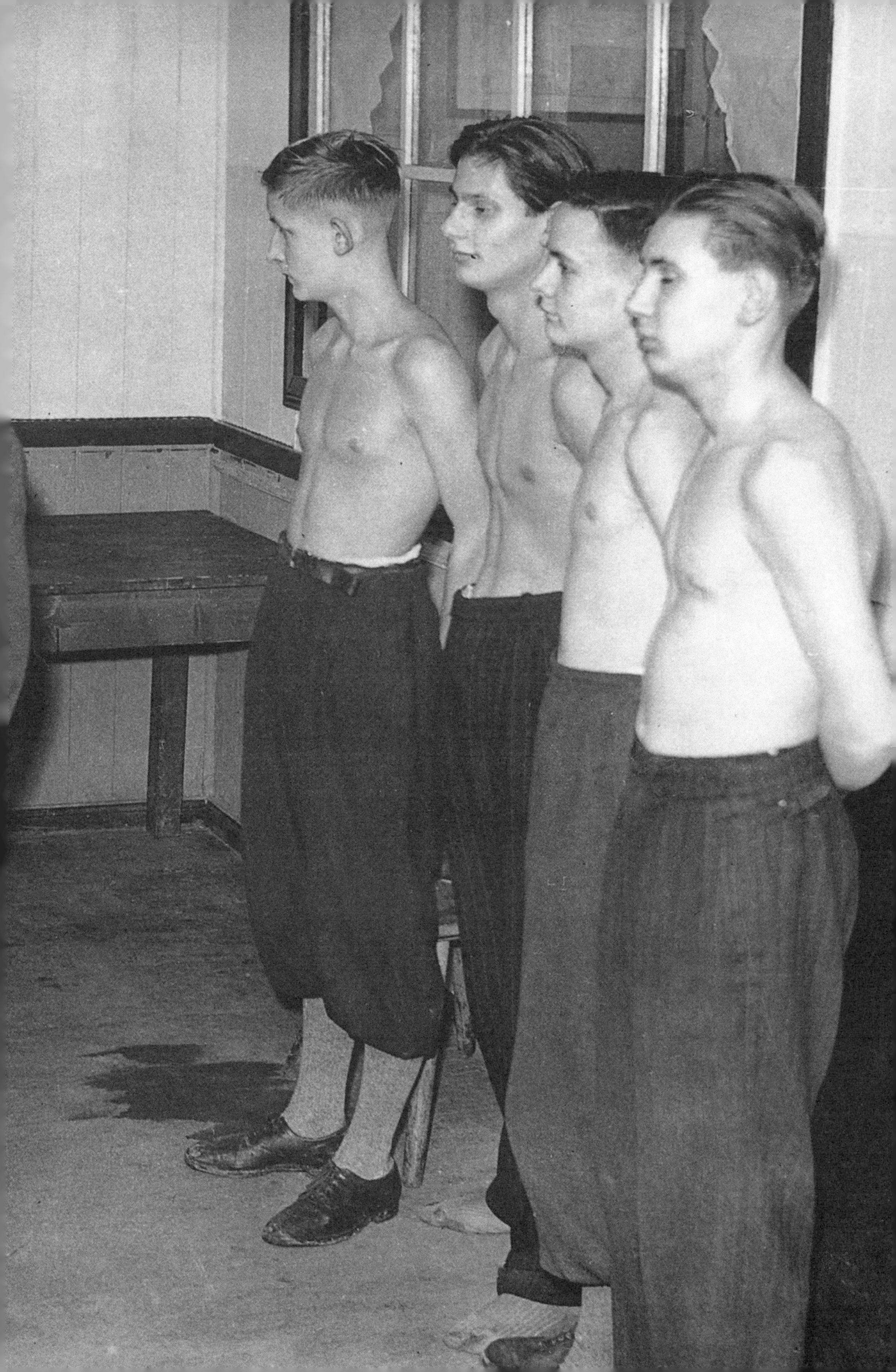

"光之河"：在柏林总统府阳台上，希特勒正和亲信观看火把游行。希特勒一人在行纳粹礼。

了答案，许多人看报纸时直摇头。很明显，是性变态者和任性妄为的狂徒背叛了纳粹党，在新政权还未能证明自己之前险些将新政权拉下马。人们一致同意：这伙暴徒必须受到惩罚，必须让他们回归正途。

克鲁格记得，因为坚信自己将成为更伟大的德国的一分子，他的邻居们变得"没有敌意、心甘情愿、唯命是从"。他们处于社会的最底层，迫不及待地想投入一片生机勃勃的繁荣浪潮。男人们站在街角，谈论着要将失去的殖民地夺回来，谈论着新高速公路让邮递服务提速。所有人都同意德国该站上世界历史舞台了。他们的妻子们一边在邮局排队，一边和邻居们交流：既然许多德国母亲正在为祖国孕育下一代，那么作为母亲的她们应该承担领养孩子的职责。

希特勒兼并了奥地利之后，人们坚信元首是上帝派来的。一些人还会尽责地把报纸上的希特勒语录剪下来，以便在与家人和朋友讨论《圣经》时可以一起讨论元首语录。希特勒没有发动任何战争，却出人意料地获得了大片领土，因此人们坚信这是天意和神圣的正义。如果元首能将德意志人民统一，而德国又不会卷入另一场战争，那么元首一定是正确的。这简直是奇迹，而元首是奇迹的创造者。

受迫害者之谜

克鲁格曾说过，他那一代德国人不想承认与纳粹有牵连。战后，他们声称自己是受迫害者，因为冲锋队的"褐色恐吓"让他们担惊受怕，而《"夜雾"法令》[6]让他们别无选择只得顺服。这些法令赋予盖世太保半夜抓走嫌犯的权利，而任何人一旦被抓就会永远消失。20年后，那些曾经热情地挥舞着卐字旗、观看冲锋队游行的人，声称他们一直是抵抗纳粹的斗士。他们说自己是秘密特工，在内心深处并不倾向纳粹德国立场，为阻止更糟的事情发生而假装与纳粹合作。

为了缓解整个国家的集体负罪感，新德国历史学家表示可以认同这种修正主义观点，但问道：

> 他们把一切都说得明白易懂……只有一点没有说清楚，为什么德国人爱希特勒？为什么他们真诚地庆祝希特勒上台？为什么几百万人愿意为他赴死？

克鲁格记得邻居们是"真诚的信徒、狂热分子和醉汉"，但他们从来都不是纳粹分子。真正的纳粹分子最多只占总人口的5%。他们只是无特殊技能的工人、失业者或"天生的失败者"。如果有机会发挥他们所拥有的"与生俱来的干劲、勤奋、信念和技能"，艾希卡姆普和全国所有善良正直的德国人，都愿意回到最初的那种默默无闻的状态。这些实在的公民骄傲地变成了希特勒所希望的样子，却没意识到正是他们造就了希特勒。如果有人在1938年刺杀希特勒，根本用不着盖世太保或冲锋队动手，德国人民会当场把刺客处决了。这是当时的普遍情绪。

短短几年内，克鲁格见证了他的朋友和邻居们的逐渐转变。他们从遵纪守法的公民，变成了纳粹政权热情的拥护者。但他们当中没人承认他们曾接受过公众集会的狂热洗礼，或他们曾紧紧跟在火把游行队伍的后面。他们只是单纯地让自己相信，希特勒统治下的生活会变得更好，同时他们希望关于战争的谣言只不过是恶毒的小道消息。

克鲁格曾承认："我的父母是老老实实的德国人，他们从来都不是纳粹分子。但如果没有他们，纳粹也不可能得势。这就是真实的情况。"

克鲁格的父母活在幻想中，因为他母亲以为希特勒是创造美好的艺术家。他母亲是虔诚的天主教徒，她无法想象与她拥有同样宗教信仰的元首，会不把人民的利益放在首位。希特勒没有说谎，他的确不想打仗。然而，当战争来临时，当他们的儿子被送往苏联前线，他们在火车站送别自己儿子时，他们的内心发生了变化。突然之间，他们看上去满脸饥色、疲惫不堪、万分恐惧，好像"成瘾患者经历了突然的戒断"。

他们曾经相信纳粹党,但克鲁格的父亲从未加入纳粹党,也从不理解邻居们的狂热。1944年10月,克鲁格的父亲公开指责纳粹背叛了他们:

> 一群混蛋!罪犯!看看他们对我们做了什么!战后我们都会被送到俄国去……

1945年复活节,克鲁格被俘。直到被俘,克鲁格才失去了之前的决心,好像他身上的恶魔被驱除了似的。然而,正是依靠这种决心,克鲁格才能熬过5年战争的寒冬,他才能既没发疯也没阵亡。克鲁格和战友们都出生在希特勒时期的德国,都在纳粹统治下成长,一生都被灌输纳粹的谎言,从来不知道还有其他选择。希特勒不仅征服了欧洲,还征服了德国人民的精神。他们存在的意义是为希特勒服务,而希特勒偷走了他们的青春。虽然希特勒一定会被打败,但克鲁格认为他们这一代是看不到那一天了,他们已经没有力气经历接下来与同盟国的斗争。战争会继续下去,也许会打上30年甚至更久,他们都会为希特勒献出生命,但他们却从未有机会去了解不同的人生。

甚至连德国的语言都被纳粹夺走了。报纸上没有任何属实的消息。1945年5月,克鲁格在一份战俘报纸上读到了希特勒的死讯,那一刻他意识到自己终于自由了:

> 我无法相信居然有这种东西……一份不是由纳粹印制的报纸。一份真正的德语报纸,上面没有憎恨、没有效忠宣誓、没有关于德国终将取得最终胜利的内容。这简直像奇迹一样……居然有反对希特勒的德语句子。

在美国的战俘营,克鲁格才感觉到自己终于摆脱了邪恶纳粹主义的荼毒:

报纸上没有什么事实，报纸的存在只是为纳粹服务。

我第一次感觉到未来是真实存在的。我希望明天会比今天更好。在希特勒的统治下，未来是不可能存在的。

注 释

[1] 标题原文是德语：*Der Krieg als Weltanschauungskampf*。

[2] 引自：Abel file, Hoover Institute.——原注

[3] 梅梅尔（Memel）位于立陶宛西部，西临波罗的海，今名为克莱佩达。在《凡尔赛条约》签订后，该地与德国分离，成为法国占领之下的自治区。1923年，布德瑞斯上校（Budrys）指挥立陶宛部队进攻该地，迫使法国部队离开。纳粹德国吞并奥地利、苏台德地区和捷克斯洛伐克后，于1939年3月22日将梅梅尔兼并。

[4] 达达主义（Dadaism）兴起于一战时期的苏黎世，是一场波及视觉艺术、文学（主要是诗歌）、戏剧和美术设计等领域的文艺运动。达达主义是20世纪西方文艺发展历程中的一个重要流派，是一战颠覆、摧毁旧有欧洲社会和文化秩序的产物。

[5] 帝国文化协会（Reich Chamber of Culture）是纳粹德国的政府机构。1933年9月22日，在宣传部长约瑟夫·戈培尔煽动下，纳粹在一体化过程中依法设立了这个管理德国艺术家的专门组织。该机构旨在全面控制帝国的文化创作并提升雅利安艺术的地位。

[6] 《"夜雾"法令》（'Night and Fog' Decrees）颁布于1941年12月7日，是针对二战中德国的政治激进分子、西欧的反叛者和反叛者"帮凶"的法令。在该法令颁布之前，西欧的囚犯都是根据《日内瓦公约》等国际协议，由德国士兵参照其他国家的方式进行处理。但纳粹认为，终身监禁甚至终身苦役都不足以威慑这些人，只有通过死刑或采取一些必要措施（秘密处决）才能实现行之有效且持久的威慑力。依据该法令，纳粹把在"夜雾行动"中抓获的大多数犯人都实行了秘密处决。

Nazis
Fierc
16, 194

第十章
战争之路

生存空间

1938 年 11 月 10 日，希特勒在对德国媒体的秘密谈话中说：

> 我这些年只谈和平，因为我别无选择。现在，我们必须让德国人民逐渐发生心理变化，让他们慢慢地认识到：想得到一些东西，如果和平方式不起作用，就必须采用武力。为了达到这种效果，你们不能赞美武力，但要向他们描述特定的外国事件，而描述的方式得让人民慢慢从内心发出采取武力的呼吁。[1]

完成《我的奋斗》3 年之后，希特勒写了第二本书，但他并未给这本书命名，也没有出版这本书。因为他意识到不能让其他人得知：他坚定不移地相信第二次欧洲战争不仅是不可避免的，而且是必需的。这是唯一能为德意志人民争取到生存空间（Lebensraum）的方法。他写道：

> 每一个健全、未遭到破坏的国家……把获得新领土看作自然而然的行为，而不是有利的行为……倘若有人想永远禁止这

种主张，他很有可能会终结人与人之间的斗争，但同时也会消除地球上最高级的进化力量。

这是希特勒 1928 年的想法，而正是这种想法奠定了他掌权后所采取外交政策的基础。希特勒愿意与波兰人、罗马尼亚人谈判，他很清楚他或许能迫使这些国家交出领土，但他不能指望苏联人也那么好说话。德国最终还得与苏联交战。为了证明雅利安民族的优越性，德国人注定得与苏联人来一场殊死较量。如果德国证明了自己的价值，德国不仅能获得广袤的耕地和无限的奴隶劳动力，还将获得克里米亚和乌克兰的自然资源。这些地区拥有大片的油田，而油田对维持一个现代帝国及其战争机器而言至关重要。这是一场德国人不能输的战争，而且他们的民族优越感也有待在这场战争中被证明。

德国首先必须保证自己的边境安全，并夺回《凡尔赛条约》划割出去的领土。德国必须先征服捷克斯洛伐克，然后劝说波兰服从新秩序，否则波兰将被新秩序消灭。接下来，德国将占领宿敌法国，并与英国和意大利结成盟友。等德国进军东欧之时，西线将不存在任何开战风险。虽然希特勒的军事经验非常有限，他也清楚同时两线作战是任何军队指挥官都不会冒的险。

战争需要

据一位副官说，希特勒"对战争有着病态的需要"[2]。希特勒曾向他的军队指挥官们承认："发动进攻"是他的本性；一旦战争来临，战争将与他曾在内心深处做过的斗争一模一样。希特勒的内心矛盾促使他想要控制和主宰他人，一旦发生意志冲突时，他又会检验他人反抗他的决心。只要他成功地威逼对手做出了让步，他便"郑重承诺"那些要求将是他最后的要求。实际上，希特勒是在保证从此以后他都会规

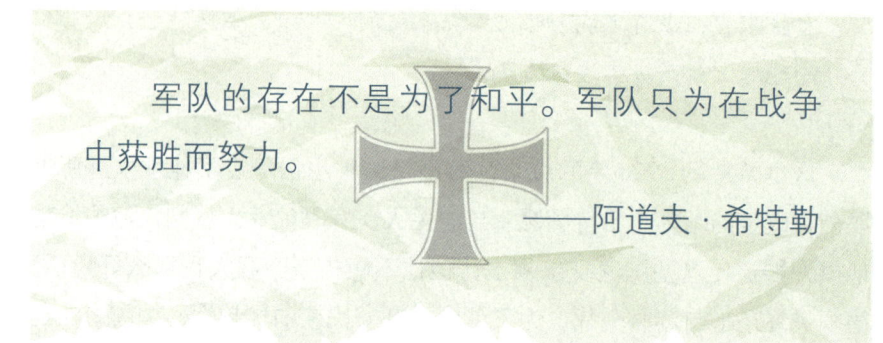

> 军队的存在不是为了和平。军队只为在战争中获胜而努力。
>
> ——阿道夫·希特勒

矩行事。

倘若有人像希特勒那样固执和坚决,又公然反对他,他会变得十分安静和阴郁,还会扮演长期忍受苦难的殉道者角色。他专横的父亲打他迫使他屈服时,他也是采用这种行为方式。父亲在世时希特勒没能反抗,成年后他一次次地报复反对他的政客和官员。希特勒说过要"惩戒"和"训练"他们,也说过要"消除他们的懒惰",此时他俨然成了父亲那样的人。

奥地利总理恩格尔伯特·陶尔斐斯(Engelbert Dollfuss)反对将奥地利并入德国时,希特勒能容忍他的批评;但当陶尔斐斯反驳时,希特勒立刻勃然大怒。我们由此可以得知,希特勒无意识地将他对父母的感情,转嫁给了他想要征服或纳入囊中的国家(明显的两个例子是衰败的奥地利帝国和被侵犯羞辱的德国)。希特勒一直将德国称为母国(motherland)而不是父国(fatherland)[3],同时他还一直贬低他的出生地,把奥地利描述成老化、枯竭和腐朽的国家。

这种情感转移,或许能解释他为什么一直不愿意入侵君主政体的英国。士气低落的英国公然反抗他时,希特勒表示尊重英国的选择但深感震惊。他唯一的担忧是,"到了最后关头,有些下流痞子又会提出调停的要求"。

不可靠的盟友

只要希特勒大权在握，永远不可能有"我们时代的和平"。希特勒根本不在乎条约与协议。有一次，他对外交部长里宾特洛甫说："即使今天我是俄国的盟友，明天我也能进攻它。我就是没法控制我自己。"

希特勒坚信，战争是政治的最终目的，战争是一切事物的自然方式，侵略使侵略者有机会从被占领的土地上清除"不健康和无用的人"。

1933年，希特勒还没有资本在欧洲发动战争。按照《凡尔赛条约》的规定，德国军队的总人数不到10万。当时，甚至连波兰的兵力都是德国的两倍，法国也拥有兵力优势，但这两个国家都没有发动战争的胃口。法国人对1914年至1918年期间在凡尔登[4]所做出的牺牲仍然历历在目，所以他们倾向于防御性策略。因此，法国人一直沿着马其诺防线[5]挖建防御工事，坐等战争硝烟弥漫而来。马其诺防线是沿着比利时与瑞士之间的德国西边境线修建的防御工事，是由堡垒和掩体组成的网状系统工程，全长87英里（140公里）。然而，波兰人并非无动于衷。谣传波兰曾接洽法国统帅部（French High Command），提议两国联合入侵德国。但法国人不愿意冒险激怒希特勒。此外，法国人还占领着德国西部边境的莱茵兰地区，所以法国能随时攻入德国。

希特勒深知，如果他公开无视《凡尔赛条约》，再次武装德国，他必须找个借口让法国人进入德国境内。尽管希特勒十分清楚他会遭到拒绝，他还是于1933年10月要求法国和英国减少兵力部署，以确保德国的对等地位。遭到法国和英国的拒绝后，希特勒撤回日内瓦国际裁军会议的德国代表，并退出国际联盟。希特勒声称德国遭受了歧视，要求德国有抵抗入侵的权利。希特勒此举无疑是无所顾忌的，但

纳粹官方授意的艺术画：劳动营中的三个年轻人奋力将铁矿石推上山。在战争背后，每个人都得尽职尽责、齐心协力，要不然就得承受（战败的）后果。

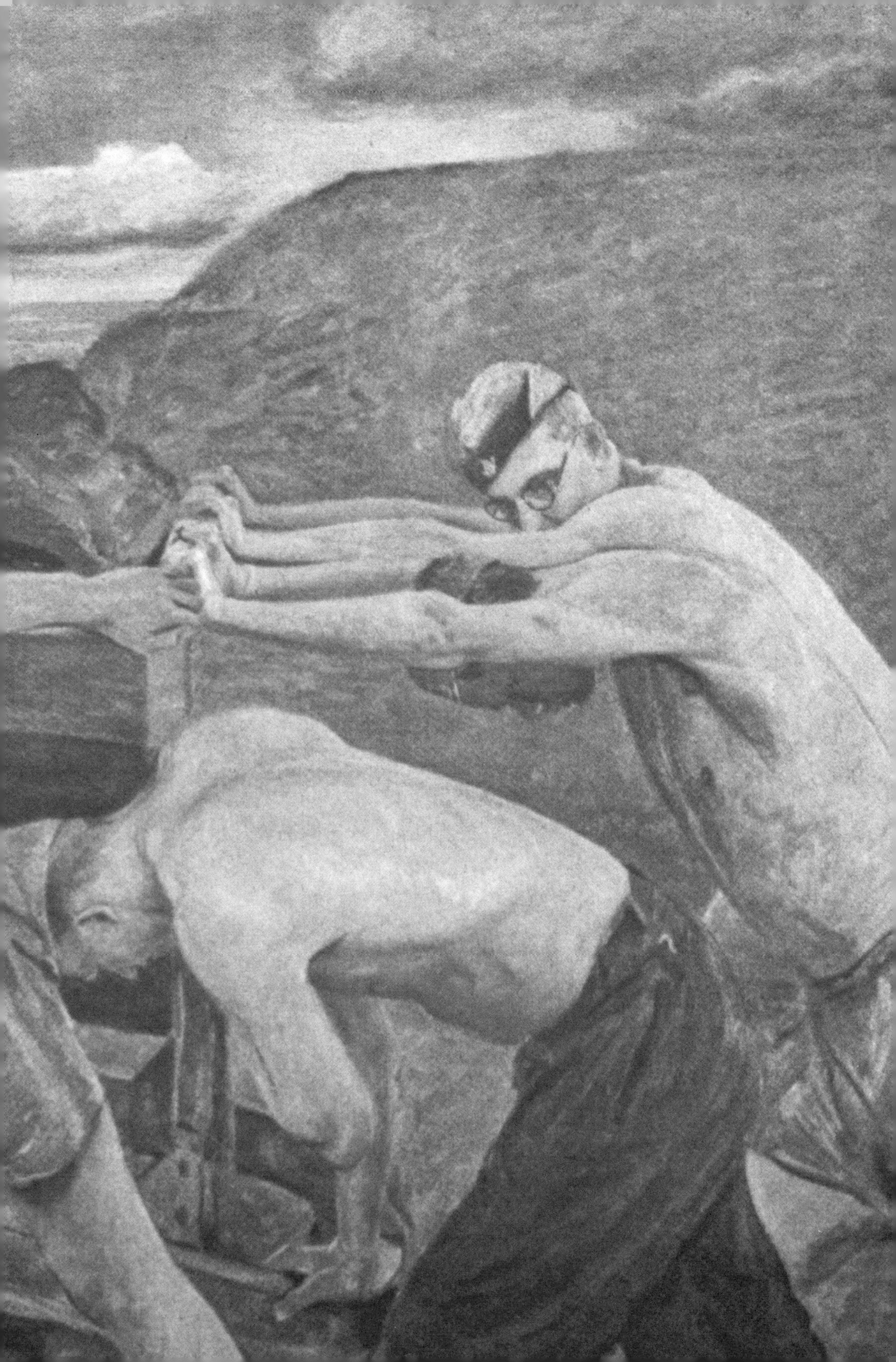

打乱了协约国的阵脚,严重削弱了他们作为和平卫士的公信力。

"欧洲疯狗"

希特勒采取的第二条策略是将对手逐一击破。1934 年 1 月,希特勒与波兰签署了 10 年互不侵犯条约,这不仅在原协约国内部制造了分裂,还让波兰延迟了军队现代化的进程。波兰将很快意识到他们犯了一个致命的错误。

1935 年,希特勒收到了更多的好消息。

萨尔地区(Saar)煤炭资源丰富,但(一战后)作为德国战争赔款的一部分被割让。根据《凡尔赛条约》的相关条款,如果萨尔居民投票支持与德国重新统一,萨尔将被归还德国。最终,萨尔居民赞成与德国统一,德国因此拥有了开展重整军备计划的丰富燃料资源。从那一刻起,重整军备计划彻底公开实施。1935 年 3 月,希特勒宣布成立由陆军元帅戈林指挥的纳粹德国空军(Luftwaffe),并宣布实施征兵制度。这两项措施都公然违反了《凡尔赛条约》,然而协约国只是口头上表达了不满。

1935 年,埃塞俄比亚当地人向巨幅墨索里尼画像敬礼,墨索里尼被称作"伟大的白人国父"。为了在非洲大陆扩张意大利的殖民领土,墨索里尼于 1935 年入侵埃塞俄比亚。

第十章 战争之路

> 战争是本世纪的秘密统治者，和平只不过是两次战争之间的停战期。
> ——德军官方杂志《德国防卫军》，1925年

协约国本以为归还萨尔能安抚住希特勒，但他们随后因未能看透希特勒的想法而深感尴尬。此后，英国、法国和意大利达成一致，如果德国未来还有任何违反条约的行为，他们一定会先发制人。法国还和苏联签订了互助条约，苏联又和捷克签订了类似的条约。他们一定认为，各国之间如此团结，希特勒一定不会再冒险了。事实上，他们的这种做法反而让希特勒更为大胆。希特勒随后向英国提出建立德国海军，但承诺德国海军规模不会超过英国舰队的三分之一。令人难以相信的是，英国居然同意了，因为他们认定了解敌人的计划是件好事。更为讽刺的是，英国是第一个与纳粹德国签署协议的国家。英国的这一举动让法国深受冒犯，法国认为自己被排除在谈判之外了。但由于当时法国国内政局不稳，即使他们实际上还有机会限制希特勒的宏伟野心，他们也是心有余而力不足。

不过，并非所有的人都未感知到危险的迫近。作为英国派往日内瓦国际裁军会议的军方代表，阿瑟·坦珀利准将（Brigadier Arthur Temperley）曾说过："国外又出现了一条疯狗，我们必须坚决地联合起来，把它彻底消灭，或者至少把它关起来，让它自然灭亡。"

然而，反德的脆弱联盟正在土崩瓦解。1935年10月，墨索里尼入侵埃塞俄比亚。法国人谴责了这一暴行，但并未出面阻止。英国人听闻

部落居民遭到了毒气弹的轰炸，被坦克赶出了自己的家园，也只是表达了不安与失望而已。

四年计划

有人认为，1939年希特勒是被迫卷入了与西方不可避免的冲突，或者他只是为了抢夺重要战略港口但泽和波兰走廊[6]，而发动了小规模军事冲突。然而，这种观点根本经不起推敲，因为早在3年之前，希特勒就开始实施"四年计划"了。该计划确保至1940年，在西欧发动全面战争的各种条件将趋于成熟。首先需要解决德国石油、橡胶和铁矿石对进口的依赖问题，因为这些都是生产坦克、装甲车和飞机的必需原料。通过生产人造燃料和橡胶，并提高德国低等铁矿石的储备量，上述问题被逐一解决了。

工厂马力全开地为帝国生产武器，而纳粹德国未来的空军飞行员们也在秘密训练。他们使用滑翔机训练，装作是航空运动联盟的成员，因为《凡尔赛条约》规定德国不得拥有空军。同时，旧骑兵团被解散了，士兵们转去熟悉和了解小型装甲车的快速机动性和火力，因为德国坦克预计很快将开下生产线。与此同时，军队指挥官们正在接受如何参与一种新型、快速移动的机械化作战方式的培训。古德里安将军[7]提出了这种被称作"闪电战"（Blitzkrieg）的新型作战方式。它是指攻破敌人前线，破坏敌人的防御体系，并在敌人后方制造恐慌的快速作战，致使敌人很难重组兵力和发动反攻。但在德国展示自己的军事力量之前，德国必须通过兼并奥地利和征服捷克斯洛伐克来稳固德国的东南侧翼。兼并奥地利可以实现希特勒毕生的抱负，即统一他的祖国和大德意志帝国，同时也能给希特勒的军队注入数以万计狂热的民族主义战士。如果能迅速征服捷克，希特勒就有可能预先阻止波兰或苏联的武装入侵。国防部长陆军元帅冯·布伦伯格和国防军总司令冯·弗立契上将获悉这些

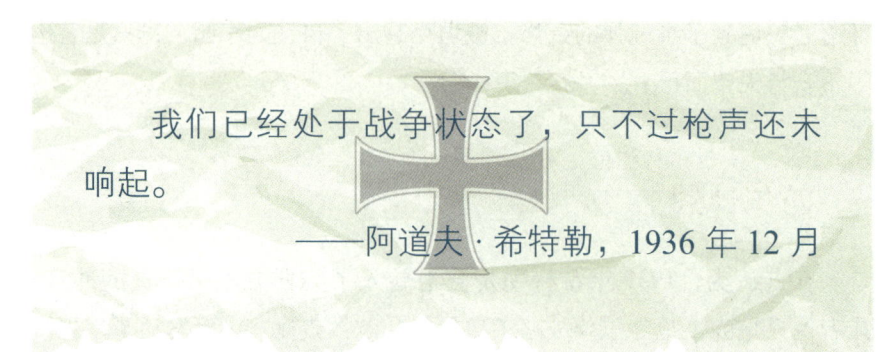

> 我们已经处于战争状态了，只不过枪声还未响起。
>
> ——阿道夫·希特勒，1936年12月

计划后，提出了激烈的抗议，却被希特勒下令撤职。

收复莱茵兰

按照逻辑，希特勒的下一步计划应该是收复莱茵兰地区。莱茵兰是面积为9450平方英里（24475平方公里）的德国领土，与荷兰、比利时和法国接壤。协约国为了阻止德国自西发动进攻，（一战后）将该地区宣布为非军事区。1925年，德国签署了《洛迦诺公约》，承诺尊重这个缓冲地带。作为交换，该条约的共同签署国英国和意大利，保证法国不会侵略德国。

但希特勒知道，如果他能收复包括战略重镇科隆[8]在内的莱茵兰地区，他不仅可以提高自己在国内的声誉，还可以让批评者们哑口无言，因为他们一直认为纳粹党不具备执政能力。这是一场赌博，但希特勒的胜算很高。他知道意大利不会谴责他，因为意大利正忙着在非洲进行军事探险。法国正经历另一场政治危机（10年内法国经历了24次政权更迭），英国也不会采取任何单方面行动。因此，1936年3月7日早晨，2.2万名德国士兵开进了这个非军事区。当地居民在街道上夹道欢迎、高声欢呼、献上鲜花，他们把德国士兵看作他们的解放者。

驾驶飞行器的勇士：纳粹德国未来的空军飞行员使用滑翔机秘密训练，因为《凡尔赛条约》规定德国不得拥有空军。

  2000名特遣队队员继续深入科隆，他们接到的秘密命令指示，一旦遭遇法国军队的反对，他们必须马上掉头返回。然而，他们并没有看到任何法国士兵。前巴伐利亚下士希特勒又侥幸取得了一个不流血的成功。

  3月晚些时候，希特勒的大胆得到了回报。为了使此次行动合法化，德国进行了全民公投，公投结果向世界表明：德国人民绝对拥护元首的领导。公投结果显示希特勒的行动获得了99%的支持票。此次事件之后，希特勒在平民中的受欢迎程度达到了历史最高点。希特勒不顾军事指挥官们的反对，按照自己的本能采取了行动，然而结果却证明他是正确的。此后，希特勒将开始掌管德国军队的指挥权。他发布命令时，要求没人质疑，并立即执行。希特勒大胆收复了莱茵兰地区后，墨索里尼才开始对他另眼相看。希特勒一直仰慕这位意大利独裁者，然

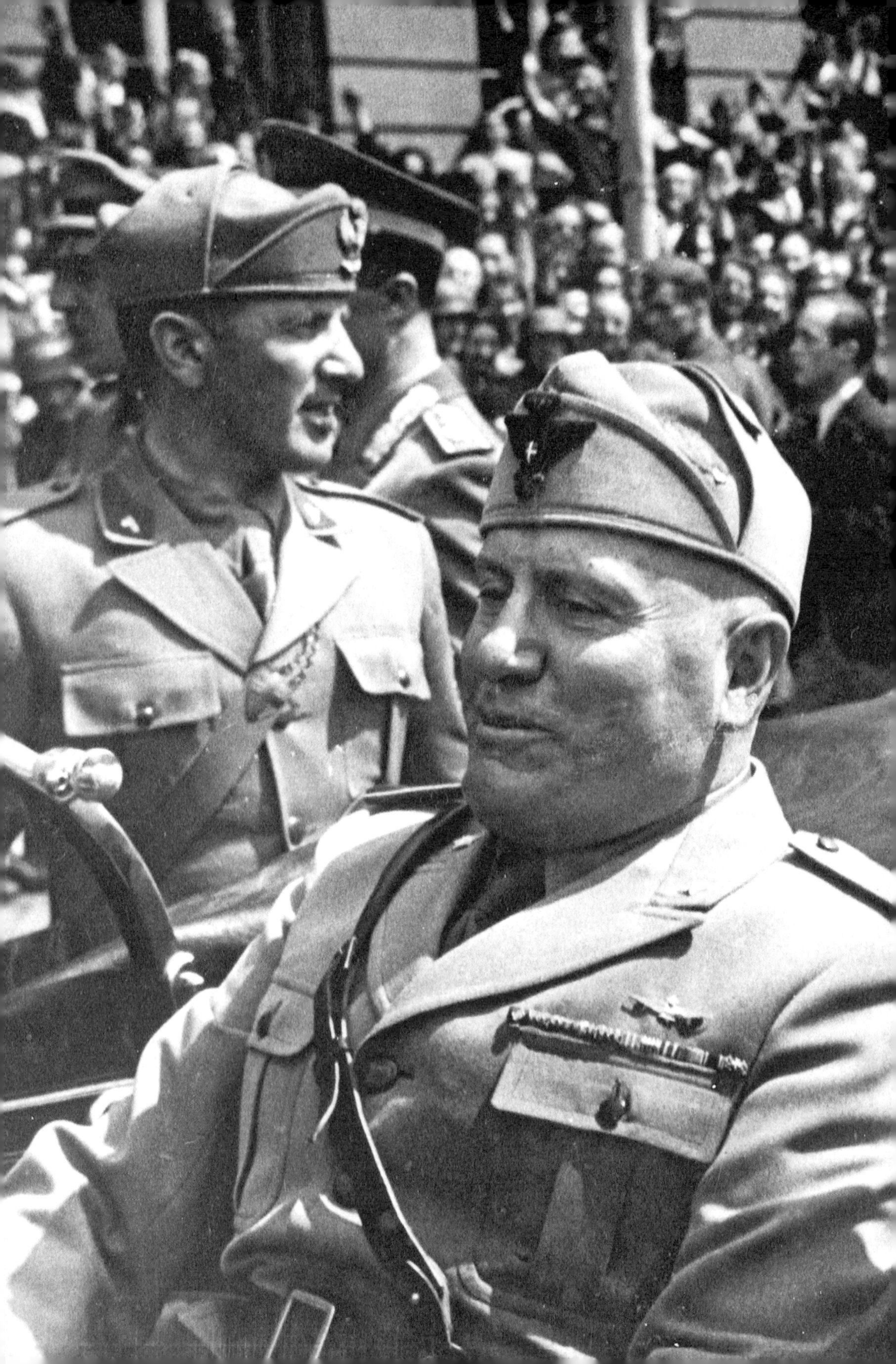

1940年6月，意大利领导人和德国元首在慕尼黑共乘一车。西班牙内战将这二位团结在一起，希特勒大胆收复莱茵兰地区的行动也巩固了他们之间的盟友关系。

而他却没有得到墨索里尼的青睐。1934 年，二人首次在威尼斯碰面时，墨索里尼抱怨这位德国领导人像一台只有七支曲子的留声机，当他演奏完全部曲目，他会从头开始，再次演奏同样的曲目。但在那之后，希特勒的赌博行为收获颇丰，而意大利却被孤立了。意大利领导人急需一位盟友，而希特勒太愿意为他效劳了。希特勒安排向意大利人出售煤炭和武器，并与意大利并肩在西班牙内战[9]中对抗共产党。实际上，这场战争正是二战的预演。

吞并奥地利

早在 20 世纪 30 年代，维也纳就是德国政治局势的缩影。一战后，奥匈帝国被协约国瓜分。法西斯主义者和社会主义者一直争夺对维也纳的控制权，而斗争常常演变为暴力事件。匈牙利、南斯拉夫和捷克斯洛伐克的公民都愿意接受独立国家居民的新身份，但奥地利 650 万居民中的大多数人却感觉丧失了身份，渴望与德国统一。650 万人中有 4 万人是活跃在维也纳的狂热纳粹分子，他们遭到了投身于社会主义事业的社会主义者的反对。1933 年 3 月，由于担心发生武装叛乱，奥地利总理陶尔斐斯取缔了奥地利纳粹党，但他未能控制竞争对手在街上搞斗争。

同年 7 月，希特勒抓住机会发动了政变。他授权 150 名纳粹党卫军实施计划，他们身着奥地利军装或警察制服，穿越边境，奉命攻打维也纳议会大厦。陶尔斐斯在混战中受了重伤，但其他内阁成员设法调来了奥地利军队。奥地利军队逮捕了纳粹党卫军，恢复了秩序。

副总理库尔特·冯·许士尼格[10]是陶尔斐斯的继任者。同陶尔斐斯一样，他也不信任希特勒，但他狡猾地向希特勒保证奥地利绝不会加入任何反德联盟。为了表示友善，他释放了 1.7 万名纳粹分子，结果却导致了恐吓和暴力的盛行。在接下来的几年里，这些纳粹分子开展了颠覆性的活动，不仅成功削弱了许士尼格的威信，还增强了奥地利人想与德国统一的信念。

1938年2月12日，各方面条件都对希特勒有利，于是他将许士尼格召唤到贝希特斯加登。希特勒要求许士尼格解除对奥地利纳粹党的禁令，并任命维也纳纳粹党主要成员为关键部门的部长。许士尼格还得宣布支持德奥合并（Anschluss）。如果他不同意，德国将以武力征服奥地利。许士尼格担心自己会有生命危险，只能同意希特勒的所有要求。许士尼格回到奥地利后，却告诉奥地利议会他永远不会同意希特勒的要求，但他同意进行公民投票，给人民一个在独立和德奥合并中做出选择的机会。

1938年3月11日，公民投票的前一天，许士尼格收到消息：希特勒已经发布了命令，德国将于第二天入侵奥地利。绝望的许士尼格向协约国呼吁干涉，但英法两国认为这是国内争端，他们不会偏袒任何一方。墨索里尼更乐于袖手旁观、坐等结果。

许士尼格的唯一选择是调动奥地利军队，但他知道奥地利人绝不会向他们的德国兄弟开枪。另外，德国军队在兵力和武器上都优于奥地利。当晚，心情沉重的许士尼格发表了作为总理的最后一次广播讲话。他宣布德国军队进入奥地利后，不会有任何德国人流血牺牲。许士尼格随后辞职，亲纳粹的赛斯－英夸特[11]继任。第二天早上，德国第8集团军穿越国界，没费一枪一弹就拿下了希特勒的祖国。

德国军队受到了极其热情的欢迎，因此希特勒决定当天晚些时候亲自去一趟林茨。希特勒乘坐奔驰敞篷车穿过城市，在仰慕的人群看来，希特勒像是一位凯旋的英雄。希特勒在市政厅阳台上向民众发表讲话时说："我一直坚信我的使命。我为之而生，我也一直为之奋斗。现在，你们都见证了我的成功。"

虽然没有流血牺牲，但在公众看不到的地方还是有人在算旧账。在维也纳，大约有7万名社会主义者和其他"帝国的敌人"被围捕，许多人被关进监狱。连许士尼格都面临7年监禁，但他已经十分幸运了，因

1939年，马德里：西班牙长枪党党员正在庆祝胜利，他们的胜利鼓励了欧洲其他国家的法西斯主义者拿起武器。

为其他人都被扔进了多瑙河畔的毛特豪森集中营[12]。

任何想了解新政府能为奥地利做些什么的人，在接下来的日子里只需要往窗外看。在每一条街道上，冲锋队的暴徒们把犹太人从家里和商行中拖出来，强迫他们擦洗路面，而面带嘲弄的旁观者却看得乐不可支。

将捷克一军

苏台德地区[13]位于捷克斯洛伐克西部边境，德奥合并激起了流亡苏台德地区300万日耳曼人的民族主义渴望。纳粹一直资助康拉德·亨莱茵（Konrad Henlein）领导的苏台德德意志党（Sudeten German Party），而亨莱茵一直在利用该地区日耳曼人的不安全感。戈培尔手下的宣传部也杜撰了各种故事，描述苏台德日耳曼人受到了捷克人的迫害。这个精心策划的阴谋，只是为了给德国入侵苏台德地区找借口。希特勒已经品尝过征服的快感，他贪婪地想要获得更多征服的机会。

1938年4月24日，亨莱茵受希特勒唆使，要求苏台德日耳曼人享有全面自治权，但他清楚捷克总统爱德华·贝奈斯[14]一定不会同意。5月19日，德国军队在捷克边境线集结，但由于17.4万名捷克预备役军人的出现，德军只得暂时搁置计划。希特勒得知捷克人的反应后，取消了进攻。法国外交部长乔治·博内（George Bonnet）称赞了希特勒"高尚和冷静的克制力"，同时谴责捷克人引发了这场危机。乔治·博内那副洋洋自得的样子，肯定鼓励了希特勒采取进一步的行动。

捷克人调兵遣将的速度，迫使希特勒重新考虑他的最初战术。此刻，他意识到唯一能确保成功的方法是先发制人的闪电袭击，因为捷克人将没有时间反击。希特勒认为捷克的预备役部队是唯一的抵抗力量，关于这点他是正确的。当士兵们撤回营房时，协约国正在背叛捷克人，因为他们认定要不惜一切代价维护和平。

"英雄"凯旋:希特勒乘坐奔驰车穿行于维也纳。

英国人派上了年纪的外交官朗西曼勋爵（Lord Runciman）做"调停人"。但他居然被亨莱茵说服了，认为苏台德日耳曼人的申诉是合法的。临走时，他还称赞亨莱茵是一个"绝对诚实的年轻人"。

捷克内阁确信协约国背叛了他们，所以只能同意亨莱茵的要求。亨莱茵此时当然不会接受捷克内阁的橄榄枝，因为他知道希特勒想要捷克人彻底投降。接下来，亨莱茵命令他手下的暴徒们在苏台德地区发动暴乱，希望能挑衅警方对他们采取措施。如果警方有所行动，苏台德人就有机会声称他们受到了迫害，从而有正当理由请求德国介入。

当捷克人在国内与暴力做斗争时，伦敦和巴黎的外交使节和情报人员正在提交各种报告。英国人和法国人发现德国向捷克边境调动了大量兵力，还在国内下达了除军事人员以外的全体旅行限制令，平民劳工也被派往各个战略要地。毫无疑问，德国正在备战。

倘若希特勒以为他重新武装了军队，军事指挥官们便会毫不质疑地服从他的命令，他就大错特错了。陆军参谋长贝克将军意识到希特勒要开战，提出辞职。7月17日，海军参谋长海军中将古泽，也在给总司令的备忘录中表达了自己的担忧。他写这个备忘录是为了获得合理的解释：

> 毫无疑问，在欧洲范围内发生军事冲突，德国一定是输家，元首的宏图伟业也将处于险境。到目前为止，我还没跟军中三个分支机构中的任何持有不同意见的军官谈过我的看法。[15]

然而，希特勒渴望战斗。他的天性和在日耳曼人民中享有的声望要求他必须战斗。

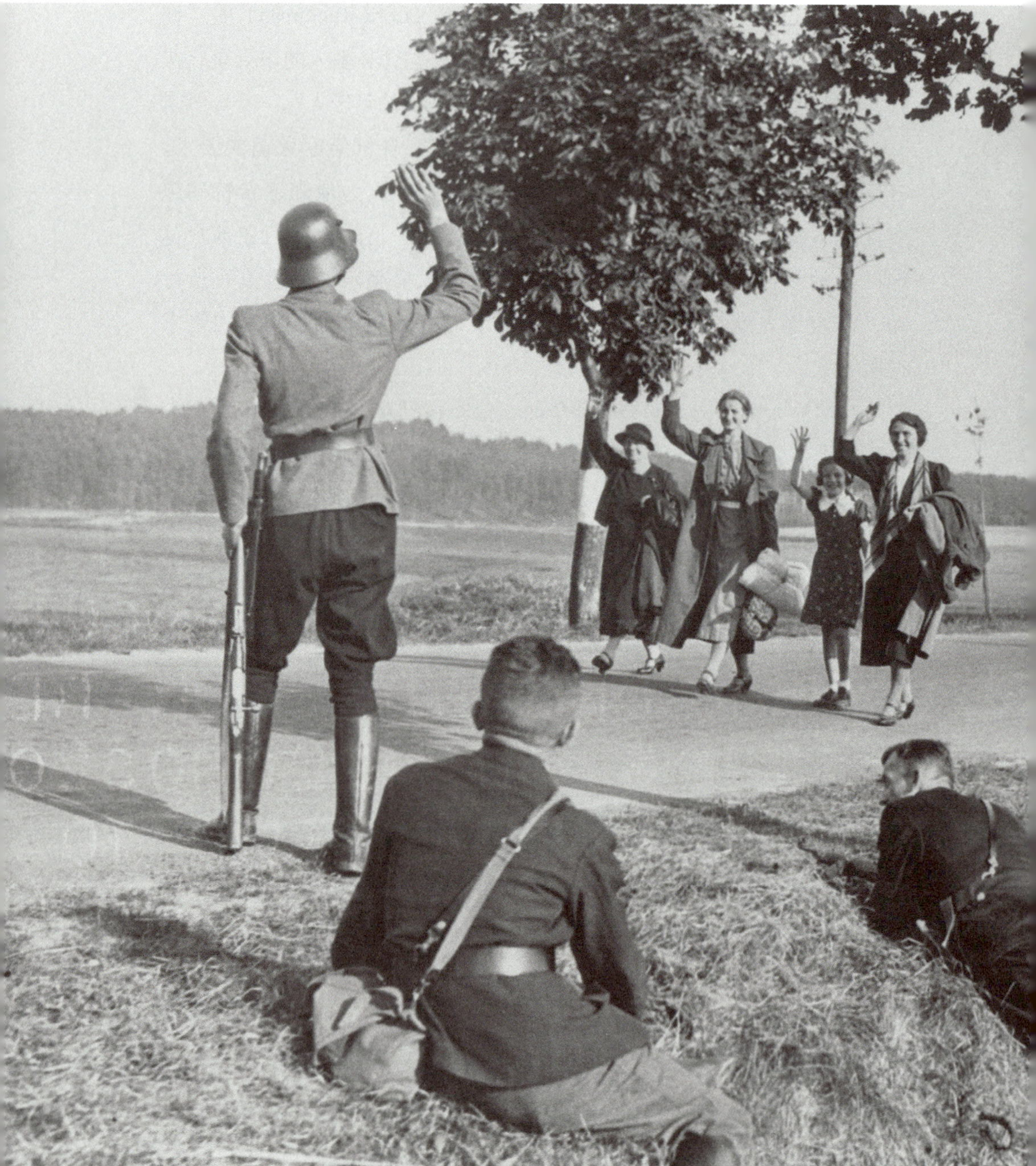

和平的代价

协约国并不知道希特勒已为入侵捷克斯洛伐克定下了日期,德国发起进攻的时间是 1938 年 9 月 30 日。9 月 15 日,当英国首相内维尔·张伯伦(Neville Chamberlain)飞抵贝希特斯加登,试图通过最后的努力寻求捷克危机的解决办法时,他实际上是在和希特勒的时间表赛跑。

张伯伦从慕尼黑机场驱车 7 小时赶到"鹰巢"后,这位 69 岁的政治家早已疲惫不堪。所以,与喜怒无常的希特勒讨论捷克危机时,张伯伦并未处于最好的状态。他们的第一次会面很简短,也让双方均感不适。希特勒对待张伯伦的态度很粗暴,像是在打发一个兜售他毫无兴趣的产品的推售员。希特勒用令人厌烦的长篇独白声色俱厉地恐吓张伯伦,一再啰唆地说明《凡尔赛条约》对德国强加了太多的不公正待遇。他坚定地下结论说,苏台德问题是种族问题,并不是领土问题,因此苏台德问题没有协商的余地。张伯伦听到这话,一向温文尔雅的他也无法继续保持冷静。

"如果元首下定决心要用武力解决这次的争端,您为什么还把我叫来呢?"张伯伦愤怒地咆哮道。

张伯伦出人意料的发火让希特勒非常吃惊。希

1938 年,捷克斯洛伐克:苏台德日耳曼人向当地日耳曼民兵打招呼。出于"安全"考虑,这些日耳曼人正赶往祖国(德国)寻求避难。

特勒停下来想了想，然后他想当然地认为：如果他原谅捷克人对苏台德日耳曼人所犯下的罪行，他的表现一定会被认为是非常理智和宽宏大量的。他仍然可以在最后的关键时刻远离一触即发的战争。如果协约国能保证捷克人将苏台德地区交还德国，他就下令军队撤退，并"庄严承诺"尊重捷克的国家主权。

张伯伦以为自己的努力换来了德国的让步。回到伦敦后，他受到了欢呼人群的迎接。然而，幕后的捷克人却怒火中烧，因为他们认为张伯伦"扮演和平使者"的"老年理想"背叛了捷克人。法国和英国非但没帮捷克，反而给捷克下达了最后通牒。除非捷克能接受希特勒的条件，否则协约国将不受以往签订的各种协定的约束，不再维护捷克的主权。怨愤的贝奈斯召开了内阁会议，告知同僚们他们别无选择，只能同意将苏台德地区割让给德国。他告诉他们："我们被卑鄙地出卖了。"

1938年9月22日，张伯伦再次飞往德国，他以为希特勒已经被安抚住了，协议的签订不过是走个形式。然而，当英法两国提议捷克军队和警方有序撤离苏台德地区时，希特勒拒绝接受这样的提议，他要求捷克人马上撤出苏台德地区。张伯伦开始向希特勒解释这是无法实现的，协约国提议的时间表有诸多好处，但希特勒却立刻发怒翻脸。这次会面不得不终止了。

传言四起

当张伯伦再次返回伦敦时，针对苏台德危机的和平解决方案流产了，他的信心也开始动摇。协约国终于清楚地认识到他们不能再抱有任何幻想了，因为希特勒根本不可理喻。希特勒一心一意想要开战，"四年计划"的顺利实施也让他做好了战争准备。德国的兵力从7个师激增到51个师，其中包括5个重型装甲师、4个轻型装甲师。德国海军也拥有令人敬畏的舰队，包括 2 艘排水量 31200 吨的战舰、2 艘重型巡洋舰、17 艘驱逐舰和 47 艘潜艇。纳粹德国空军也从零起步发展到拥有 21 个飞行中队，而且所有飞行员在西班牙内战中都获得了相当丰富的实战经验和技能。德国的军火工业马力全开地大搞生产，产量已经超过了上一次战争期间的峰值。纳粹德国已经武装到牙齿，蓄势待发。英国和法国将不惜一切代价避免战争冲突，这是可以理解的，因为他们清楚自己很有可能被德国打败。

1938 年 9 月 28 日，张伯伦在对全国的广播讲话中表达了英国的态度。他不得体地表达了他对捷克人民的漠视，将此次事件描述成"在一个遥远国度发生的、我们知之甚少的两个民族之间的争端"。

捷克人接受了被前盟友抛弃的事实，又召集了 100 万的预备役军人。英国人别无他法，只能在公园挖战壕，让平民对即将来临的空袭做好准备。英国还实行了灯火管制，傍晚所有家庭和经营场所都必须将窗户遮盖起来，确保轰炸机看不到灯火。汽车车灯也必须被部分遮盖，结果却导致恶性交通事故和黑夜犯罪行为猛增。

英国人最大的担忧是德国人会对英国使用毒气，就像在一战中对法国那样。英国人还估计德国人会向英国城市投掷毒气弹。在新闻影片中，勇敢的伦敦人正在试戴政府发放的防毒面具，同时比出胜利的 V 字手势，完全不怕德国的恐吓。但镜头外的公众情绪已经接近恐慌。

凭空而来的死亡想象让普通民众心中充满恐惧。专家预测开战后的前两周将会有 100 万人受伤。英国人还落实了将首都儿童送往伦敦周围各郡的计划。孩子们将和愿意提供食宿的陌生人生活，但他们的父母仍留在伦敦。战争还没有打响，英国人已经开始体会到痛苦和折磨。

当德国调兵遣将的消息传入法国统帅部所在城堡的高墙内，法国预计德国将对法国发动进攻，因此马其诺防线进入了戒备状态。为了增强防御，更多的预备役军人被送往前线。

送上门的"猎物":希特勒和他的首席翻译保罗·施密特,在贝希特斯加登欢迎内维尔·张伯伦的到来。张伯伦的绥靖政策让捷克人付出了高昂的代价。

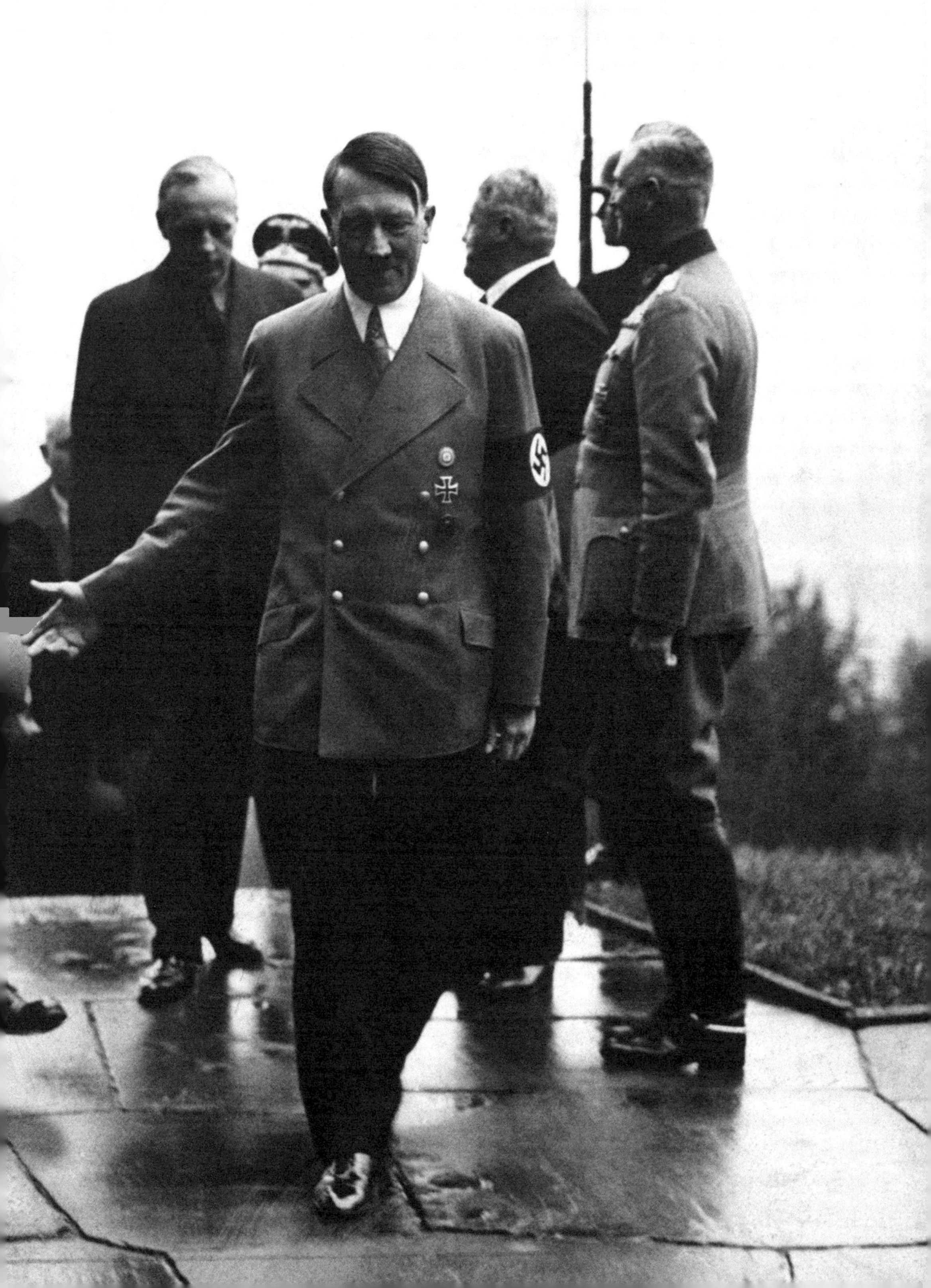

出卖捷克

或许是协约国迟来的决心，迫使希特勒推迟了已计划好的入侵行动。但更可信的解释是墨索里尼提出进行斡旋，所以希特勒在发动进攻前的几小时开始重新考虑。第二天，即1938年9月30日，在意大利独裁者和世界媒体见证下，希特勒在慕尼黑会见英国首相和法国总理。墨索里尼乐于扮演国际政治家的角色，他将德国的要求告知张伯伦和达拉第[16]，并将德国的要求说成是他的和平提议。捷克人必须在10月1日前撤离苏台德地区，这意味着捷克人不得不放弃主要的防御工事和重工业。作为回报，协约国会确定新边境线。虽然捷克人在整个过程中并没有发言权，为了减轻内疚感，协约国告诉自己他们别无选择，只能签署《慕尼黑协定》[17]。

捷克总理扬·西罗维（Jan Syrovy）获悉德国的条件后，说捷克人的选择是"被杀或自杀"。当晚，他在广播讲话中告诉全国人民："我们只有两个选择——进行毫无希望的防御，或接受历史上空前残酷的条件。"

捷克军队的指挥官们不像协约国那么没骨气。他们提出不管胜算有多小，他们都要战斗。他们希望捷克能坚持几周，直到协约国羞愧难当，加入战

德国军队进入主要居民为日耳曼人的苏台德地区。

第十章　战争之路

斗。但贝奈斯总统已不再相信英国和法国了。10月1日，德国军队进入苏台德地区，未遭遇任何抵抗。

《慕尼黑协定》并未彻底避免战争，只是推迟了战争的爆发。该协定的签署是一种懦弱、无耻的行为。为了保证协约国的利益，该协定牺牲了捷克的利益。在即将到来的战争中，英法两国将为他们的绥靖政策付出代价。如果法国和英国在当时对捷克施以援手，他们究竟能不能改变历史轨迹，这尚未有定论，但绥靖政策肯定不能阻止独裁者的脚步。

"我们时代的和平"

张伯伦促希特勒签署了一份仓促间起草的声明，作为《慕尼黑协定》的补充条款。这份声明主要是为了确保未来发生争端时，英德两国仍能合作。希特勒几乎没怎么考虑就在这份文件上签了字，但张伯伦却坚信他已经保住了欧洲的未来。张伯伦回到伦敦时，手中挥舞着两位领导人签署的声明，接机的民众大声欢呼直到声音嘶哑。他宣布他已经确保了"体面的和平"和"我们时代的和平"。

1939年3月16日，在布拉格城堡的一间会客室里，捷克总统伊米尔·哈卡不安地坐在希特勒的对面。究竟是谁在发号施令，一目了然。

第十章 战争之路

保守党国会议员温斯顿·丘吉尔却断言，这不过是"清算的开始"。几年以来，他一直警告德国重整军备的危险性，但根本没人听。并不是他一人有这样的想法。法国总理达拉第也清醒地意识到，向希特勒屈服是一个错误。当他的飞机降落在巴黎机场的跑道上时，他看到等候的人群，以为他们是来找他算账的。但当他看到民众在挥手微笑，他转向助手，小声地嘟囔说：

"一群白痴！他们根本不知道他们在为什么而鼓掌。"

得到苏台德地区当然不能满足希特勒的领土扩张野心。苏台德日耳曼人对希特勒而言，并没有什么意义。他们只是希特勒威权的象征，只是希特勒用来侮辱敌人的战利品。希特勒希望看到捷克彻底投降，捷克新总统伊米尔·哈卡[18]受到羞辱。1938年10月，《慕尼黑协定》签订1个月后，捷克总统贝奈斯已宣布辞职。1939年3月14日清晨，希特勒在柏林总理官邸接见哈卡，戈林和里宾特洛甫也在场。当天，希特勒给哈卡下达了最后通牒：哈卡要么请求德国军队镇压捷克国内所谓的骚乱，从而成为德国的保护国，要么斯图卡式轰炸机把布拉格炸成一片废墟。

面对这样的威胁，再加上戈林的震慑力，66岁的哈卡貌似突发轻微心脏病，晕厥了。元首找来他的私人医生莫雷尔（Morell），医生成功地让哈卡短暂苏醒，但哈卡很快再次晕厥。莫雷尔医生再次为哈卡注射了药物，这一次哈卡一醒来就被告知：如果他不签署纳粹事先为他准备好的两份公告，捷克将有无数无辜百姓危在旦夕。第一份公告是请求德国的"保护"，第二份公告是命令捷克军队放下武器。哈卡一直抵抗到凌晨4点，最后由于身体原因不得不放弃抵抗，向纳粹屈服，他最终还是签署了这两份公告。6小时后，几百辆德国装甲车辆轰隆隆地开过布拉格的鹅卵石街道和广场。皑皑白雪让这座美丽的城市看上去宛如圣诞贺卡上的图画，但街上却几乎没有什么行人，这当然不是由于天气的原因。

德国兼并苏台德地区后,一名妇女一边行纳粹礼,一边留下了辛酸的眼泪。

为时已晚

1939年3月17日，内维尔·张伯伦曾说道：

> 现在我们得知，德国这次抢占领土是因为捷克斯洛伐克国内发生了骚乱……如果真的发生了骚乱，是有人唆使吗？……这是旧冒险的结束，还是新冒险的开始？这是针对小国的最后一次袭击，还是以后会有更多类似的袭击？这是向武力主宰世界的方向迈进了一步吗？

历史学家通常把波兰描述成被纳粹侵略的无辜受害者。根据历史记载，全世界之所以卷入另一场世界大战是为了解救被围困的波兰，但由于开战太晚，波兰未能被解救。然而，事实并没有那么简单。自1935年以来，波兰一直由军政府统治。3年后，波兰威胁入侵立陶宛，除非立陶宛同意恢复20年前因两国冲突而中断的公路、铁路和其他交通连接。维尔纳（Vilna）是一座主要居民为波兰人的立陶宛城市，20年前的冲突正是由波兰占领这里引发的。立陶宛人担心调动兵力会引发德国的进攻，只得同意波兰军政府的要求。立陶宛人认为被波兰占领比被德国占领强，因为波兰毕竟没有德国那么邪恶。

在捷克危机期间，纳粹曾向波兰亲纳粹军政府提议：一旦开战，只要波兰和纳粹站在同一阵线，德国将与波兰分享战利品。波兰军政府委婉地拒绝了纳粹的提议，这激怒了希特勒，也加深了他对波兰军政府的不信任。捷克危机之后，纳粹敦促波兰签署牵制苏联的《反共产国际协定》[19]，但波兰人再次支吾搪塞。波兰人希望"纳粹鹰"和"苏联熊"最终交恶，而他们则可以安全地坐山观虎斗。

1939年1月,希特勒对波兰失去了耐性。希特勒在贝希特斯加登接见了波兰外交部长约瑟夫·贝克(Josef Beck)上校,希特勒重申了德国在几个月前提出的要求,但波兰之前一直未给出令他满意的答复。希特勒的要求包括:归还波罗的海港口城市但泽,同意德国沿着维斯瓦河(Vistula river)至波罗的海的一片狭长地带修建公路和铁路。这片狭长地带正是波兰走廊,而这一走廊将德国与东普鲁士分隔开来。虽然贝克上校是一位纳粹同情者,但他意识到做出让步就意味着终结波兰的独立,所以他拒绝了德国的要求。

波兰似乎要走上捷克的老路,但英国却终于宣布,为了捍卫波兰主权他们愿意开战。这简直是一个离奇的形势转折。英法两国未能对捷克斯洛伐克施以援手,但他们却为了一个亲纳粹的军政府,做好了开战的准备。希特勒这位外交两面派大师,都没能预料到这种形势。据海军上将卡纳里斯(Admiral Canaris)说,希特勒听到这个消息后,用拳头捶击着办公桌,发誓一定会给英国煮"一锅噎死他们的炖菜"。

然而,希特勒不愿意再次被剥夺开战的机会。3月15日,德国军队开进波希米亚、摩拉维亚和斯洛文尼亚。至此,波兰被德军三面包围,而它的东面是苏联。这是一个无法防御的形势。希特勒非常有信心迅速取得胜利,4月3日,他给德军下达了绝密命令,行动代号"白色方案"[20],将于9月1日前实施。绝密命令里还下达了详细的入侵计划,该行动不但富有想象力而且非常大胆。这将是一场以大规模坦克师为先锋的闪电进攻战,空军将在空中支援,步兵断后并清除零星的抵抗力量。整个作战过程都将通过现代通信网络来指挥和协调。

但这并不是希特勒的主意。整个作战计划是由君特·布鲁门特里特(Günther Blumentritt)上校和伦德施泰特(Gerd von Rundstedt)、曼施坦因(Erich von Manstein)两位将军制订的。希特勒熟悉了所有的进攻细节,并提出了一些建议。据瓦尔利蒙特(Warlimont)将军说,希特

1939年11月，密集的希特勒党卫军以锐不可当之势穿过布拉格。处决了3名捷克抵抗分子后，德国占领军开始在捷克实施军事管制。

勒唯一有建设性的贡献是策划了在特切夫（Dirschau）的一座桥上发动进攻。

5月23日，希特勒召开了德国总参谋部全体成员大会，发布了他的战略方案。会议不允许做会议记录，但鲁道夫·施蒙特（Rudolf Schmundt）中校做了一些笔记，记录了希特勒"一有机会就要进攻波兰"的决心。中校还写道：

> 我们不能让捷克事件重演。即将开战了，我们的任务是令波兰孤立无援。是否能成功地孤立波兰，具有决定性的作用……元首怀疑是否还有与英国和解的可能……英国是我们的敌人，与英国的斗争是事关生死的……我们的目标是从一开始就给予敌人歼灭性、最具决定性的打击……我们要做好长期作战的准备、做好被突袭的准备，但英国在欧洲大陆上的每一次干涉都必须被粉碎……如果我们能成功占领并控制荷兰和比利时，再打败法国，我们会为战胜英国打下坚实的基础……想获得进一步的成功必须得流血牺牲。

但波兰外交部长贝克上校也是好战之徒。3月28日，他召见了德国大使，并知会德国大使：纳粹任何妄图改变但泽状态的尝试，都将被看作战争行为。愤慨的德国大使抗议说，贝克想在刺刀的威胁下谈判。但贝克冷冷地回敬道："这是以其人之道还治其人之身。"

5月初，战争一触即发，贝克叮嘱波兰议会："在波兰，我们绝不认可为了和平不惜一切代价的想法。我们的国民和国家拥有一件无价之宝，那就是气节。"

贝克并不是在逞能。波兰人能调动200多万的兵力，而且法国已经向波兰保证：在战争打响的15天内，法国将从空中袭击德国，并对德国发动全面进攻。波兰人并不知道法国人根本无意履行他们的诺言。法

1939年，波兰外交部长约瑟夫·贝克上校坚决抵抗希特勒。

国人公开表示支持波兰人,只不过是想劝说苏联人支持协约国。法国情报机构过高地估计了德国"西墙"[21]的作用,认为他们不可能攻破德国的防线。

英国人更加隐晦,他们只是含糊地提出了增援和轰炸德国的计划。英国人不愿意出手援助,这也可以理解,因为英国当时只有 1 个装甲旅和 5 个步兵师,战斗机数量严重不足,更没有高射炮和雷达系统来实施有效的防御。一战后,英国的军火工业被暂停,英国需要至少 1 年的时间才能完成工厂重整,并生产出充足的军需品。

战争前夜

希特勒由衷地认为下一场战争将是一场局部战争,并会迅速结束。除了奥尔格·托马斯(Georg Thomas)将军,其他军事指挥官们都同意希特勒的观点。托马斯将军认为,波兰战争将会引发一场世界大战。但威廉·凯特尔(Wilhelm Keitel)认为英国没落了,法国衰败了,美国又根本无兴趣卷入,所以他完全无视托马斯的担忧。实际上,凯特尔的观点也代表了其他军事指挥官的想法,上述国家不会为了波兰牺牲自己的士兵。但凯特尔和希特勒都忽略了一些可能性。英国是民主国家,它能找到一位更有能力的新国家领导人来反抗纳粹暴君,而美国一旦受到袭击,也一定会采取行动。战争前夜,希特勒仍在怀疑协约国能否用行动来践行他们的口头威胁。一旦战争爆发,英国必定会从埃及调遣兵力,而这一切都将在德国海军的监控下,因为德国 U 型潜艇一直在黑海上潜行,伺机采取集结战术对抗英军。

入侵波兰的前夜,德国海军上将赫尔曼·伯姆(Hermann Boehm)在一份备忘录中写道:"元首认为西方势力干涉的可能性不大……法国承受不起长期的血腥战争,因为法国的兵力太少、军需供给不足。法国被卷进来完全是违背自己意愿的,心理战这个术语是适用于法国的……"

希特勒断定法国已被一战耗尽，他们宁愿投降也不愿再次卷入一场旷日持久的战争。关于法国，希特勒的看法是正确的。1939年8月21日，纳粹德国与苏联签订了互不侵犯条约，这让希特勒确信解决波兰问题的时机已经成熟。协议签订的消息也让协约国大吃一惊，甚至在全世界范围激起了强烈的反响。一个社会主义国家居然和一个法西斯独裁国家签订了协议，这简直太令人难以置信了。不过，这虽然出人意料却在情理之中。

1年多以来，英国一直向苏联示好，但他们派了一个低级别的外交部官员去和苏联外交部长莫洛托夫（Vyacheslav Molotov）谈判，这把一切都搞砸了。莫洛托夫把英国的到访看作一种轻视，他认为英国对成功并不抱有多大的期望，英国人认为签署协议只不过是一种形式。此外，英国的外交官员是乘船前往莫斯科的，比坐飞机慢了1周的时间。等他到达莫斯科时，纳粹已经说服了苏联人，双方达成了协议。苏联人不信任而且鄙视西方民主国家，因为苏联人认为西方民主国家既不会做出任何实质性的让步，也不会提供任何好处。更何况，英国还犯了这样一个外交失误。但纳粹准备和苏联签署一份秘密协议，并承诺如果苏联人肯合作，将奉上波兰一半的领土，以及拉脱维亚和爱沙尼亚全境。

苏联人肯与希特勒合作还有另一方面的原因，他们还没有做好战争的准备。大批苏军领导人在肃反运动中被杀，而普通士兵们士气低落、纪律涣散。如果没有经验丰富的军官，这些士兵根本无法打仗。与德国站在一边，斯大林不仅巩固了自己的地位，还能扩大自己的利益。但同时，斯大林也任由希特勒在西欧肆意妄为。希特勒现在只需要一个入侵的借口。

注释

[1] 引自：*Vierteljahreshefte fur Zeitgeschichte*. ——原注

[2] 引自：*12 Years With Hitler*, Otto Dietrich. ——原注

[3] 在英文中，motherland 和 fatherland 都有"祖国"之意。此处，希特勒将对父母的感情转嫁给他想要征服的国家，为了凸显不同性别，译者保留了 motherland 和 fatherland 的性别意义。

[4] 凡尔登（Verdun），法国东北部一座城市。1916 年，著名的"凡尔登战役"（Bataille de Verdun）在此发生，它是一战的转折点，德意志帝国至此走向失败，最终对 20 世纪的欧洲格局产生了重要的影响。它是欧洲历史上破坏性最强的战役之一，在交战中法军伤亡了 50 多万人。

[5] 马其诺防线（Maginot Line）是一战后法国为了防止德军入侵，在法国东北边境地区构筑的防御工事。该防线从 1928 年起开始建造，1940 年基本建成。其名取自法国当时的陆军部长安德烈·马其诺（1877—1932）。

[6] 德国在 1919 年根据《凡尔赛条约》割让给波兰的一块狭长领土，今为波兰领土。一战后，波兰复国，根据《凡尔赛条约》，把原属德国领土的东普鲁士和西普鲁士之间，沿维斯瓦河下游西岸划出一条宽约 80 公里的地带，称为"波兰走廊"（Polish Corridor），作为波兰出波罗的海之通道，并把河口附近的但泽港划为"但泽自由市"（Free City of Danzig），归国际共管，把德国国土分为两个不连接的部分。它亦被称作"但泽走廊"。

[7] 古德里安将军（Heinz Wilhelm Guderian, 1888—1954），德国陆军大将、军事家、理论家、战术家，"闪电战"开拓者，"装甲战""坦克战"倡导者，被称为"德军装甲兵之父"。

[8] 科隆（Cologne），德国第四大城市，德国内陆最重要的港口之一，莱茵兰地区的经济、文化和历史中心。

[9] 西班牙内战（Spanish Civil War，1936 年 7 月—1939 年 3 月），西班牙第二共

和国时期发生的一场内战。共和国总统曼努埃尔·阿扎尼亚领导下的共和政府军与人民阵线左翼联盟，对战以弗朗西斯科·佛朗哥为中心的西班牙国民军和长枪党等右翼集团。反法西斯的人民阵线和共和政府获得了苏联、墨西哥和美国的援助，而佛朗哥的国民军则获得了纳粹德国、意大利和葡萄牙的支持。

[10] 库尔特·冯·许士尼格（Kurt von Schuschnigg，1897—1977），奥地利政治家，1934年接替被刺杀的恩格尔伯特·陶尔斐斯担任奥地利第一共和国总理。

[11] 赛斯-英夸特（Arthur Seyss-Inquart，1892—1946），奥地利第一共和国的末代总理，其任期内完成了德奥合并，后担任纳粹德国东部边疆区（即奥地利）总督。二战期间历任德占波兰南部行政长官、副总督、德占荷兰总督。他在战后的纽伦堡审判中被判处绞刑。

[12] 毛特豪森集中营（Mauthausen Concentration Camp）位于奥地利上奥州首府林茨附近。1938年至1945年期间，纳粹在此处先后囚禁过20多万人，10余万人在此处被杀害。1945年5月5日，该集中营里被关押的幸存者被解放。

[13] 苏台德地区（Sudetenland）是一个历史名称，指1938年至1945年期间，苏台德德国人（Sudetendeutsche）的居住地。它包括波希米亚、摩拉维亚与西里西亚的部分地区，位于苏台德山脉附近。

[14] 爱德华·贝奈斯（Edvard Benes，1884—1948），捷克斯洛伐克创建者之一，曾任捷克斯洛伐克外交部长、总理（1921—1922）和总统（1935—1938，1941—1948）。

[15] 引自：*Die Vollmacht des Gewissens.*——原注

[16] 达拉第（Édouard Daladier，1884—1970），法国政治家、总理、激进社会党领导人，1938年代表法国与希特勒签署《慕尼黑协定》。

[17] 《慕尼黑协定》，全称《关于捷克斯洛伐克割让苏台德领土给德国的协定》，是1938年9月29日至30日，英、法、德、意四国首脑张伯伦、达拉第、希特勒、墨索里尼在慕尼黑会议上签订的条约。英法两国为避免战争爆发，牺牲了捷克斯洛伐克的利益，将苏台德地区割让给纳粹德国。

[18] 伊米尔·哈卡（Emil Hácha，1872—1945），1938年至1939年期间担任捷克斯洛伐克总统，1939年至1945年担任波希米亚和摩拉维亚保护国总统。

[19]《反共产国际协定》(Anti-Comintern Pact),二战前德、意、日三个法西斯国家共同签署的协议。1936年11月,日本和德国在柏林签订了这一协定。根据协定的规定,在反对共产国际的斗争中,两国必须"交换情报""紧密合作"。1937年11月,意大利也签署了该协定,标志德、意、日三国轴心正式形成。

[20]"白色方案"指1939年4月3日,德军为了消除进攻西欧的后顾之忧,并建立入侵苏联的军事基地,对波兰进行的入侵计划。

[21]"西墙"(West Wall),即齐格菲防线(Siegfried Line),德国人称之为"西墙""齐格菲阵地"。它是纳粹德国于二战开始前,在德国西部边境地区构筑、对抗法国马其诺防线的防御工事,于1936年占领莱茵兰后开始构筑,至1939年基本建成。它从德国靠近荷兰边境的克莱沃起,沿着与比利时、卢森堡、法国接壤的边境延伸至瑞士巴塞尔,全长达630千米。

16, 1944

Nazis
Fierc

第十一章
全面战争

"死人"的突袭

二战中,最先开枪的是死人。1939 年 8 月 31 日,一队纳粹党卫军从靠近波兰边境的集中营里挑选了 12 个囚犯,用枪口威胁囚犯们换上了波兰军队制服。随后,党卫军冷酷地将他们射杀,只留下 1 个活口。党卫军带着唯一的幸存者,驱车前往位于波兰边境的格莱维茨[1]。党卫军在那里的德国广播电台布置了一场假突袭。

党卫军冲进播音室,播报了一段简短的消息,宣布波兰入侵德国,然后射杀了最后那名囚犯。被射杀的囚犯们看起来是在他们袭击电台的过程中被击毙的。这就是"希姆莱行动"(Operation Himmler)。至此,纳粹终于可以自由地反击了。

与大众的看法不同,德国入侵波兰并非是以装甲坦克战队长驱直入、直捣波兰腹地揭开序幕,因为德国人采用了一种更传统的方式。1939 年 9 月 1 日黎明,德国战列舰"石勒苏益格 – 荷尔斯泰因"号(SMS Schleswig-Holstein)向但泽以北 4 英里(6.5 公里)的一处要塞开火。几天前,这艘战列舰伪装出访,偷偷潜进波兰港口。一旦希特勒下达开战命令,这艘战列舰正处于重击要塞的有利位置。凌晨 4 点 45 分,第二次世界大战爆发了。

在最终得以顺利实施之前，赫赫有名的德国"闪电战"首秀并不顺利。斯图卡式轰炸机呼啸着轰炸敌方的机场、铁路和军事设施，而作为先头部队的机械化纵队却被大雾笼罩，在一片混乱中还遭到了己方炮兵部队的攻击。德军6个师中只有1个师获得坦克的支援，其他5个师都是步兵师，基本上只配有马车。虽然波兰的路况十分糟糕，大规模的机械化纵队后来还是取得了难以置信的进展，顺利的情况下每天能前进多达40英里（64公里）。德国采用了教科书式两面夹击战术：一方面将波兰主力军队包围，另一方面将他们通向维斯瓦河的退路截断。第二天，由于燃油和弹药都耗尽了，陆军中将古德里安指挥的第19装甲军突然停滞不前。但在波兰军队发起进攻之前，德国的补给纵队已经突破了波兰防线，成功地让装甲车继续开动。此外，德国第4集团军在波兰走廊包围了波兰的2个师，几小时之内就将他们歼灭了。正是在这场战役中，波兰骑兵向德国装甲部队发起了自杀性进攻。

英国和法国于第二天发出了最后通牒，他们威胁说：如果希特勒不保证在9月3日（星期日）之前撤兵，他们将参战。希特勒根本不可能做出这种保证，因此从那天起，英国和法国正式向德国宣战了。然而，这一次并没有出现1914年那样的爱国参军热潮。

征服波兰

德国入侵波兰7天后，当时德国第14集团军正在蚕食克拉科夫[2]，古德里安向希特勒汇报：由于装甲部队的机动性和优越的火力优势，德军的伤亡人数不足1000人。在接下来的几周内，波兰人部署了坦克来支援步兵防守，但事实证明波兰老旧的坦克和大炮根本不是德国坦克的对手。全副武装的德国重型装甲坦克既能快速移动，又能同时发动进攻。波兰空军的情况也不容乐观，因为他们根本无法和纳粹德国空军相提并论。波兰空军拥有900架飞机，但其中的大多数都是只能用来训练

清洗甲板：二战爆发的前1年，一艘德国训练舰从英国法尔茅斯[3]起航，彼时（德英之间的）相互合作还是有可能的。

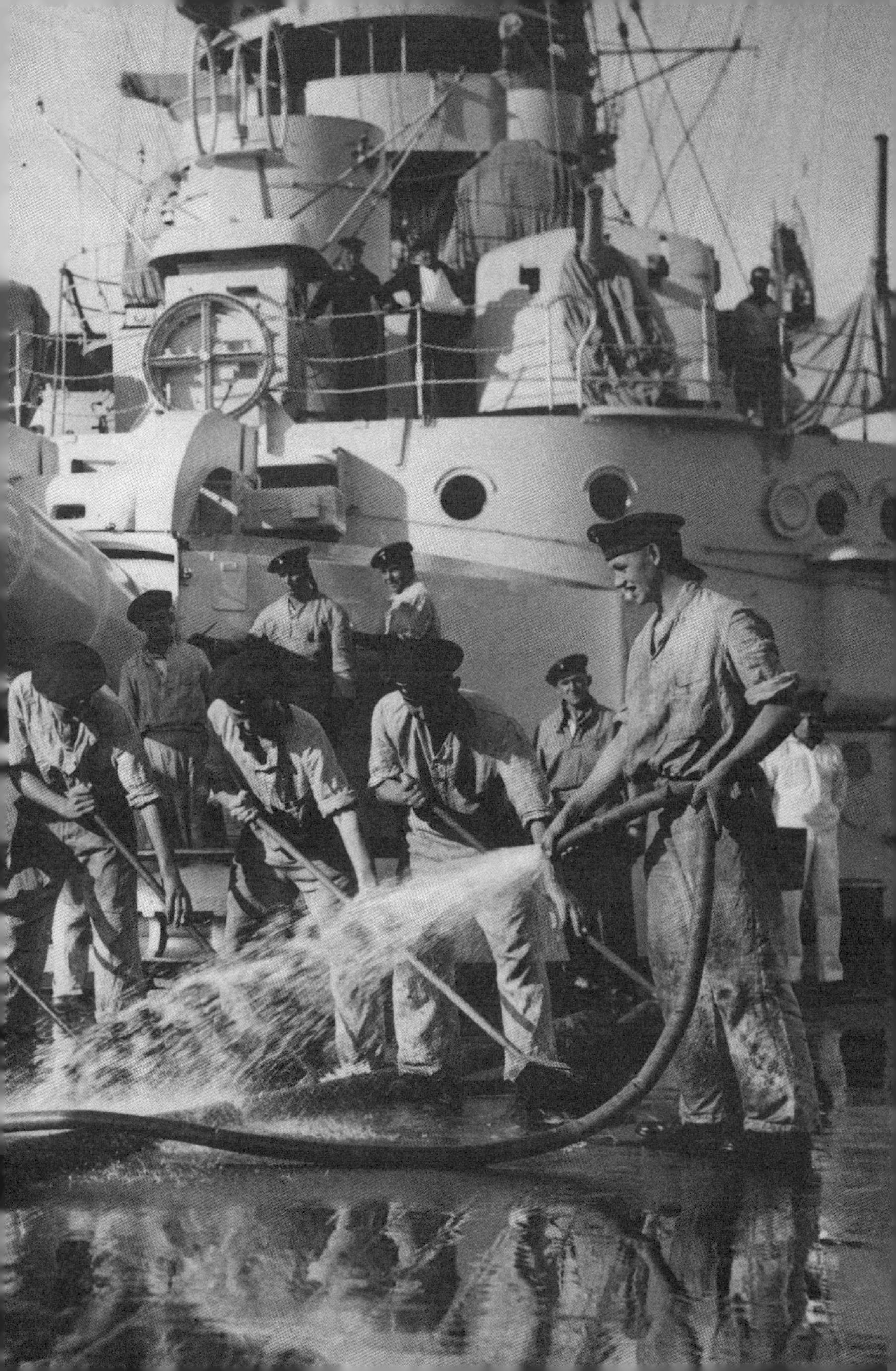

的老旧飞机。然而，波兰飞行员用他们的技能和勇气弥补了飞机的不足，他们一共击落或严重损坏了戈林的400架战斗机。可悲惨的是，波兰士兵的战斗力却被他们的指挥官严重削弱了。波兰军队指挥官根本不能部署有效的防御作战，因为他们居然愚蠢地使用能被德国人轻易切断的民用通信方式来指挥作战。

几周内，德国人开始向华沙挺进，但他们占领首都的过程并没有想象中那么容易。9月10日，波兰走廊战役的幸存者开始增援波兰军队，他们一起在华沙以西70英里（112.5公里）处袭击了德国第8集团军的侧翼。2天内，他们反复袭扰德军。为了反击，伦德施泰特不得不改调两个师来支援。9月17日，华沙被包围，波兰军队也差不多瓦解了。至此，波兰共计5.2万人被俘，大约75万人丧生。在波兰境内还存在零星的抵抗，虽然这将让德国人付出高昂代价，但最后的抵抗者们放下武器投降只是时间问题了。

如果剩下的波兰军队想坚持抵抗直到

第三帝国的一支装甲部队开进波兰，在欧洲引发了战争。

第十一章　全面战争

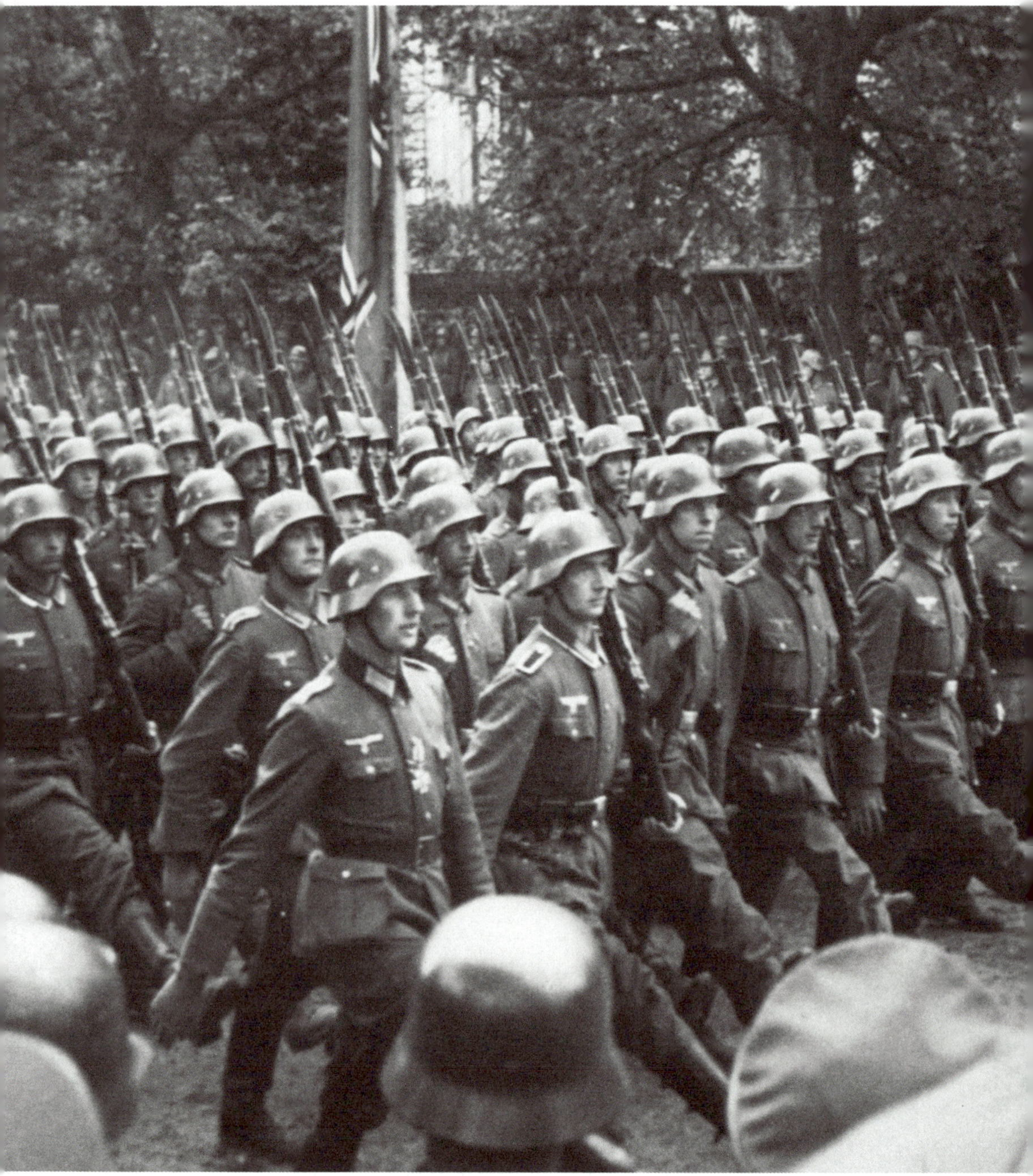

同盟国施以援手,他们只能失望了。英国人担心伤及平民,不愿轰炸德国,所以他们只能在莱茵兰地区撒传单。而法国人派出 9 个师的兵力开进德国领土 7 英里(11 公里),但这只是象征性、转移注意力的策略,顺便表达对被敌人围困的波兰人的同情。英国空军部(British Air Ministry)决定不轰炸德国的军工厂,以及德国最近得手的捷克斯洛伐克的斯柯达工厂,虽然这些工厂已经改为生产飞机。英国空军部之所以做出这样令人难以相信的决定,是因为他们认为这些工厂属于私有财产,同时他们也害怕德国会报复。

即使波兰人原本还有心继续战斗,至此他们也肯定已经彻底丧失了信心。然而,对波兰的致命一击并非来自德国人,而是苏联人。苏联军队的 35 个师奉命占领了波兰东部边境地区,等待与德国瓜分波兰。得知苏联的突然入侵,波兰军队总指挥官雷兹－希米格维元帅[4]出逃到罗马尼亚,其他政府成员也纷纷效

胜利游行:1939 年,德军迈着正步进入波兰。9 月 1 日入侵开始,10 月 6 日结束战斗,波兰最终被德国和苏联瓜分。

仿，跟着出逃。在被同盟国背叛之后，波兰军队和人民又被自己的领导人抛弃了。虽然他们缺少食物和饮用水，又一直遭到纳粹德国空军的轰炸和德国装甲部队的炮击，但他们在被围困的首都又坚持抵抗了10天。9月27日，华沙终于投降了，14万名筋疲力尽、遍体鳞伤的波兰士兵被俘。

第二天，驻防莫德林[5]的2.4万名士兵落入德军之手，致使波兰的残余部队被三面包围，而他们身后已是罗马尼亚边境。接下来的几天里，15万名波兰士兵被杀或被俘；10万名波兰士兵与支持苏联人的乌克兰人交战后，杀出一条血路，逃往罗马尼亚境内。位于科茨克（Kock）的一支卫戍部队是波兰最后的抵抗力量，他们驻守在华沙东南75英里（121公里）处，一直坚持抵抗到10月6日。

希特勒终于征服了波兰，付出的代价只是8000人丧生、5000人失踪和2.7万多人负伤。但波兰的苦难并没有结束。实际上，苦难才刚刚开始。德国坦克和国防军撤出波兰后，纳粹管理者和党卫军行刑队进驻波兰。

1940年11月，驻波兰占领区总督汉斯·弗兰克（Hans Frank）曾说道：

> 我们对这个国家的繁荣根本不感兴趣……我们感兴趣的是在该地区建立德意志权威……波兰再无可能崛起，我们将以此作为评判标准……我们在这儿拥有的是一座大型劳改营。[6]

西线战争

征服波兰已经为希特勒的最后失败埋下了伏笔。征服波兰让希特勒坚信，自己是受上帝指引的军事天才，他根本不需要将军们的建议。他认为，虽然他未受过正式的军事训练，但曾作为普通士兵经历过战壕生活,因此对战术的理解要比那些军事指挥官们深刻得多。他还说服自己,是他构想出了入侵波兰的计划。希特勒抢了功劳,但最初他只是批准了指挥官们所做的计划而已。

波兰陷落后不久,希特勒在柏林总理官邸召开了高级将领会议。开会的目的是告知各位将军,要无条件地服从他的命令。在长达3小时的讲话中,希特勒说道:

> 没有任何军人或平民能代替我。我对我的智力水平和决断能力非常自信。没人获得过我这样的成就。我已经带领德意志民族到达了一个新高度。我必须在胜利与毁灭中做出选择,而我选择胜利。在这场斗争中,我有可能获胜也有可能失败,但我绝不会退缩,我会毁掉任何反对我的人。

这段话的后半部分是在恐吓考虑罢免他的人,因为希特勒根本不相信他的高级将领们。他还在为上一次的德国战败怪罪他们,也鄙视那些警告他不要继续这场战争的人,因为他们居然认为德国无法赢得战争的胜利。

1年前,希特勒罢免了三军总司令瓦尔纳·冯·布伦伯格元帅,撤

> 我不要求将军们理解我的命令,我只要求他们执行我的命令。
> ——阿道夫·希特勒,1939年

换了陆军总司令瓦尔纳·冯·弗立契将军，因为他们都敢于表达自己的真实想法，他们认为德国无法在西欧赢得大规模的战争胜利。随后，希特勒宣布成立新的作战指挥机构，即国防军最高统帅部（OKW）。国防军最高统帅部由凯特尔将军领导，统帅部成员都是希特勒的侍从军事参谋。凯特尔将军毫无异议地服从希特勒，因此他被大家戏称为"点头哈腰的蠢货"。

全掌军权

　　德国军队现在由希特勒一个人指挥。军队的唯一目标是服务希特勒实现德意志更大荣耀的愿望。希特勒想让他们攻击的下一个目标是哪里呢？他召开最高指挥部会议，宣布将于1939年秋天进攻中立的低地国家（卢森堡、荷兰和比利时）。这确实是合乎逻辑的下一步，但将军们认为虽然英法没有采取行动拯救波兰，他们此时应该会提出商议和平协议。元首的这个决定让戈林都无言以对，但希特勒很有信心再次取胜。他还将使用在波兰取得胜利的相同战术，即大规模的装甲师穿越乡村，避开城镇发动决定性突袭，这样能确保装甲车不会被狭窄的街道困住。冯·布劳希奇将军提醒元首，目前只有5个装甲师可以调动，波兰战役后弹药都耗尽了，而且装甲车在秋天穿越乡村发动突袭，肯定会陷入泥沼。希特勒简短无礼地回答说，敌人同样也会遭遇下雨天。

　　结果，糟糕的天气情况迫使希特勒把进攻计划推迟到第二年春天，他的决定也受到了苏联入侵芬兰的影响。1939年11月，苏联人十分不明智地入侵芬兰，而芬兰人出人意料地坚韧，所以苏联人的入侵失败了。然而，希特勒却认为他应该对苏联人施以援手。希特勒认为，如果他不果断地采取行动，英国人有可能会插手，他们会切断德国从瑞典获得铁矿石的供给，并且会危及德国在波罗的海上的舰队。

芬兰滑雪部队进行了令人敬畏的抵抗，但由于兵力悬殊太大，他们最后还是被击败了。至此，挪威政府表明他们不会抵抗。他们了解纳粹德国空军在华沙和贝尔格莱德[7]的所作所为，他们不想同样的命运降临在奥斯陆，但他们又无法阻止英国人从纳尔维克[8]港口登陆，也没法阻止英国人在挪威海域布设水雷。

挪威战役很合张伯伦的心意，因为他想让英国与战争保持安全的距离。此时，他仍然心怀希望，如果一再推迟与德国发生军事冲突，希特勒有可能会先被赶下台。

但希特勒一直掌权到最后一刻。他坚持亲自计划挪威战役，顽固地拒绝布劳希奇的任何建议。正因如此，德国差点遭遇了二战中的首次战败。虽然英国在短时间内仓促制订出临时作战计划，但英国皇家海军成功地击沉了10艘德国驱逐舰，并把德国军队困在纳尔维克山区。

英国人在没有重型武器、地图和滑雪板的情况下登陆了，而这些装备在挪威的地形中，甚至在春天都是必需的。英国人在雪地上无法追击德国人，只能在主干路附近活动。每次遭遇坚守在周围山脉上的德军，英国人只能撤退。同时，斯图卡式轰炸机呼啸着俯冲轰炸英国的驱逐舰，它们的出现起到了决定性作用。挪威战役的教训显而易见：制空权是赢得战斗的关键，而不是制海权。6周的苦战之后，英国皇家海军狼狈撤退，挪威落入了德国之手。

大部分英国远征军被俘，他们列队游街的情景很快出现在纳粹的新闻影片中，希特勒又一次抢占了功劳。战胜了意志坚定的敌人，希特勒跟自己的核心集团说道："(取胜)是因为有一个像我这样，不知道'不可能'是何物的人。"

瓦利蒙特（Walter Warlimont）将军的看法有些不同。他说整个过程暴露了希特勒的"性格缺陷和军事知识的匮乏"。约德尔将军[9]不得不拦截元首前后矛盾的命令，因为后者在"指挥系统内制造了混乱"。

听说德国入侵波兰后，温斯顿·丘吉尔现身在唐宁街 10 号门前。

约德尔将军之前还曾试图跟元首讲道理，劝他对自己的指挥官抱有信心，不打到最后一枪千万不要认定战败。

英军在挪威的冒险行动也为温斯顿·丘吉尔招致了骂名，因为他当时是英国海军大臣，而且他负责制订了主要作战计划。但1940年5月9日被赶下台的却是张伯伦，因为愤怒的下议院已经对他的绥靖政策失去了耐性。他的继任者应该是一个有勇气向北非和地中海的敌人开战的人，应该是一个有演讲天赋、能在最黑暗的时刻鼓舞整个国家的人。这个人正是丘吉尔。

闪电战

1940年冬天至1941年新年，希特勒的心头一直萦绕着挪威险些战败的后怕，所以他决定调整进攻西欧的最初计划。希特勒认为同盟国可能会预料到他的开局打法，因为它与1914年德国军队采用的策略一模一样。此外，他还忽略了一些必须考虑的实际因素，比如低地国家的运河和河流都将阻碍他的装甲部队前进。正当希特勒仔细考虑开战策略时，他的一位参谋所乘坐的飞机在比利时坠机了，参谋被俘了，他随身携带着入侵西欧的计划。希特勒猜测地图和文件已全部落入敌人手中，所以他命令指挥官们起草新的作战计划，一个能让同盟国措手不及的计划。

巧合的是，一位很有天赋的参谋早就起草过一份详细又大胆的作战计划，他就是冯·曼施坦因少将[10]。根据这份计划，德军将取道低地国家进攻法国。但曼施坦因少将的上级们认为该计划太不切实际，于是将其束之高阁了。此时，他们不得不掸去这份计划上的灰尘，将该计划作为一个切实可行的替代方案上呈给元首。曼施坦因提议装甲部队穿过阿登森林发起进攻，因为这片森林很难穿越，所以防守一直比较松懈。该计划还能避开马其诺防线，机械化部队将直接向色当附近的默兹河进发，而那里由兵力较少的法国军队把守。随后，德军将一路向西穿过法国北部平原，直捣海峡港口城市加来和勒阿弗尔。该计划会使英国远征军措手不及，因为他们认为德军会穿过比利时发起进攻。速度是整个计划中的关键。装甲部队必须发起猛烈、快速的进攻，而且不论什么情况，指挥官都不能分散兵力或丧失主动性。

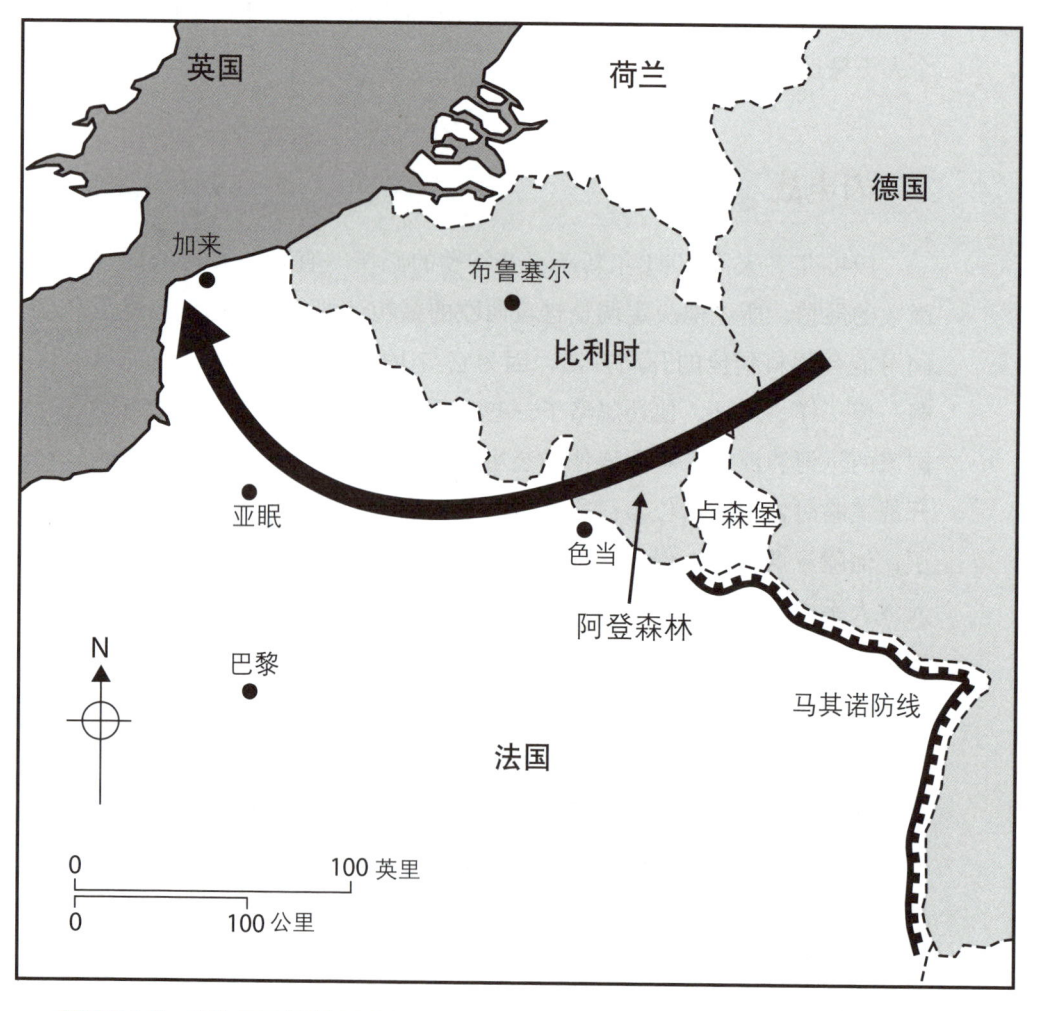

西线闪电战：曼施坦因的计划是穿越阿登森林对法国实施进攻，该计划最初被认为太过冒险，但最终被证明是一个具有决定性的计划。

德国军事情报部门确认了阿登森林里蜿蜒曲折的小路能够通行坦克，但同盟国仍有可能在进攻开始之前听到风声，随后着手组织有效的防御。一旦他们发现了这个计划，德国装甲部队将停滞不前，德国坦克也会被逐一消灭。该计划是迫于无奈的赌博，但希特勒正是靠冒险才成功发迹的，他愿意放手一搏。

1940 年 5 月 9 日下午，希特勒登上了元首专列，这是在波兰战役时作为战时指挥部启用的一列装甲列车。专列从柏林出发，一直开到比利时边境，希特勒在那里换乘汽车，前往"岩巢"（Felsennest）。第二天早上 5 点 35 分，希特勒在"岩巢"注视着德国的轰炸机、战斗机和运输机黑压压地飞向天边。同时，坦克部队和装甲车部队穿过森林向毫无预警的敌人发起进攻。

从兵力和机械装备来看，德国与同盟国势均力敌。希特勒把近 300 万士兵部署在 300 英里（483 公里）长的战线上。同盟国的兵力总数也差不多 300 万，但分属各国指挥且没有统一的防御计划。德国有 7400 门大炮而法国有 10700 门大炮；德国有 2500 辆坦克而法国有 3400 辆坦克，法国在阵地上的坦克比德国多 900 辆。但德国准备让所有坦克一起发起进攻，就像他们在波兰所采取的战术一样。德国还拥有空中优势，飞机数量远超协约国，其比例接近 2∶1。因此，决定性的因素将是出其不意，攻其不备。

饱受质疑

大众历史学家们创造了希特勒的疯狂军事天才形象，但这与事实存在巨大差异。据希特勒的参谋长弗朗茨·哈尔德（Franz Halder）将军所说，在 1940 年春天的战役中，元首非常不愿冒险并一直试图阻止德军前进，因为他担心供给线拉得过长会被敌人切断，从而导致德军被敌人包围。德国坦克击溃了荷兰和比利时的防御，并在发动进攻的第 1 天

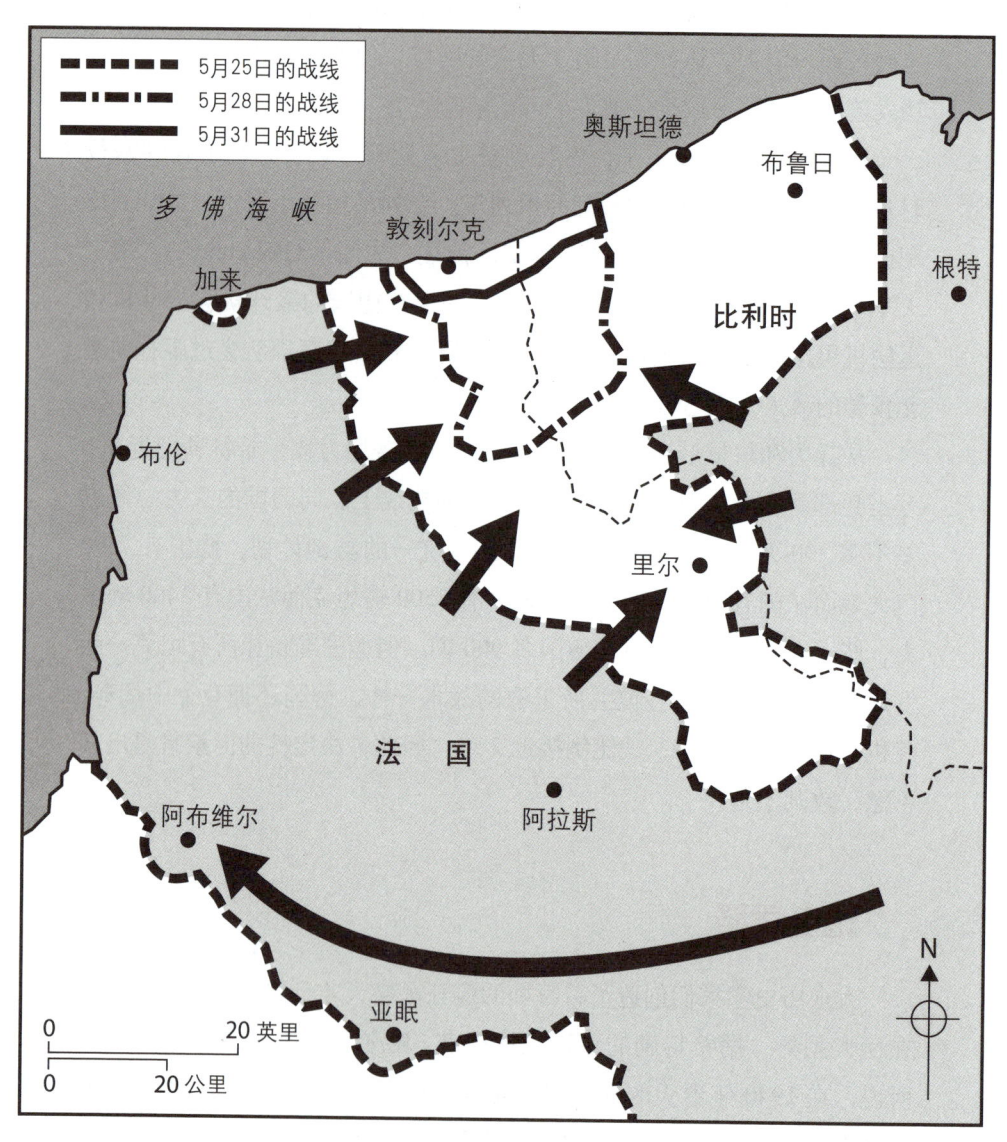

图例	
▬ ▬ ▬	5月25日的战线
▬·▬·▬	5月28日的战线
▬▬▬	5月31日的战线

多佛海峡 · 加来 · 布伦 · 奥斯坦德 · 敦刻尔克 · 布鲁日 · 根特 · 比利时 · 里尔 · 法国 · 阿拉斯 · 阿布维尔 · 亚眠

0　　　20 英里
0　　　20 公里

N

当德国机械化部队向英国人迫近时，后者发现自己已经被逼到了海边。

就推进了 100 英里（161 公里）。在取得了这些最初的胜利之后，希特勒还是被自我怀疑所吞噬了。5 月 13 日，德军在默兹河[11]外击溃法国第 2 集团军和第 9 集团军，并造成法军大量伤亡。这场胜利证明了穿越阿登森林发起进攻的计划是正确的，但这样的战绩仍未能缓解希特勒的情绪。

哈尔德写道："他大发雷霆，冲我们大喊大叫，说我们在破坏整个行动。"

5 月 17 日，布鲁塞尔被攻陷了。然而，希特勒似乎仍有阻挠自己

敦刻尔克大撤退中，一小队士兵正努力涉水登上英国船只。

继续扩大战果的意图。在他的命令还未被执行之前，希特勒又下令撤销命令，许多高级军官只能直接忽略他的命令，按照自己的判断采取行动。在坦克部队应该继续推进的时机，希特勒好几次下令坦克部队停止前进。希特勒所犯过最严重的错误是：允许英国从敦刻尔克[12]海滩上撤离了338226名士兵（包括13.9万名法国士兵）。德国坦克部队的指挥官只能在几英里之外沮丧地看着他们撤离，因为希特勒禁止德国部队向滞留的士兵开火。虽然有人认为他是担心德国坦克在沙地上会变成活靶子，但有人提出质疑时，元首拒绝解释为什么做出如此非同寻常的决定。希特勒相信戈林会对海滩上的士兵进行低空扫射，纳粹德国空军忙着阻挡英国皇家空军对地面部队的侵扰，实在分身乏术。这是入侵苏联之前，希特勒所犯过的最严重的战术错误，因为这些士兵几年后将充实解放意大利、北非、最终解放西欧的军事力量。

法国3周后还是被攻陷了，因此这个愚蠢的错误居然被原谅了。法国领导人被要求在贡比涅市（Compiègne）1918年接待德国代表团的那节火车车厢里签署投降书，这是对他们最后的羞辱。

贝当元帅[13]惊呼道："我的祖国被打败了。"

曾令人敬畏的法国军队遭遇溃败是不可避免的。法国军队由疲惫的老人领导，甘末林将军[14]68岁，他的继任者魏刚将军[15]72岁，而这两位将军采用的战术都能追溯到1914年。法军上下弥漫着失败主义的致命痛苦，这不仅削弱了领导层的领导力，还迅速在法军中蔓延开来，导致法军士兵一遇危险便立马放下武器、接受被占领的事实。

德国军队征服西欧只用了46天，还让英国人仓皇逃跑、撤回海峡对岸。英国人回家去舔舐伤口，并悼念在战斗中丧生的10万盟军战士（还有200万盟军士兵死在了德国战俘营）。德意志国防军只损失了2.7万人，1.8万人在战斗中失踪。希特勒站在埃菲尔铁塔前时，他认为他完全有理由宣布自己是"有史以来最伟大的战略天才"。但并不是所有同仁都同意他对自己的看法。他们私下里都抱怨希特勒并不具备一位伟

1940年,停战协议签订3天后,希特勒参观巴黎。他想过炸毁巴黎,但他重新思考后认为:"等我们把柏林建好,巴黎只是一个苍白的阴影,所以为什么还要毁了它呢?"

大指挥官所需要的品质。希特勒是一个难以捉摸、反复无常的人，他不相信任何人，所以根本不会下放权力。对普鲁士的精英军官们而言，虽然希特勒的本能和运气给德国带来了一系列前所未有的成功，但他仍然只是一个自命不凡的奥地利下士。他们都在想：希特勒的运气还能维持多久呢？

战斗精神

在西线战事中希特勒取得了迅速的胜利，这让他欣喜若狂、如释重负。然而，无论他认为自己多么幸运、命运多么眷顾他，他都无法在法国沦陷后尽情享受胜利。希特勒的胜利将他这个即将称王的资质平凡的人置于一个两难境地。几百万人的命运掌握在他手中，一支庞大的军队在等着他的命令。他既被人们赞颂，又为人们所忌惮。但在成功巅峰之上，他孤独地被自己反复无常的天性所控制，还被自我怀疑和优柔寡断这对双生子折磨。

英国人虽然蔑视德国人，但实际上他们并没有防御能力。1940年6月，希特勒批准了海上入侵不列颠群岛的"海狮行动"（Operation Sealion）。希特勒为此次行动调拨了50万兵力和几百辆坦克，但他后来推迟了行动，因为他误以为英国皇家海军和英国皇家空军能够击退他的无敌舰队。他认为他的舰队穿越变化莫测的英吉利海峡后，会变成脆弱的被攻击目标。因此，他决定只有在别无选择的情况下，才能对英国实施海上入侵。

希特勒担心一次战败会毁掉德意志国防军不可战胜的光辉形象，因此他更倾向于谨慎行事。他派轰炸机毁掉英国机场之前，先派轰炸机反复袭击筋疲力尽的英国皇家海军，并重击英吉利海峡的各港口。同时，希特勒的战斗机在空中，对著名的英国喷火式战斗机（Spitfires）和飓风式战斗机（Hurricanes）发起猛攻。希特勒告诉自己，英国已经战败了，只不过英国人还不接受这一事实。英国的新首相温斯顿·丘吉尔发誓要在海滩上战斗，并郑重宣告英国人绝不会投降。丘吉尔倔强的抵抗却让希特勒困惑不解。希特勒认为丘吉尔所说之言只不过是酒后狂言，英国人幡然悔悟、提出和谈只是时间问题。毕竟，根据纳粹系谱学家的研究，英国人是德国人的表亲，同属一个种族。

"鹰日计划"

1940年8月13日下午，戈林发动了空中攻势——"鹰日（Adlertag）计划"。斯图卡式轰炸机袭击了位于肯特的英国皇家空军德特灵（Detling）基地，揭开了此次进攻的序幕，英军在地面共损失22架飞机。随后，上百架德国轰炸机对英国海防和机场发起了大规模袭击。那一天，德军第一次出动了1485架次飞机。恶劣的天气给英国皇家空军带来了短暂的喘息时间，但2天后袭击者们又回来了。这一次雷达在袭击前发出了警报，英国人因而能在德国轰炸机造成损失之前对其实施拦截。戈林损失了75架飞机，而英国战斗机司令部（Fighter Command）损失了34架飞机，另有16架飞机在飞机库内被炸毁。但正如英国空军上将休·道丁（Hugh Dowding）所评价的那样，戈林能承受这些损失而且仍能赢得胜利。英国皇家空军在法国战役中已经损失过半，又在敦刻尔克损失了100架飞机。多亏英国军需大臣比弗布鲁克男爵（Lord Beaverbrook），新的英国喷火式战斗机以每周100架的速度下线。问题是，英国皇家空军没有足够的飞行员来驾驶这些新战机。

随后的几周内，英国飞行员一天之内要爬上飞机好几次，一直处于待命状态的压力使得他们开始精神紧张。截至8月底，英国皇家空军原有的1000名飞行员中已有231名牺牲，而他们的替补飞行员又没什么经验。虽然波兰人和其他国籍的人也被征召入伍，但英国皇家空军的飞

1940 年至 1941 年，英国海报在语气上与德国海报存在着明显的差异（图中文字大意为："让我们携手共进"）。

行员数量仍然远远不及纳粹德国空军。

最光辉的时刻 [16]

空战中最重要的一天是1940年9月7日。这一天，戈林召集了有史以来最大的飞机群：1000架飞机在空中盘旋，横向排了2英里（3公里）宽，整个机群覆盖了800平方英里（2072平方公里）的天空。但这一次它们的目标不是敌人的机场，而是伦敦的码头、仓库和工厂。

希特勒命令纳粹德国空军停止对英国皇家空军机场的每日侵扰，反而将伦敦作为攻击目标。这是希特勒在二战中所犯的最大错误，德国付出的代价堪称二战之最。攻击目标的改变，使得英国人能继续使用机场，并有时间进行重新部署，对返程的德国轰炸机发起协同进攻。这不是一个战术错误，而是一个判断失误。从纳粹德国空军指挥官西奥·奥斯特坎普（Theo Osterkamp）的评价中，我们可以大致了解希特勒这一错误所产生的影响。奥斯特坎普抱怨说："在胜利的关键时刻，我眼中饱含愤怒和沮丧的泪水，眼睁睁地看着与英国战斗机之间的决定性战斗因进攻伦敦而被喊停。"

英国对柏林发动了空袭，虽然没有造成什么损失，但激怒了元首，所以德军才改变了战术。元首太过气愤，甚至偏离了合理的战略目标。德军的战术改变标志着不列颠之战的转折点，因为英国皇家空军有更多时间组织一直引以为傲的"巨翼"（Big Wing）战术，即多个飞行中队协同作战，一起发起攻击。同时，英国人获得了更易攻击的目标——飞行缓慢的容克（Junkers）轰炸机和亨克尔（Heinkel）轰炸机，因为它们通常没有战斗机支援。9月剩下的日子里，双方在空中展开了消耗战，最终英国人侥幸获胜。英国人开始消磨德国人的斗志。德国人士气的消耗速度，比士兵的牺牲速度还快。

纳粹德国空军遭受了有史以来最严重的损失，而英国皇家空军又不断地侵袭柏林和其他德国城市，报复德军对伦敦的轰炸。在这种情况下，希特勒于10月12日取消了"海狮行动"，将注意力转移到苏联身上。希特勒不愿意承认战败，他告诉飞行员们，对伦敦的袭击只不过是为了掩盖将要进行的苏联战役。

希特勒严重低估了英国人民反抗暴政的决心，还愚蠢地对戈林的纳粹德国空军太过自信。德国空军的确在数量上占有优势，但他们却被性能优越的英国喷火式战斗机打败了，因为喷火式战斗机可以返回基地加满燃油后再重返战斗。德国战斗机参加空战10分钟，就会出现燃油不足的现象。如果德国飞行员被击落，即使他们没有阵亡也会在整个战争期间被监禁，而英国皇家空军飞行员却能在同一天内重返飞行中队。

德国人还有另一个劣势，他们不知道他们所有的飞行都在英国雷达的监控之下。雷达是英国的秘密武器，为不堪重负的英国皇家空军提供了充足的入侵警报，所以英国皇家空军能在敌军袭击目标之前拦截他们。有人认为是雷达帮助英国赢得了不列颠之战，但取得胜利主要还是依靠英国皇家空军飞行员。

英国皇家空军飞行员在压倒性劣势下英勇地击退了侵略者。当丘吉尔向他们表示敬意时，他巧妙地总结了心怀感激的人民的感情。"在人类战争史上，从来没有一次像这样，如此之少的人，为如此之多的人做

> 希特勒知道，他必须在这座岛上击败我们，否则他就会失败。如果我们能成功抵抗他，整个欧洲或许还能获得自由……但如果我们失败了，整个世界将陷入新黑暗时代的深渊。
> ——温斯顿·丘吉尔，1940年5月

出如此巨大的贡献。"[17]

巴尔干之争

1940年10月，墨索里尼不明智地入侵了阿尔巴尼亚，因为他想把这次入侵当作进攻希腊的垫脚石。意大利对希腊的袭击不仅计划不周，而且进展得十分不顺利。意大利军队挣扎着在希腊守住一个立足点，但英国占领了克里特岛和利姆诺斯岛，为以后的反攻做好了准备。英国人的出现威胁到巴尔干地区的权力平衡，而且他们的飞机处于可以攻击罗马尼亚油田的范围之内。希特勒刚从轴心国新盟友扬·安东内斯库[18]那儿得到罗马尼亚油田。

希特勒不情不愿地前去支援墨索里尼。1941年初，他往希腊调拨了10个师，还专门调拨了2.5万名伞兵来争夺克里特岛，这可是有史以来最大规模的空降突袭。然而，当他们听取情况简报时，希特勒决定：在亲英的塞尔维亚人从亲德的克罗地亚人手中夺取国家控制权之前，德军将先以武力控制南斯拉夫。3月26日，在希特勒采取行动之前，南斯拉夫军队的塞尔维亚军官发动了政变。希特勒怒不可遏，下令对贝尔格莱德实施毁灭性打击，代号"惩罚行动"，而南斯拉夫新政府实际上并没有防御能力。当新政府派飞机拦截第一波300多架德国轰炸机时，他们的飞机却被己方的防空部队击落了，因为南斯拉夫使用的是从德国购买的梅塞施密特Me109战斗机。

一片混乱中，一小撮没有坦克支援的德军进入了仍在燃烧的南斯拉夫首都，从惊魂未定的守军手中夺取了这座城市。南斯拉夫守军当时还未从空袭中回过神来，直接缴械投降了。统计伤亡人数时，德国统帅部惊讶地发现拿下南斯拉夫的过程中，德军只有151人丧生、400人受伤。

"沙漠之狐" [19]

1941年2月，希特勒派埃尔温·隆美尔将军去拯救在北非大片沙漠中苦苦挣扎的意大利盟友，因为隆美尔是他手下最得力、最有天赋的战术家之一。墨索里尼入侵利比亚不是出于战术原因，也不是为了抢夺领土，他只是想赢得希特勒的认可，因为他认为后者获得的胜利太多，速度也太快。墨索里尼认为，他只需要牺牲1000名意大利士兵就可以坐上谈判桌。然而，在西迪巴拉尼（Sidi Barrani）以东80英里（129公里）的马特鲁港（Mersa Matruh），韦维尔将军麾下的英国第8集团军进攻意大利防御工事时，虽然英军与意军兵力悬殊，但墨索里尼的损失却远远超过1000名士兵。战斗开始的最初3天内，遭遇了英国2个师和数量不多的坦克后，3.9万名意大利士兵投降了。意大利俘虏实在太多了，英军都没法统计人数，只能把俘虏数量记录成"5英亩的军官和200英亩的士兵"。

此时，英军在北非的控制区是英国和法国两国面积的总和，不幸的是，英军兵力不足，而且粗糙的沙子进入坦克的履带后，英军坦克

蒙哥马利让被围困的英军拥有了打败"沙漠之狐"的决心。

第十一章　全面战争

很容易出现机械故障。意大利坦克的质量更糟，因而有人戏称它们为"移动的棺材"。隆美尔的非洲军团（Afrika Korps）虽然没有沙漠战争的经验，但他们很有先见之明地运来了坦克运输车，他们可以随时将发生故障或被损坏的坦克运去维修。英军却只能直接遗弃出了问题的坦克。此外，英军把几个师的兵力转往希腊，分散了他们的兵力。这是英军犯下的严重的战术错误，他们应该先攻下的黎波里[20]，然后再往希腊调派兵力和作战物资。

登陆非洲大陆后的 4 个月内，把英国第 8 集团军一路赶回埃及之前，隆美尔和他的非洲军团已经推进了 1000 英里（1609 公里），从而掌握了主动权。希特勒为了表达他的感激之情，将"沙漠之狐"隆美尔晋升为陆军元帅。

希特勒很欣赏隆美尔的战术技能和足智多谋。

接下来的 16 个月内，由于交战双方轮流利用各自手中暂时的兵力和物资优势，沙漠战争不断此消彼长。同盟国军队一度因隆美尔生病缺席战场而占了上风，而一位英军指挥官被撤职使得第 8 集团军士气低落，德军因而再次占了上风。几个月的时间里，班加西[21] 易手多达 5 次。1942 年 7 月，蒙哥马利将军担任第 8 集团军指挥官，才在阿拉曼[22] 将隆美尔拖入了一场消耗战。这将是美国人加入战斗之前，英军最后一个重要的胜利。丘吉尔全面客观地评价说："这绝非战争的结束，甚至称不上是结束的开始，但它或许是战争序幕的结束。"

克里特岛战役

德军没能在克里特岛迅速得手。希特勒的态度很明确，克里特岛必须在 5 月底之前落入德国手中。因为唯有如此，他才能按照计划在 6 月全力以赴入侵苏联。他的指挥官们服从了他的命令，但德军付出了巨大的代价，取得的战略优势也非常有限。虽然 4000 名德军士兵牺牲，300 多架德国飞机被击落，本应更有效地用在入侵苏联的资源被白白耗费掉了，但希特勒并没有将克里特岛作为控制东地中海地区的基地。

同盟国也牺牲了 4000 人，另有 1.2 万人被俘。英国皇家海军把余下的部队从德军眼皮子底下转移了，尽管该行动赔上了 2 艘驱逐舰和 3 艘巡洋舰。对德国人而言，这场胜利是毫无意义的。德国伞兵遭受了巨大损失，最终获胜只是因为绝对的人数优势。事实证明，对抗挖好战壕并做好准备的地面部队，德国的伞兵师根本不起作用。伞兵只有在出其不意的情况下才具有战术优势。

希特勒宣布自己对战役结果"非常不悦"，德军第 5 山地师师长林格尔将军（Julius Ringel）对此做出了回应。他断言："如果克里特战役意味着新的开端，而非结束，那么这次的牺牲还不算太大。"

1941年6月，克里特岛上空的德国伞兵。德军遭遇了比预想中更为猛烈的抵抗，共损失了4000人，被击落了300多架飞机。他们赢得了一场毫无意义的胜利。

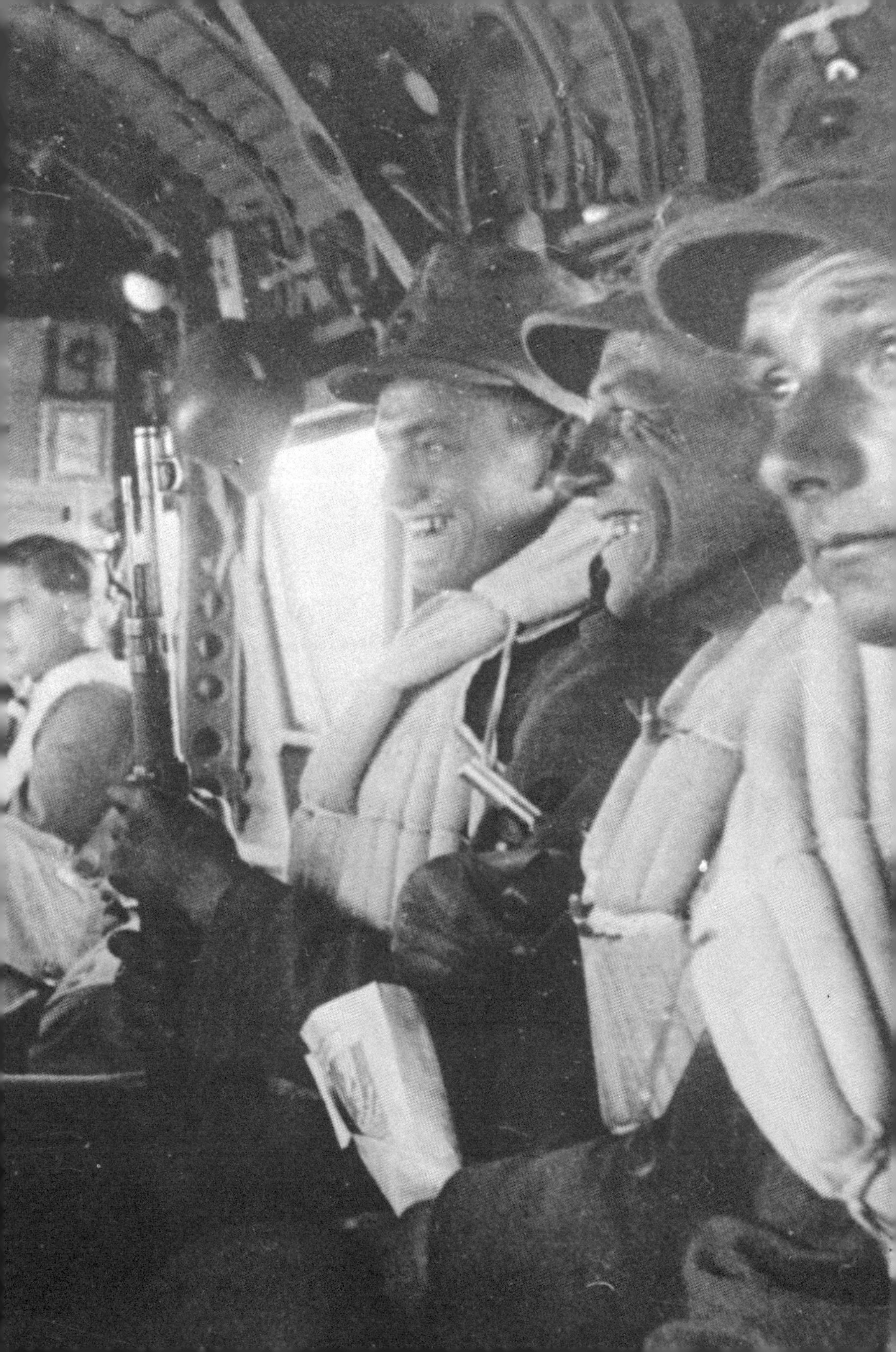

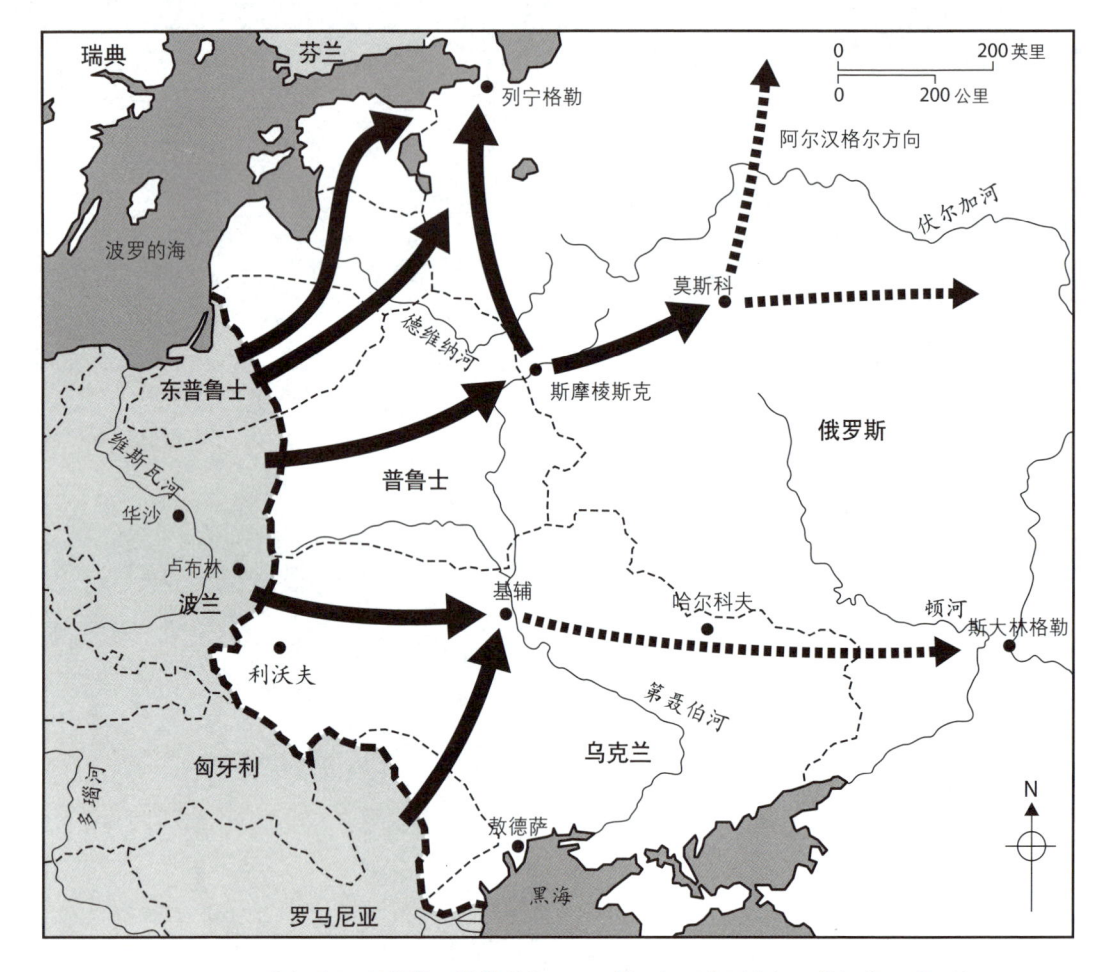

"巴巴罗萨行动":希特勒入侵苏联的开局不错,却以悲剧收场。他低估了遥远的距离和对手的资源优势。

"巴巴罗萨行动"

在发动入侵苏联的"巴巴罗萨行动"前夕,希特勒非常乐观。但一些务实的指挥官认为希特勒极其天真。在很大程度上,希特勒的自信还是具有一些合理性的。屡次获胜的德意志国防军士气高涨,而苏军正好相反,因为苏联正在开展肃反运动,许多经验丰富的军官被杀。希特勒认为普通的苏联士兵根本不想打仗，一旦他们意识到德国士兵是去解放他们的，他们就会倒戈。尽管苏联看上去是无法征服的广袤大陆，但希特勒只打算让德军进入苏联边境，沿着阿尔汉格尔至阿斯特拉罕一线推进1200英里（1931公里），然后就停止。他将对苏联的中亚地区置之不理，因为那里是无人居住的荒野，根本没有任何自然资源。即便如此，他也是在要求德意志国防军完成完全不可能的任务。但希特勒认为，德意志国防军需要跨越的遥远距离不过是地图上的几个点而已。

情报部门的报告让德国统帅部认为，苏联虽然拥有1.2万架飞机和22700辆坦克，但其中大多数飞机和坦克都无法在战争中发挥作用。众所周知，苏联飞行员不得不通过晃动飞机翅膀来给彼此发信号，因为他们几乎没有能用的无线电通信系统。更重要的是，德国前线各师总人数达到了300万，此外还有50万后备兵力，而苏联兵力据估计不足德国的三分之一。在入侵前夕，仅将德国军队运输到普鲁士、波兰和罗马尼亚的集结待命区就动用了1.7万列火车，从这个数据也能大概了解德军的规模。

希特勒和国防军最高统帅部犯了一个致命的错误，他们低估了敌人的复原能力和资源。斯大林能够召集1700万符合征兵年龄的男性和几百万女性，即使这些人从未参加过军事操练，他们也能通过训练学会使用枪械。苏联也不存在武器、坦克和弹药的短缺问题。苏联的兵工厂都

> 我们只需踢门而入，整个腐朽的制度便会土崩瓦解。
>
> ——阿道夫·希特勒

建在乌拉尔地区，这些工厂能以惊人的速度生产出苏联T34坦克和令敌人闻风丧胆的喀秋莎火箭炮。然而，与此形成对比的是，一旦德军深入对方领土，他们就很难更换坦克和大炮。

此外，苏军即使不为意识形态而战、不为国家而战，他们也会为自己的生命而战。他们对政治委员的恐惧要远远超过对纳粹的恐惧。如果他们被纳粹俘获，他们的生还希望很渺小，但如果他们胆敢撤退，他们的长官会毫不犹豫地将他们射杀。斯大林甚至发布命令：逃兵的家人将因他们的变节而入狱。

毁灭战

希特勒进攻苏联的计划在理论上很简单，德军将分三路进攻：北方集团军群将先攻陷波罗的海港口城市里加和塔林，再挺进列宁格勒；中央集团军群将直奔莫斯科；而南方集团军

喀秋莎多管火箭炮1次能将48枚火箭发射至4英里（6.44公里）以外的地方，被戏称为"斯大林的管风琴"。它们将在斯大林格勒保卫战中发挥重要的作用。

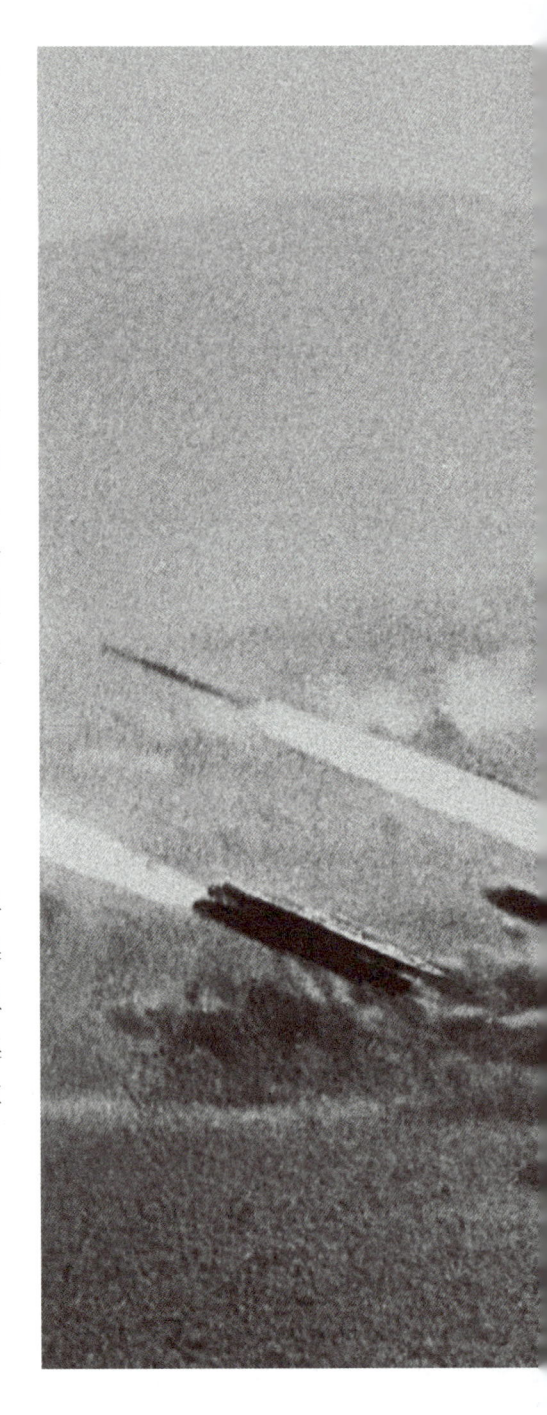

第十一章　全面战争　331

群将夺取乌克兰。德军高层一致认为，在撤回内陆腹地之前，德军必须消灭苏联军队的主要力量。但希特勒和统帅部就莫斯科的战略重要性产生了分歧。希特勒认为，莫斯科不过是地图上的一个地理位置。苏联前线被攻破后，希特勒想把先头装甲部队调走，转去夺取乌克兰的油田。指挥官们不同意，他们认为，装甲部队应该和大部队一起攻破莫斯科，因为莫斯科是苏联的指挥和通信中心，肯定会有重兵把守。希特勒否决了他们的提议，但意见不统一将导致军中的混乱。国防军最高统帅部（由希特勒的侍从参谋们组成）和国防军陆军司令部（OKH，由军队高层组成），本来就是两支有意见分歧的指挥队伍，他们间的意见分歧加剧了军中的混乱。国防军最高统帅部支持希特勒的想法，而国防军陆军司令部却建议要谨慎行事。

　　如果德国统帅部中有人认为入侵苏联将是一场传统的军事战役，那么他们的幻想快要破灭了。希特勒在入侵开始前不久发表讲话时，明确表示这将是一场"毁灭战"。希特勒提醒德军：苏联既没有签订《日内瓦公约》，也没有签订《海牙公约》。这两个公约都是约束战争行为和保证俘虏待遇的，因此德军将不受战争通行规则的限制。德意志国防军也不用对平民犯下的罪行承担责任，任何持械平民都可以被当场处决。

　　"这是一场关于意识形态和种族差异的斗争，我们必须表现出前所未有的冷酷与无情。"

注释

[1] 格莱维茨（Gliewitz）原为德国上西里西亚的一个城市。1945年，被波茨坦会议划入波兰后，改名为格利维采（Gliwice）。

[2] 克拉科夫（Krakow），波兰直辖市，克拉科夫省首府。该市建于公元700年前后，是中欧最古老的城市之一。二战德军占领期间，这里损失惨重，犹太人受到迫害与

驱逐。战后重建,它成为波兰第三大工业城市,今为波兰水陆交通枢纽、工业中心。

[3] 法尔茅斯(Falmouth),英国西南部康沃尔郡的港口,位于法尔河河口,南滨法尔茅斯湾,是天然深水良港,造船业和旅游业发达。

[4] 雷兹-希米格维元帅(Edward Rydz-Âmigly,1886—1941),二战初期的波兰军队总指挥。他于1935年后成为波兰第二共和国的实际独裁者,曾与德国一起瓜分捷克斯洛伐克,后又依靠英法反抗苏联和德国,但最终在两强夹击下一败涂地。1941年死于波兰抵抗军秘密营地内。

[5] 莫德林(Modlin),旧城名,位于今波兰首都华沙东北、当布格河与维斯瓦河汇流处,是战略要地。1815年维也纳会议后,它被俄国占领,一战后被归还波兰。

[6] 摘自汉斯·弗兰克的日记。——原注

[7] 贝尔格莱德(Belgrade),塞尔维亚共和国首都,地处巴尔干半岛核心位置,坐落于多瑙河与萨瓦河的交汇处,北接多瑙河中游平原即伏伊伏丁那平原,南接老山山脉的延伸舒马迪亚丘陵,居多瑙河和巴尔干半岛的水陆交通要道,是欧洲和近东的重要联络点,具有重要的战略意义,被称为"巴尔干之钥"。

[8] 纳尔维克(Narvik),挪威北部城市,位于诺尔兰省。1940年,英德两国海军在此打响了挪威战役中的纳尔维克之战。

[9] 全名阿尔弗雷德·约德尔(Alfred Jodl,1890—1946),纳粹德国陆军大将,德军最高统帅部作战局局长。在纽伦堡审判中,他被判为战犯,处以绞刑。但在行刑6年后,他的主要罪行被撤销,被改判无罪。

[10] 冯·曼施坦因少将(Erich von Manstein,1887—1973),纳粹德国国防军中最负盛名的指挥官之一,与隆美尔和古德里安并称纳粹德国三大名将。

[11] 默兹河(Meuse)发源于法国朗格勒高原的普伊,流经比利时和荷兰注入北海,全长950公里。历史上,默兹河谷是从东部进入巴黎盆地中心通道上的天然防御屏障。该河的走向使凡尔登要塞具有相当重要的战略意义,曾为一战激战的战场。二战中,德军横渡默兹河,于1940年5月成功突破防线进入法国。

[12] 敦刻尔克,法国北部港口城市。著名的敦刻尔克大撤退标志着英国势力撤出欧洲大陆,欧洲除英国以外的主要地区落入德国之手。

[13] 贝当元帅（Henri Philippe Pétain, 1856—1951），法国陆军将领、政治家，法国维希政府的元首、总理。他曾在一战期间担任法军总司令，带领法国与德国对战，是民族英雄，1918年升任法国元帅。二战后，因1940年向德国投降议和而被判处死刑，后改判终身监禁。

[14] 甘末林将军（Maurice Gustave Gamelin, 1872—1958），二战时法国统治集团投降政策的拥护者之一，对1940年法国的战败负有责任。作为二战爆发后的法军总司令，他被认为是一位拥有智慧的将军。但在一些具有前瞻性的德军将官看来，他思想保守而古板，历史学家威廉·夏伊勒也曾评价其"用一战的方式来打二战"。

[15] 魏刚将军（Maxime Weygand, 1867—1965），法国陆军上将，曾任法国最高统帅费迪南德·福煦的参谋长。他最初在1940年德国入侵法国期间与德国人作战，后代表法国维希政权与德国签署停战协议并与德国进行部分合作，最终因没有充分合作而被德国人逮捕。

[16] 本节原文题目为Their Finest Hour，是温斯顿·丘吉尔在1940年6月18日，法军提出停战协议后于英国下议院发表的著名演讲，这也是他在法国战役期间发表的第三次演讲。在演讲结尾，他用"这是他们最光辉的时刻"激励英国军民振作起来面对即将入侵之敌。

[17] 原文为：Never in the field of human conflict was so much owed by so many to so few.

[18] 扬·安东内斯库（Ion Antonescu, 1882—1946），罗马尼亚政治家、法西斯独裁者，二战时罗马尼亚亲德政府领导人。1946年5月17日被布加勒斯特人民法庭判处死刑，同年6月1日被处决，2006年被平反。

[19] 指二战德国名将埃尔温·隆美尔（Erwin Rommel, 1891—1944）。他是二战中纳粹德国的陆军元帅，与英军作战期间，不到2个月便指挥部队席卷北非，推进了足足880公里，扭转了战局，因此被誉为"沙漠之狐"。

[20] 的黎波里（Tripoli），利比亚首都，的黎波里区首府，全国政治、经济与文化中心，该国最大的国际化大都市。

[21] 班加西（Bengazi），利比亚北部锡德拉湾沿岸的港口城市，该国第二大城市。二战期间，同盟国与轴心国在这里激烈争夺，共5次易手，1942年11月终被英

军占领。

[22]　阿拉曼（El Alamein），位于埃及北部，是二战时北非地区的主战场。1942年10月底至11月初，英国军队在此沉重打击了德军，史称"阿拉曼战役"。此次战役以英军胜利告终，扭转了北非战局，成为法西斯军队在北非覆灭的开始。

Nazis
Fierc

H 16, 1944

第十二章
恶有恶报

势如破竹

1941年6月22日凌晨3点，一波又一波的德国人和机械装置进入了苏联境内，几千门大炮同时开火，点亮了整个天空。在进攻中路，步兵师乘坐船只或水陆两栖坦克渡过了布格河[1]，这些水陆两栖坦克原本是为入侵英国准备的。几百架轰炸机飞向苏联的机场和主要军事设施，其中有些目标位于苏联边境以东200英里（322公里）。

斯大林对同盟国的不信任堪称病态，因此他一直不理会英国和美国情报部门发来的警告，英国和美国情报部门甚至都告知了德国的具体入侵日期。斯大林十分清楚，上一次的战争正是因为俄国调动兵力才爆发的，所以他不愿意通知军队待命，除非他自己确认。6月22日，他得到了无法否认的确切消息。开战第1天，苏军12个师被歼灭，成千上万的苏军士兵被围捕；1800架苏联飞机被击落或失去了战斗力，世界第一的苏联空军被一举消灭。开战还不到1周，苏联装甲部队显然已不是德国装甲部队的对手。苏军的KV-1重型坦克令人畏惧，但厚重的装甲钢板非常笨重，况且苏联坦克兵根本没接受过充足训练。尽管苏联坦克经受7次炮击后仍能开动，但依然容易被攻击，因为只要德国步兵偷偷迫近就能炸毁履带。

此外，虽然苏联步兵不容小觑，但似乎根本不讲战术。苏联步兵会一次次自杀式地冲向德军的机枪，犹如他们在一战的战壕里奋战一样。仅在前2周内，50万苏联士兵阵亡。由此看来，希特勒对敌人的评价可能是正确的。

可随着时间的推移，德军的迅速推进引发了一些问题。在几个战区内，装甲部队加速前进，把支援的步兵部队甩在了后面，导致装甲部队侧翼完全暴露了。在南部斯大林防线[2]附近，冯·克莱斯特将军（Paul von Kleist）麾下的5个装甲师击败了苏联人，由于没有步兵支援，他们无法攻击敌人后方及侧翼，以阻止他们逃跑。地形也给德军带来了一些麻烦。由于德国情报部门未能提供最新的地形图，前进中的装甲部队经常突然停止前进，因为指挥官们不得不在一望无垠、毫无特点的地形中确定部队的行进方向。德军手中的地图也具有误导性，令指挥官们更摸不着头脑。他们将地图上的红线误认为是主干路，导致装甲部队时常困在狭窄的泥土路上。

希特勒的不断干涉也让情况变得更糟。从入侵苏联开始，希特勒在东普鲁士拉斯腾堡（Rastenburg）的"狼穴"一直关注着部队的前进情况。"狼穴"是一处新建的指挥部，1944年11月之前，希特勒一直在这里总揽全局。入侵苏联之后，他很少去乌克兰的临时基地、贝希特斯加登或柏林等其他指挥部。希特勒的不断干涉和对无关细节的痴迷让将军们甚是绝望。将军们每次要求希特勒解释他经常不甚明确又相互矛盾的命令时，他却就战俘待遇或炮击对前线部队的影响发表长篇大论。

将军们之间的个人恩怨也让此类问题更加恶化。过于谨慎的守旧派冯·克鲁格元帅[3]曾威胁将闪电战功臣古德里安送上军事法庭，因为古德里安抓住了一个部队快速推进的大好机会，故意违抗了要求放慢进攻速度的命令。在7月底，也正是古德里安让10万苏联军队在斯摩棱斯克[4]逃出了包围圈。古德里安本应向北进军，与霍特将军（Hermann

1942年,希特勒和墨索里尼在东部前线视察时,表现出极度的自信。此刻,一切进展得都非常顺利,但很快事态就将发生变化。

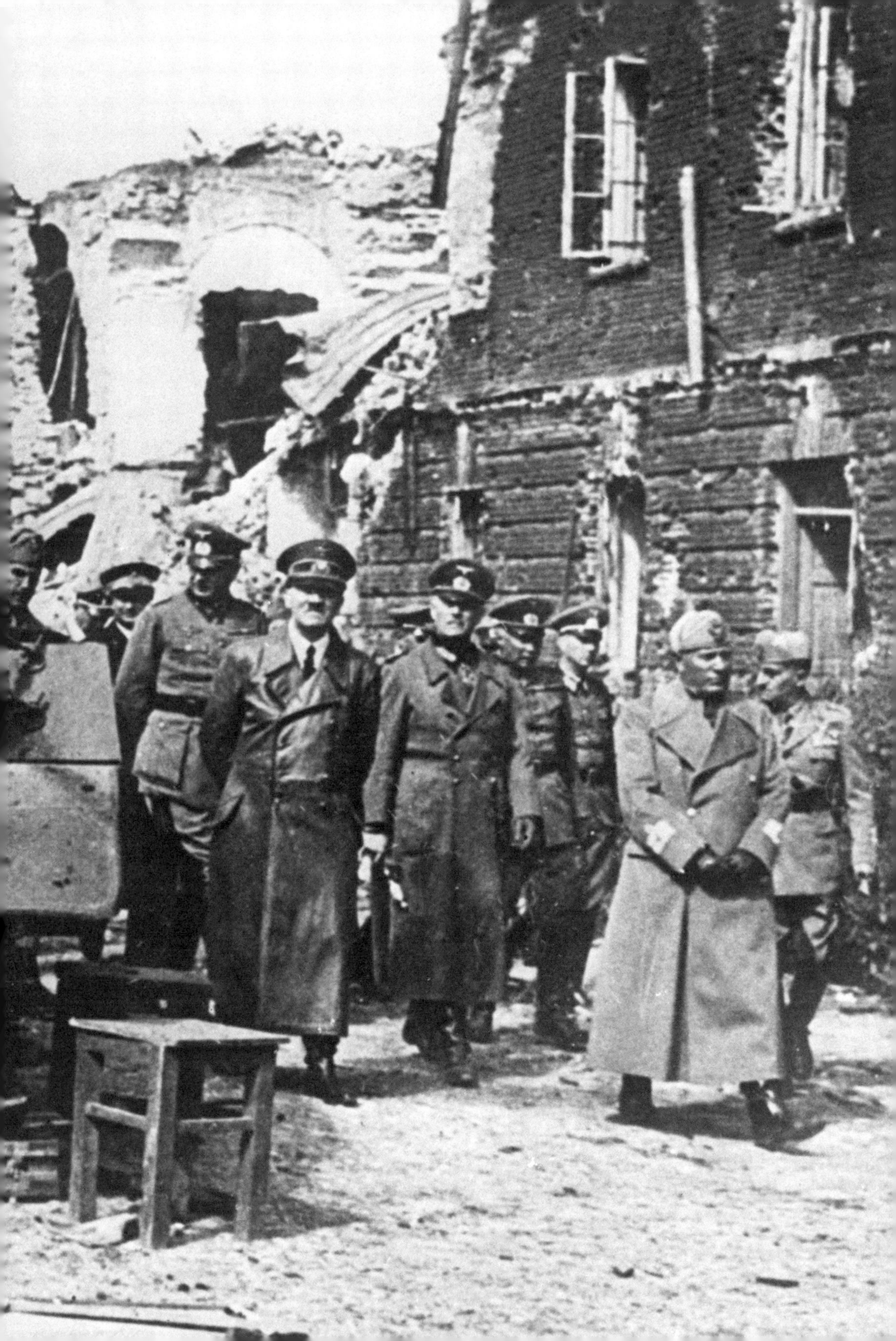

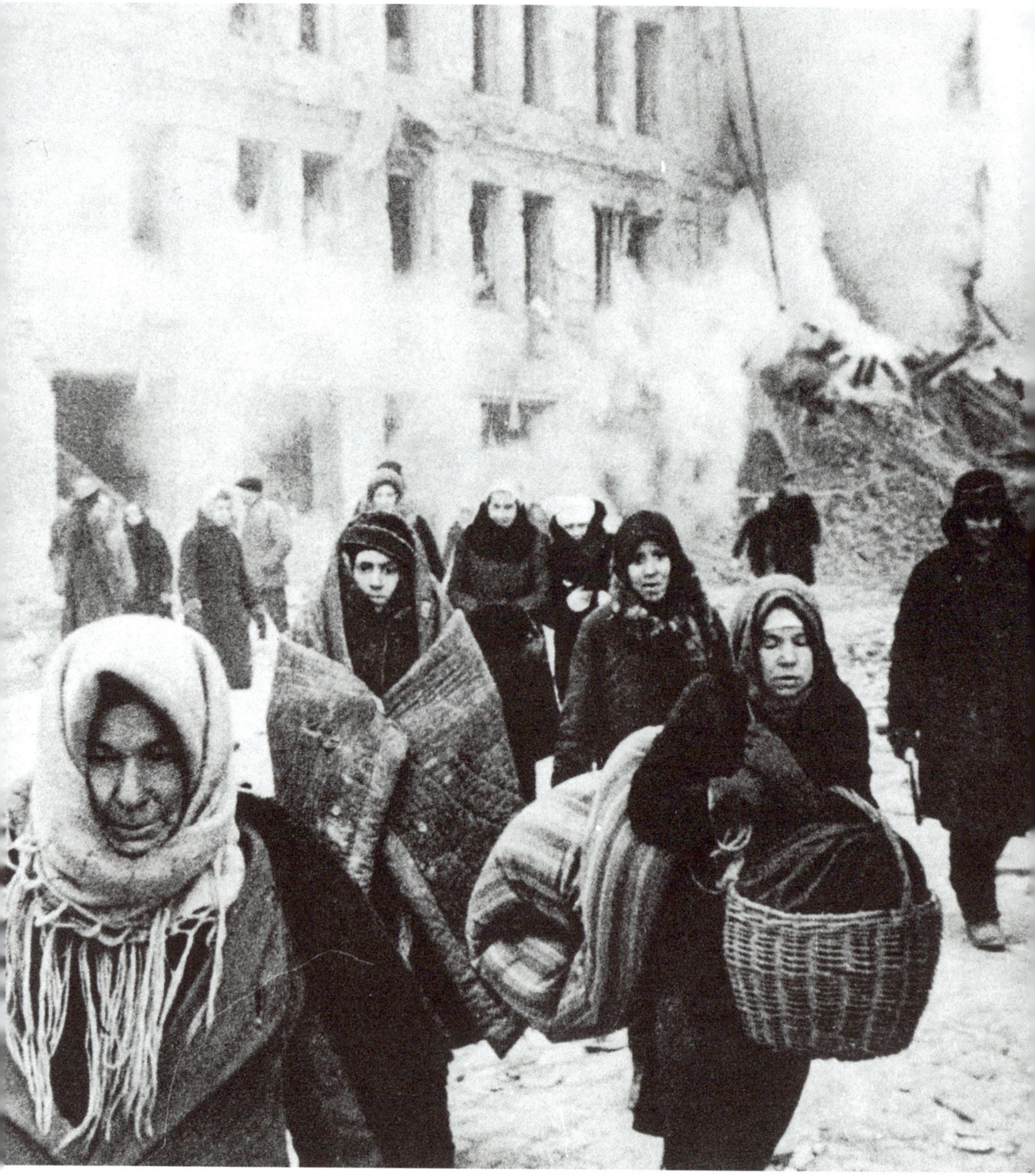

Hoth）汇合；但他的野心让他一路向东，直达叶利尼亚[5]，因为叶利尼亚是通向莫斯科之路上的重要军事目标。

德军在所有战线均不断推进，苏联军队大规模投降的消息也不断传来，所以参战各方忽视了上述的违规行为。针对希特勒领导力的批评也销声匿迹了。6 月 27 日，古德里安麾下的第 2 装甲集群与霍特将军麾下的第 3 装甲集群，将 50 万苏联军队牢牢合围于明斯克。与此同时，一小股苏联军队被围困于比亚韦斯托克[6]。几天的残酷战斗之后，成千上万的苏联士兵战死，或奄奄一息，30 万人被俘。2000 多辆苏联坦克被缴获或失去了战斗力。在斯摩棱斯克，苏联军队还损失了 4000 辆坦克。这样的失利必须受到严厉的惩罚。6 月 30 日，斯大林将战区指挥官巴甫洛夫将军（Dmitry Pavlov）及其高级军官召回莫斯科，以叛国罪处死。

大批难民逃离斯大林格勒。在 1941 至 1942 年第一次冬季围攻期内，斯大林格勒被德军的炮弹严重炸毁。现代历史上，几乎没有城市遭受过如此重创。

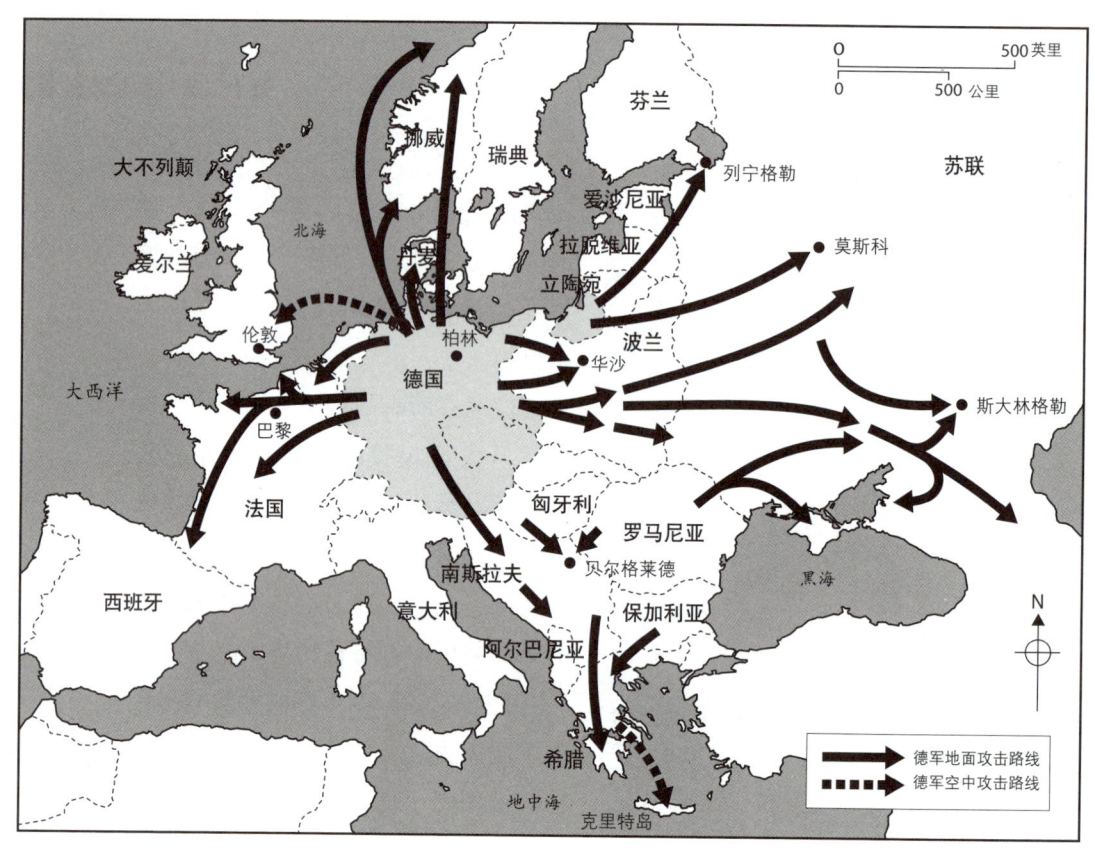

乌云密布：卐字符的阴影席卷欧洲，纳粹和他们的支持者似乎势不可当，但他们的军队显然过度扩张了。

在战斗中丧生的人数持续增加。自 1941 年 9 月列宁格勒被围困以来，在两年内苏联的死亡人数就超过了其他同盟国家在二战中的伤亡总和。一名德意志国防军上校将列宁格勒的情形比作一头大象踢翻了一座蚂蚁窝。他说，大象可能杀死了几百万只蚂蚁，但总会有更多的蚂蚁出现，而且蚂蚁最后一定会制服大象，把它吃得只剩下骨头。

"俄国人已战败"

在 3 周内，德国军队沿着 1000 英里（1609 公里）长的战线，推进了 400 英里（644 公里）。得知此消息后，希特勒喜出望外。1 周后，德军控制的区域已经相当于 2 个德国的国土面积。

希特勒对参谋们说："俄国人已战败。"参谋们也无法反驳。

希特勒不顾参谋们的建议，把装甲部队从德国中央集团军群调走，转向其他军事目标，但他想要拿下的许多军事目标根本不可能被攻克。另外，中央集团军群那时距离莫斯科只有 200 英里（322 公里）。

伦德施泰特回忆道："我们接到那些命令后，只能哈哈大笑。"他被命令夺取 400 英里（644 公里）之外的阵地。

克莱斯特的装甲部队距离基辅只有 12 英里（19 公里），但希特勒却命令他停止进攻并转身南下，去堵截撤退的苏军。

俘获 66.5 万苏军似乎证明希特勒的决定是正确的，但几百万苏联士兵会立刻取代被俘的军队，而攻克基辅的机会却失不再来了。更为重要的是，这次战略转移损耗了德国人不能挥霍的时间资源。希特勒最终同意攻打莫斯科，但为时已晚。

1941 年 10 月 10 日初雪时分，德国军队以为下雪只会让他们的进军速度放缓。他们根本不知道下雪会给他们带来怎样的灾难性后果。希特勒一直对在苏联迅速取得成功非常自信，所以他没给德国军队配备冬装。这个疏忽被证明是他失败的原因。雪化了之后，泥土路变成了沼泽地。很快，苏联的冬天将对德军产生极其严重的影响：装甲车的燃油在引擎里结了冰；由于没有防冻润滑油，他们的武器也出了故障；死于冻伤的士兵（11.3 万）多于因伤死亡的士兵。

德国人在忍受寒冷的低温，而苏联人却偷偷地在结冰的湖面上运送增援部队和坦克，为春天的反攻做准备。苏联人在为把德国人赶回斯大林防线以西，甚至赶回德国做着准备。苏联的后备部队包括西伯利亚前线的 40 个师，他们是世界上最训练有素的部队之一，他们的服装和装备也更适合冬季作战。斯大林之所以把他们留在最后，主要是担心日本人会对苏联发起进攻。1941 年 12 月，日本向美国宣战后，这些军队就可以被重新部署、调来抵抗德国人。

在苏联腹地,瓦尔特·冯·布劳希奇正和参谋们仔细研究地图。

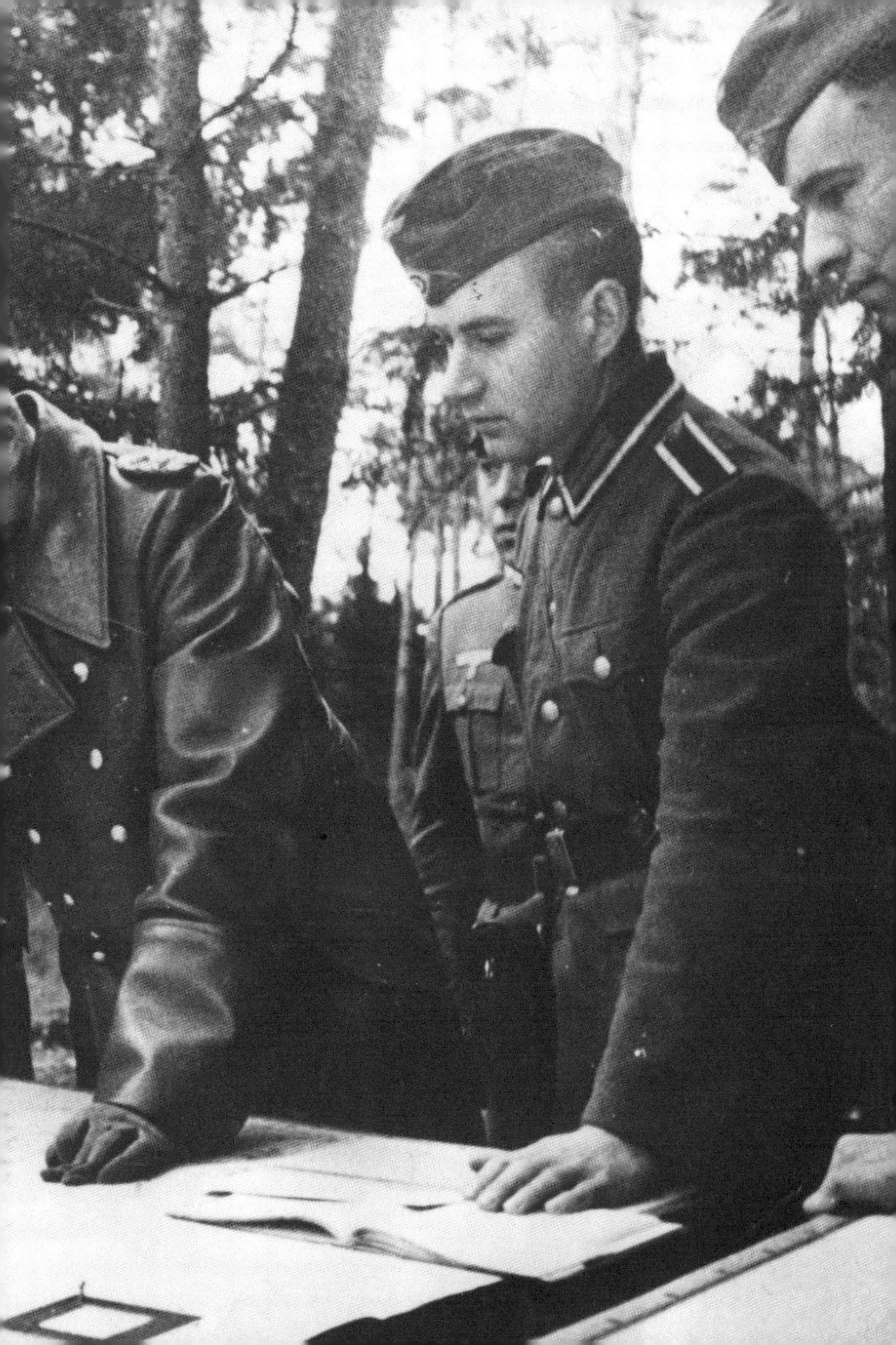

正如希特勒一贯的做派，他将形势的逆转怪罪在将军们身上，特别是布劳希奇，希特勒骂他是"自负、懦弱的混蛋"。希特勒说起这位前陆军总司令时，语气中充满了鄙夷。指挥官们亲耳听到希特勒的咒骂后，开始不再相信他永远都是正确的。

兵败斯大林格勒

随着春季解冻期的到来，德国人开始重新发动进攻。他们的首要目标是重要的工业中心斯大林格勒和高加索的油田。针对这两个目标的军事进展最初还是挺鼓舞人心的，但苏联的反攻很快逼停了德军向油田的挺进。同时，德国第6集团军在斯大林格勒北面和南面也遭遇顽强抵抗，致使对该市的进攻迟滞。于是，陆军参谋长哈尔德[7]大胆提出战略撤退的建议，但随即被撤职，由陆军中将蔡茨勒（Kurt Zeitzler）接替。

希特勒跟参谋们说："现在，我们需要的不是军事专业能力，我们需要的是国家社会主义激情。"

苏联人召集了100万士兵突破德军防线，增援防守部队。然而，希特勒对此消息不予理会，把苏联坦克产量激增的报告说成"痴人说梦"。不仅希特勒一人拒绝接受现实，整个纳粹领导层都拒绝接受现实。那年冬天，德国人围坐在收音机前，收听刚强的德国守军来自斯大林格勒的圣诞广播节目，但他们并不知道该广播节目是在柏林的一处演播室里播送的。早在几周前，与被困在斯大林格勒的第6集团军之间的通信就被切断了。即使宣传部的官员们告知民众们实情，也几乎没人相信他们。因为他们说谎说得太久，没人知道应该相信什么了。

在伏尔加河畔，这支1940年的胜利之师正在忍受着严寒，他们没有温暖的冬衣，弹药也即将耗尽。毫无疑问，他们首次咒骂着任他们自生自灭的政府，而这一切都让德国人难以相信。他们从希特勒那儿得不到任何帮助，因为他的行为变得越来越古怪。希特勒与众不同的睡眠习惯已经演变成失眠症,莫雷尔医生让他服用的安非他命不但损害了他的健康,也让他性情大变。

1943年1月,保卢斯[8]请求从被围困的斯大林格勒进行突围,但得到的回复却是希特勒的最后通牒。

希特勒宣称:"第6集团军将在斯大林格勒完成自己的历史使命,战至最后一人。"

保卢斯被三个苏联方面军包围,他意识到自己的处境根本毫无回旋的希望,为纳粹理想牺牲他的军队也并没有什么好处,因此他投降了。24万德军被歼或被俘,后来只有几千人回到了德国。

不难预测希特勒对此的反应。他再一次大发雷霆,痛斥保卢斯,虽然不久前为了坚定保卢斯的决心,他刚晋升其为陆军元帅。

希特勒尖叫道:"我不能理解为什么保卢斯这样的人不愿意赴死。到了最后时刻,这个没骨气的家伙居然连一个弱女子都不如,这简直抹杀了成千上万的士兵、军官和将军的英勇事迹。"

见证了希特勒这次脾气爆发的人,都注意到了他的失控。苏联前线和北非战场(隆美尔在阿拉曼被蒙哥马利击败)的战败消息纷至沓来,身在"狼穴"的希特勒越发地孤立。为了逃避现实,希特勒躲进地堡。地堡里昼夜不分,他在三间小屋子组成的套间里来回踱步。套间的墙壁是未装饰过的混凝土墙面,家具也只是简单的木质家具。虽然他仔细研究了地图,也仔细研读了明确指出第三帝国正在一天天缩水的报

> 同志们,杀了德国人。
> ——苏军口号,1943年

远离家的舒适：1942年，被苏军俘虏后，希特勒"无敌军队"的士兵挤成一团取暖。他们中的许多人再也没能回到祖国。

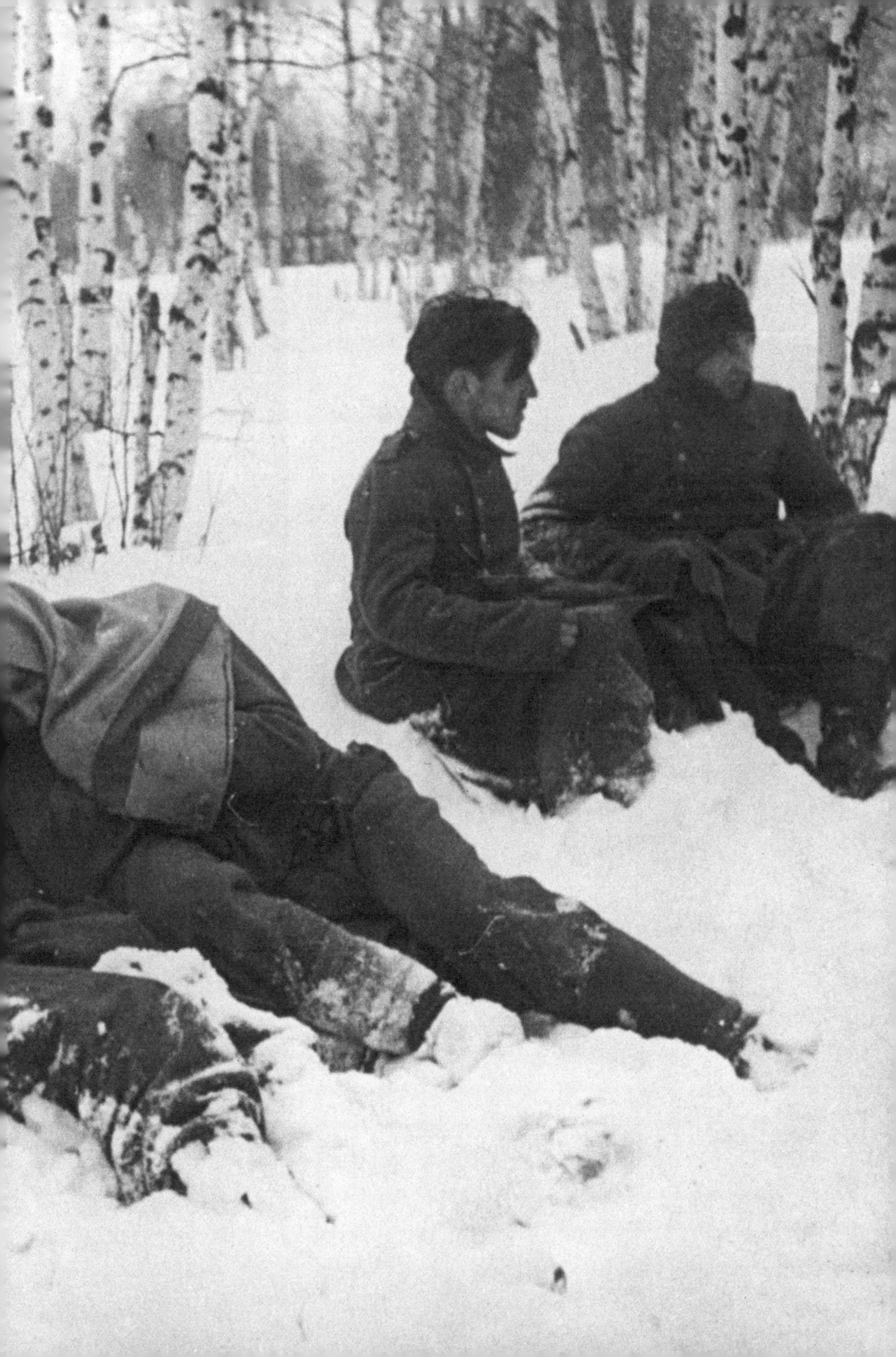

告，他还是不能接受现实，因为现实和他的幻想相差太大。他开始认为应对此负责的并不是德意志国防军，而是那些从罗马尼亚和匈牙利征召入伍的士兵。这种想法取代了他最初对保卢斯的愤怒。他的盟友让他失望了，他不应该相信任何人。

希特勒进入地堡并不是为了保护自己免遭空袭，因为"狼穴"很少遭遇空袭，他只是在逃避现实而已。他固执地不愿面对德国城市正在遭受同盟国轰炸的事实，而同盟国的轰炸袭击已然到达德国腹地，并且轰炸的频率越来越密集。施佩尔的新身份是军备部长，为了见到希特勒，他必须舟车劳顿赶至"狼穴"。其他纳粹领导人也是如此。这是一件经常令他们后悔的事，因为希特勒听到坏消息后常常表现得态度粗暴，他总是不愿意听到坏消息。他们有一段时间没有见到希特勒了，当看到元首在数月间一下子变得苍老，感到大为震惊。希特勒几乎无法站稳，只有紧握左臂才能保证他的手臂不抖。他做每一件事都得花费很大的力气。他说话时，好像是一个费力康复中的瘾君子。施佩尔把希特勒身上发生的变化，都怪罪于莫雷尔医生，因为莫雷尔医生常给希特勒服用抗抑郁药物和自己种植的毒品。

希特勒现在独自吃饭，他每天只从刺眼的人造

1944年6月6日（D日），美国作战部队在诺曼底冒着重机枪的扫射，涉水上岸。最初的几天里，没人确定这次进攻是否能成功。

第十二章　恶有恶报

灯光中走出来一两次，遛他的阿尔萨斯犬布隆迪（Blondi），并与戈林、希姆莱和里宾特洛甫磋商事宜，他们都在附近设立了自己的指挥中心。戈林显然已经失宠了。希特勒从未原谅他，因为他在不列颠之战中失利了，而且他还曾夸下海口说，柏林永远都不会遭受轰炸。希特勒公开批评了他，因为他未能给被围困在斯大林格勒的德军提供补给。

然而，第三帝国仍将继续存在。希特勒宣布1943年将是"咬紧牙关"的一年。在他死前，他仅发表了两次重要的公众演讲，但他没有一次表达过对德国人民所处困境的同情。演讲的目的是让民众相信他依然大权在握，他期望他们继续战斗。至于鼓舞民众的士气、转移民众对斯大林格勒灾难性战败的批评等事宜，希特勒交由戈培尔来操心。希特勒在柏林体育宫向受邀而至、忠心耿耿的纳粹老兵发表了蛊惑人心的讲话，他告诫他们：同盟国要求德国无条件投降，这对德国意味着不能胜利就只能被毁灭；体面的投降根本不存在。他还号召德国人民发起总体战（Total War）。对他的讲话，老兵们报以热烈掌声和嘶哑的"胜利万岁"。这是最后一次重要的战时纳粹集会。

战局逆转

在苏联前线，问题不再是占领了多少领土，而是能坚守多少阵地、能坚守多久。不会再有胜利了，只剩下了稳定行动、战略撤退和非常罕见的反攻，比如1943年2月，曼施坦因奇迹般地重新占领了哈尔科夫[9]。但很显然，曼施坦因的这一功劳被希特勒抢走了。

然而，庆祝是短暂的。同年5月，突尼斯落入了同盟国手中。不久之后，轴心国部队在北非投降。7月，同盟国登陆"欧洲软肋"西西里岛。9月，同盟国开始向罗马进军，最终导致意大利投降，墨索里尼于1945年死亡。

1943年夏天，希特勒不顾将军们的建议，在苏联发起了最后一次大规模进攻，此后德国人在欧洲战争中开始失利。在中央战场，希特勒最有战斗经验的 50 万士兵和 17 个装甲师都无法突破苏联的防线。苏联军队现在以 7∶1 的兵力比例超过德国军队人数，苏军奋力反击。他们将疲惫的德国人一路赶回了波兰边境，德国人两年前正是从那里开始了他们注定要失败的入侵。1944 年 6 月 6 日，同盟国在诺曼底登陆[10]。这时，希特勒仍向早已不复存在的部队发布命令。希特勒抱怨说，连隆美尔和伦德施泰特都在回避他的命令，他们不仅逼他批准撤退，还密谋要推翻他。在拉斯腾堡的地堡里，他的参谋们不相信他的这些气话，认为这位战争领导人只是压力太大了。但这一次，希特勒的猜疑并非空穴来风。

暗杀希特勒

早在 1944 年 7 月，除了忠诚的纳粹党员，所有人都已经意识到：德国已经战败，但希特勒仍会坚持战斗到底，哪怕将德国毁于一旦。每一天，同盟国在欧洲大陆上都能取得更为坚实的立足点。东线战场上，苏联人付出了惨痛的代价，但他们正逐渐获得优势。苏联人发现了纳粹党卫军对战俘和平民实施的暴行后，他们把祖国从纳粹魔爪中解救出来的决心更加坚定。这场战争不再是征服战，而是惩罚战。

然而，德国军官团中的一些高军衔成员相信：如果希特勒被替换掉，他们还有机会进行和平谈判，苏联人就不会进入德国境内，否则苏军将不会停歇，直到占领柏林。终于到了发动政变的时刻，因为颠覆这一独裁政权唯一保险的方法是除掉它的领导人。希特勒必须被暗杀，但他们得迅速行动。

在此以前，早年间曾有过几次暗杀希特勒的行动。1938 年 9 月，包括海军上将卡纳里斯、陆军参谋长贝克中将在内的高级军官，为了阻止希特勒入侵捷克斯洛伐克，已经准备好对希特勒实施暗杀行动。但内维尔·张伯伦屈服于希特勒的要求，没开一枪就将捷克共和国拱手奉上。

1年后，1939年11月8日，在慕尼黑的勃格布劳啤酒馆，一个独自行动的杀手在讲台后面放置了一枚炸弹。在希特勒离开啤酒馆13分钟后，炸弹爆炸了。希特勒缩短了向参加啤酒馆政变的"老战士们"（早期纳粹党同志）的年度致辞时间，因为他有一种强烈的预感，他必须赶回柏林，虽然他知道柏林并没什么重要事务等着他处理。9人在爆炸中丧生，60人受了伤。希特勒把他的幸运逃脱归功于命运之手，是命运再次拯救了他。

1943年，德军在斯大林格勒投降后，军官团中的持异议者密谋在空中炸了希特勒的飞机。他们打算使用从游击队员手中缴获的塑胶炸弹。一个包裹被带上了飞机，机组人员被告知包裹是送给一位在元首总部工作的军官的礼物，到达目的地之后它就会悄悄地被取走。虽然引爆装置设置好了，但高空的低温似乎阻止了引信被点燃。希特勒又一次与死神擦肩而过。1周后，密谋者们获得了第二次机会。希特勒计划去柏林参观德军所缴获的苏联武器展览，这个日程安排让密谋者们有机会在希特勒身边引爆炸弹。然而，希特勒再次改变了计划，他径直走过大厅，并没有停留参观展览。密谋者们后来受到了怀疑，盖世太保的调查虽然没有发现任何证据，但他们也只得暂时停止政变的计划和讨论。

"瓦尔基里[11]行动"

1943年秋天，克劳斯·冯·施陶芬贝格中尉加入了密谋者们的事业，使他们重新燃起了希望。施陶芬贝格是一位贵族，也是一名杰出的军官。他曾在北非受过重伤，失去了左眼和右手，也失去了左手的两根手指。他被指派谋划暗杀行动，但他的第一个想法就被挫败了。他本计划在新军事设备的演示过程中引爆一枚炸弹，但这个新设备在盟军的空

1944年,密谋暗杀希特勒的行动失败后,克劳斯·冯·施陶芬贝格在柏林被处决。

袭中被炸毁了。

另一次尝试也在开始实施之前就被挫败了。1944年3月,施陶芬贝格找到了埃伯哈德·冯·布里登布什(Eberhard von Breitenbuch)上尉,后者自愿做杀手,准备在中央集团军群的参谋会议上近距离射杀希特勒。然而,在召开战情通报会的那天早上,当布里登布什跟着希特勒进入会议室时,他被党卫军卫兵拦住了。布里登布什被告知他的级别不

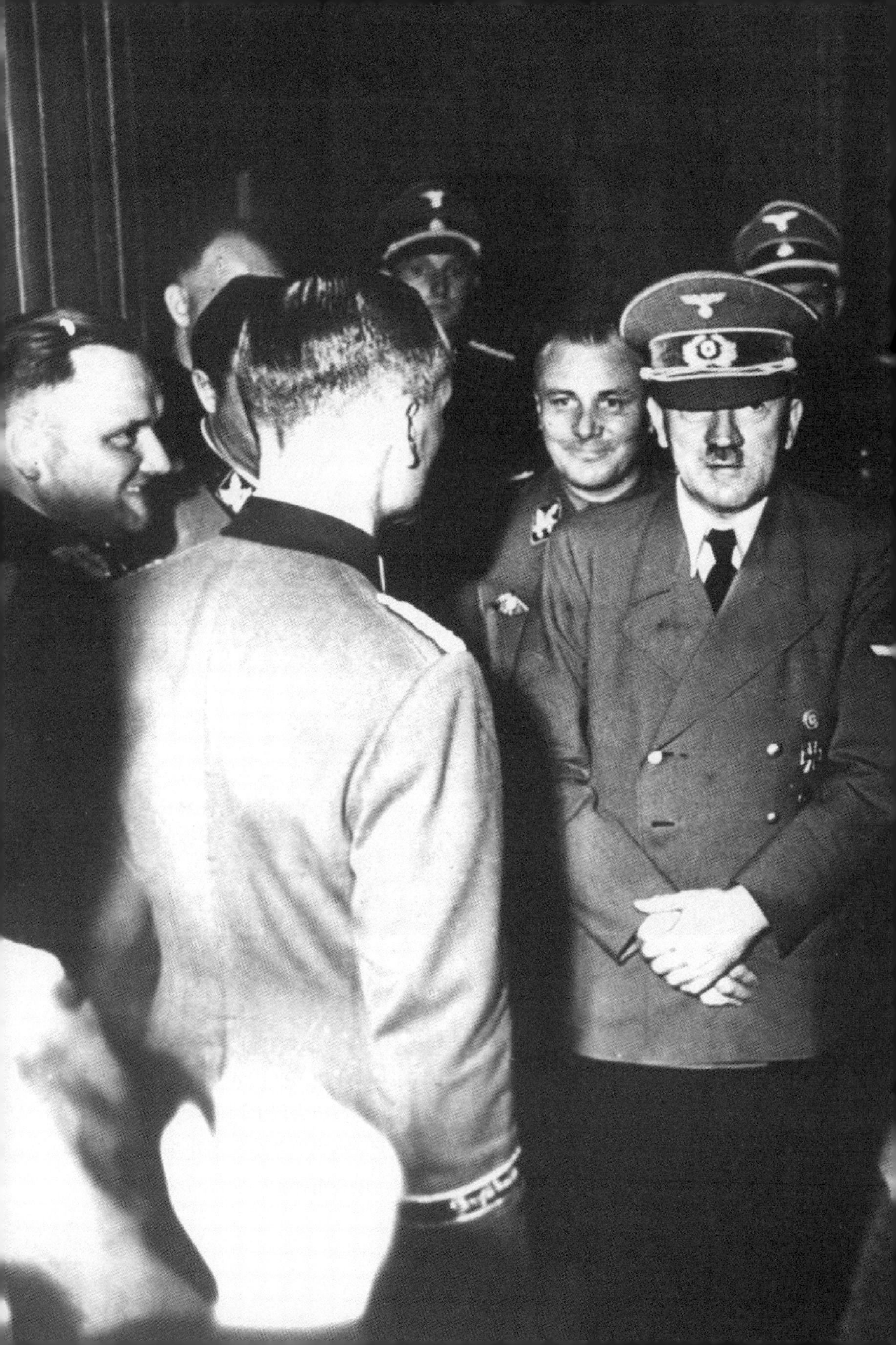

希特勒既震惊又不安，他对实施暗杀行动的密谋者们进行了报复。在他右后是马丁·鲍曼，左前包着绷带的是阿尔弗雷德·约德尔将军。

够，不能参加这个会议。

1944年6月，施陶芬贝格升职了，成为弗洛姆将军的参谋长，所以他有了直接与元首接触的机会。施陶芬贝格敏锐地意识到情况的紧急，于是他搞到两枚塑胶炸弹和一些酸性引信，并把它们装进了一个标准公文包内。因为炸弹的引信是慢燃的，在炸弹爆炸前施陶芬贝格有10分钟时间逃走。7月11日，施陶芬贝格获得了第一次机会，他受邀出席在贝格霍夫召开的战情通报会，希姆莱和戈林也将出席这次会议。这是一个完美的机会，因为可以一举消灭纳粹领导层。但最终希姆莱和戈林都没露面，施陶芬贝格只好沮丧地交了报告，离开了会场。

7月15日，施陶芬贝格在"狼穴"又做了一次尝试，但希姆莱仍未出席，施陶芬贝格只好拎着装有爆炸物的公文包离开了"狼穴"。行动的一再推迟，让这位35岁的老兵处于极度紧张的状态，他几乎无法承受这样的压力，因为他毕竟还处于伤势的恢复期。主要密谋者之一的尤利乌斯·莱伯（Julius Leber）被逮捕的消息，让行动陷入了新的紧急情况中。密谋者们最终决定，下一次施陶芬贝格有机会接近希特勒时，不管其他纳粹统治集团成员是否在场，他都要放置好炸弹。希特勒才是关键，只有他死了，密谋者们才有可能在苏联人攻入德国之前，与英国人及美国人谈判并签署停战协议。于是，暗杀希特勒并接管纳粹政府的"瓦尔基里行动"，将于7月20日付诸实施，因为这一天"狼穴"将召开新的战情通报会。

到了这个阶段，隆美尔元帅无奈之下只能支持该行动。起初，他敦促密谋者们逮捕希特勒，让其接受审判，让德国人民了解希特勒是如何背叛了人民的信任。他曾恳求希特勒与同盟国谈判，但没被理会，他终于意识到根本无法和希特勒讲道理。

7月20日黎明时分，施陶芬贝格和副官冯·赫夫特中尉，从柏林滕珀尔霍夫机场乘坐飞机前往300英里（483公里）之外的拉斯腾堡。施陶芬贝格拎着装有文件的普通公文包，而赫夫特拎着完全相同的公文

埃尔温·隆美尔视察"大西洋壁垒",这一防御工事是纳粹1942年至1944年为阻止盟军进攻欧洲而修建的。但盟军的行动比隆美尔预想的来得更早。

包，里面装有炸弹。在东普鲁士机场，一名毫不知情的司机前来接机，将他们送到警备森严的"狼穴"，赶去参加当天一系列会议中的第一个会议，而这些会议都将于12点30分开始的元首战情通报会前结束。

12点20分，施陶芬贝格托词说要换一件干净衬衣。他与赫夫特进入战情通报室，匆忙设置了炸弹，而其他军官正不耐烦地等在门外。那天天气湿热，所以战情通报室的钢制护窗板全部揭开了，窗户也都完全敞开着。施陶芬贝格用一把为他受伤的手特制的钳子，夹碎了酸性引线，将炸弹设置好，他只有几分钟的时间完成这一切。在他设置第二枚炸弹之前，一名上士走过来，提醒他们元首已经等着战情汇报了。上士并没看到他们在干什么，因为他俩背冲着他，但上士的突然打断让他们不得已放弃了第二枚炸弹。赫夫特拎着第二枚炸弹在车里等候，而施陶芬贝格和其他军官进入了战情通报室，他只带着计划好的两枚炸弹中的一枚。

军官们看到希特勒坐在凳子上，正对着摊在大木桌子上的地图沉思。施陶芬贝格进去时，希特勒抬头看了一眼，然后继续听豪辛格（Adolf Heusinger）中将做汇报。施陶芬贝格只有不到5分钟时间放置炸弹、离开战情通报室并撤到安全距离外，但他相当镇定。他沉着地借口说自己耳背听不清，请一位副官允许他站到豪辛格身旁，这个位置离希特勒只有几英寸远。他偷偷把公文包放到桌子底下，让它靠在桌子的厚混凝土基座上，然后找了个借口离开。施陶芬贝格走后，勃兰特（Heinz Brandt）上校站了过去。勃兰特看到桌下露出的公文包，用脚把它捅进了桌底深处。

施陶芬贝格不久后就撤到了安全距离外，内心焦虑但装作若无其事的样子和赫夫特站在小汽车旁。此时是12点45分。下一秒钟，巨大的爆炸让整个森林都震颤起来，战情通报室冒出了浓烟和火焰，肯定没人能在爆炸中活下来。两人根本没想到要留下来确认是否还有幸存者，就立刻跳上了汽车，命令司机去机场。一路狂奔中，他们将第二枚炸弹扔进了树丛里。经过一个检查站时,他们经历了惊心动魄的瞬间,但最终成功地蒙混过关,登上了返回柏林的飞机。

然而,希特勒并没死。桌子的混凝土基座减弱了爆炸的威力,敞开的窗户也减弱了爆炸的威力。如果施陶芬贝格设置了第二枚炸弹,这次暗杀行动很有可能会成功。希特勒最终毫发无伤地走出了废墟。他的脸被炸黑了,头发被烧焦了,衣服也被炸烂了,但他还活着。

看样子,元首的生命真是有神灵庇护。

但希特勒身边的人就没那么幸运了。勃兰特上校和其他 3 名高级军官因爆炸受伤而死,另有 20 人受了伤。

余波未尽

据估计,"七月密谋"失败后,5000 人因此丧生。他们中的有些人是为了不被盖世太保审问而自杀;还有一些人,比如隆美尔元帅,只是想要保护家人免遭报复。

主要的密谋者克劳斯·冯·施陶芬贝格、路德维希·贝克和卡尔·格德勒,被发现参与"七月密谋"后,立即被行刑队枪决了。希姆莱听说了他们的下场后,下令将他们的尸体挖出来,挫骨扬灰。而其他共谋者们就没有这么幸运了。许多人要么被折磨致死,要么被用挂肉的钩子吊起来,慢慢地被钢琴弦勒死。这些场面被拍成彩色影片,以供希特勒欣赏,希特勒的乐趣一般人还真的理解不了。

密谋者们都知道他们所承担的风险,正如 1944 年 7 月 21 日,冯·特莱斯科夫将军(Henning von Tresckow)在自杀前写道:"一个人的道德价值,只体现在为了自己的信念牺牲生命的那一刻。"作为德意志国防军的一名军官,他知道战争结束时,他会因参与了不计其数的暴行,受到全世界的谴责,但他认为迟到的公然对抗行为已经为他挽回了声誉。"现在,全世界都会抨击和诅咒我们。但我像以前一样,坚定地

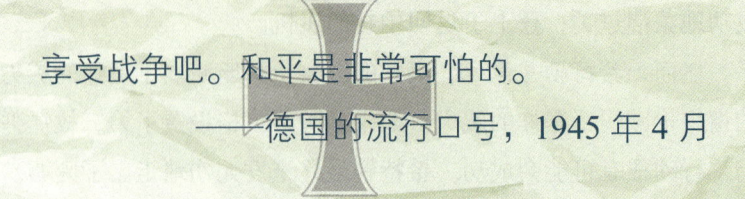

> 享受战争吧。和平是非常可怕的。
> ——德国的流行口号，1945 年 4 月

相信我们所做的事情是正确的。我认为希特勒不仅是德国的死敌，也是全世界的死敌。"

赫尔穆特·詹姆斯·冯·毛奇伯爵[12]曾主持过反纳粹集会，他于 1944 年被捕，但直到 1 年以后才被审判并处决。他坚信他有责任推翻希特勒的统治，在临死前不久告诉儿子们：

> 我这一生，甚至在学校的时候，都在与心胸狭隘和崇尚武力做斗争，与妄自尊大、不容异己和无情的绝对逻辑做斗争，而这些却是德国国家机器的一个组成部分，并在这个国家社会主义国家得到了全面的体现。[13]

即使密谋者们成功地将纳粹领导人斩首，他们也将面临一场斗争，即如何让一个纳粹化国家相信：除掉希特勒是符合人民的最大利益的；为了让他们不再承受更多的苦难，除掉希特勒在道德上是无可争议的。贝克预想到了这样的后果，他起草了一份讲话稿。一旦确定希特勒的死讯，这份讲话稿将会发给报社，并通过空中电波向全国进行广播。

这份讲话稿是希特勒的将军们对他的控诉，而控诉的证据十分确凿。这份讲话稿也有力反驳了那些认为希特勒是战略天才的历史学家们：

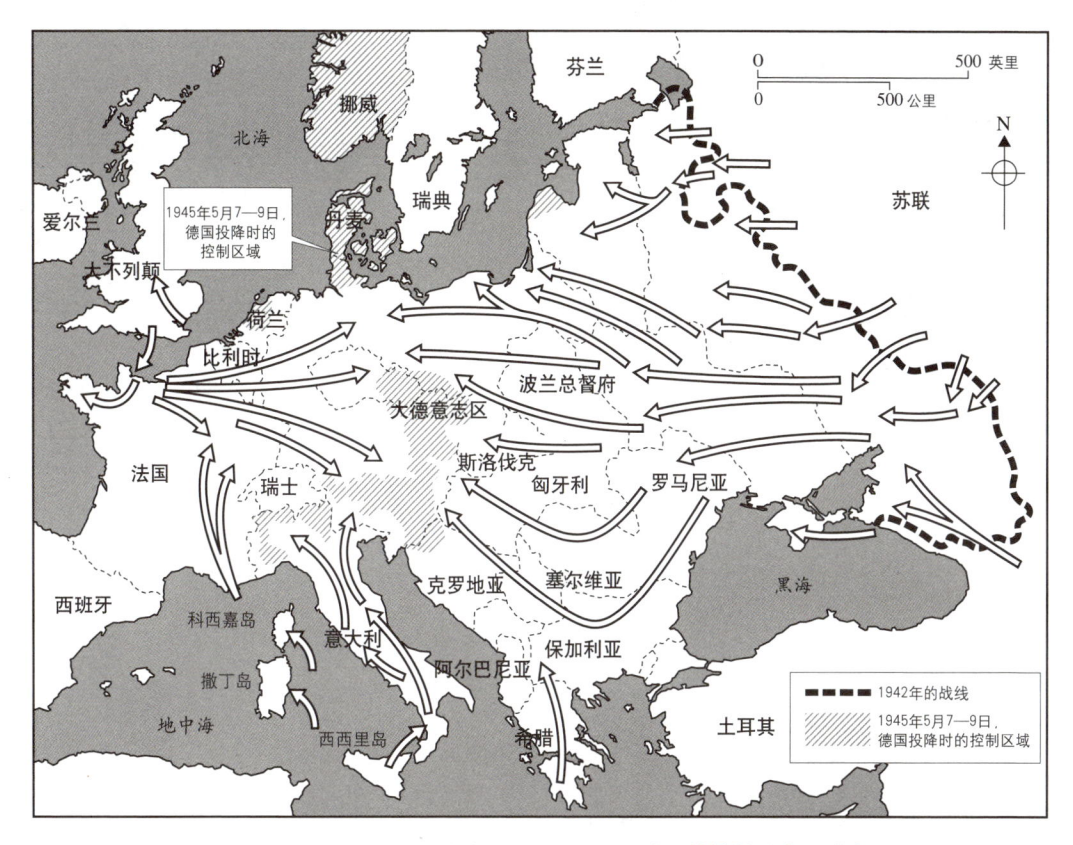

地图标注：
- 芬兰、挪威、北海、瑞典、苏联
- 爱尔兰、大不列颠、丹麦
- 1945年5月7—9日，德国投降时的控制区域
- 荷兰、比利时、波兰总督府
- 法国、大德意志区、斯洛伐克、匈牙利、罗马尼亚
- 瑞士、克罗地亚、塞尔维亚、黑海
- 西班牙、科西嘉岛、撒丁岛、意大利、阿尔巴尼亚、保加利亚、土耳其
- 地中海、西西里岛、希腊

图例：
- ▬ ▬ ▬ 1942年的战线
- ▨ 1945年5月7—9日，德国投降时的控制区域

四面受敌，一旦同盟国反攻，希特勒的帝国注定要灭亡。战线的位置已从1942年西移了几百英里，到了柏林郊区。

过去的几年里，在我们眼前发生了许多骇人听闻的事情。希特勒不听专家的建议，肆无忌惮地牺牲了整个军队，因为他极度渴望荣耀，对他所拥有的权力自以为是，他还幻想着他是被上帝选中并受"天意"启示的那个人，这简直是在亵渎神明。

他并不是被德国人民选举出来的，他是利用最下作的阴谋爬上了权力的巅峰。他那些恶魔般的艺术和谎言以及那些令人难以置信的废话，似乎给所有人带来了好处，但实际上却让德国人民背上了巨额债务，也让德国人民困惑不堪。为了维护自己的权力，他建立了不受任何约束的恐怖统治，摧毁了公正，

1945年，德国某城市，一名苏联士兵正在屋顶上警戒放哨。

消除了体面，嘲笑了神圣的仁爱，并毁掉了数百万人的幸福。

毫无疑问，他对全人类疯狂的蔑视最终将导致德国人民的灾难。他给自己授予了将军的领导权，将我们勇敢的儿子、父亲、丈夫和兄弟带进了灾难之中。他对手无寸铁的人犯下的血腥恐怖罪行让德国蒙羞。[14]

柏林战役

虽然希特勒毫发无损地躲过一劫，但这场密谋的规模让他大为震惊，他开始怀疑对他最忠诚的将军们。当时，苏军正沿着华沙至喀尔巴阡山脉这片广阔的战线陈兵列阵，做好了最后一战直捣柏林的准备。希特勒得知后压根不予理睬，因为他认为这是"继成吉思汗之后最为狂妄的虚张声势"。然而，220万苏联战士、6400辆坦克和4.6万门重炮的出现，是一个残酷并发人深省的事实。朱可夫将军（Georgy Zhukov）和科涅夫将军（Ivan Konev）的部队合二为一，在数量上远超德军仅存的兵力。苏军的步兵是德军的12倍，坦克是德军的8倍，大炮是德军的21倍。这是战争的最后阶段，算总账的时候到了。

英国人夜间轰炸德国，美国人日间轰炸德国。但英美两国的空军均未受到纳粹德国空军的任何干扰，因为德国空军早在几个月前就销声匿迹了，那时德国发动了注定要失败的阿登攻势，即突出部战役[15]。1944年12月，希特勒进行了绝望的最后一搏，耗费了10万兵力、800辆坦克、1000架飞机和50列火车的弹药。但这一搏只加速了战争的结束，希特勒将整个德国的储备都浪费在此次战役中，却丝毫没想到要保卫莱茵河。连伦德施泰特都谴责这次进攻行动，称其为"第二个斯大林格勒战役"。

至此，德国已经没有足够具有实战经验的男子来保卫德国城市，只剩下了国民突击队[16]的老人和希特勒青年团的男孩。这些德国仅存的

1945年，在纽伦堡被炸毁的街道上，一个小女孩蜷缩在火炉旁取暖。

男子们继续战斗主要是出于恐惧,并不是对纳粹的狂热盲信,因为在每个街角,都有逃兵被吊死在灯柱上,脖子上还挂着标语牌,以警告那些拒绝履行义务的人。

德累斯顿、科隆、汉堡和德国许多主要城市差不多都变成了烧焦的、冒着烟的废墟,城市居民们不得不以残羹冷炙果腹。水、电和煤气供给早在几个月前就中断了,下水道系统也不能使用了。主要的公路上遍布弹坑和瓦砾,铁路沿线尽是变形的铁轨和弃之不用的火车。惊恐万分的平民们无处可去,只能躲进被炸毁建筑的地下室和地铁车站,就像4年前华沙、贝尔格莱德和伦敦的人们一样。

现在,他们的元首终于和他们共命运了。1945年1月,随着同盟国的迫近,希特勒躲进了柏林总理府的地堡中。参谋们围在他的身边,他们头顶上的地面由于苏联人的炮击而震颤着。此刻,希特勒无论在精神上,还是在现实中都被包围了。

帝国崩溃

由于德国工程师未能毁掉雷玛根(Remagen)铁路桥,1945年3月7日,同盟国从这一重要桥梁渡过了莱茵河。为了获得这一进入德国的通道,美国第9师的士兵们此前冒死拆除了桥下燃烧中的引爆装置。希特勒因此撤了伦德施泰特的职,并下令处决了5名负责毁掉该大桥的军官。

虽然这个突破很关键,但几个同盟国指挥官仍认为:如果不是过早地停止了前进,战争早在6个月前就结束了。那时,莱茵河由1个丹麦党卫军师和一支由老年人组成的部队把守,他们都很乐意投降。大好的机会却被同盟国领导层浪费了,因为他们想节约汽油。当他们下达继续前进的命令时,莱茵河地区的防守力量已经增强了。

在其他区域,德国人正在撤退。第三帝国正以惊人的速度缩小。芬

1944年,希特勒在一群军官陪同下,脸色阴沉地视察被盟军轰炸后的毁坏情况。美军通信兵在西线缴获的德国胶卷中发现了这一幕,随即将之用作宣传素材。

兰、爱沙尼亚、拉脱维亚和立陶宛很快就会赶走德国侵略者。在南部战场，乌克兰落入了苏联人手中，罗马尼亚摆脱了战争，保加利亚也自由了。此外，希腊也被解放了，铁托（Josip Broz Tito）的游击队控制了南斯拉夫。

3月23日傍晚，同盟国发起了最后一次主要进攻。英国首相温斯顿·丘吉尔和蒙哥马利元帅心满意足地关注着整个事态的发展。3000多门大炮在莱茵河以西的韦塞尔打响了进攻之战，而在此之前，鲁尔地区已经遭受了几周的轰炸。随后，100万士兵涌过莱茵河，与莫德尔（Walter Model）将军麾下的B集团军群交战。黎明时分，丘吉尔坚持让部队跨越国境，部队进入德国领土6英里（9.5公里）后才遭遇到抵抗。4月18日，胜利终于来临，盟军一共俘获了31.7万人，比苏联人在斯大林格勒俘获的德军人数还多。

4月25日，在柏林西南70英里（112.5公里）的托尔高，美国第1集团军与苏联第5近卫集团军会师了。同日，在对第三帝国首都发起最后的总攻前，100万苏军暂时停下了脚步。

地堡末日

1945年3月18日，希特勒曾说："如果战争失败了，就可以不顾人民了，也没有必要操心人民的基本生存条件。相反，我们最好能毁掉

> 如果德国人民输了这场战争，就证明是他们辜负了我。
> ——阿道夫·希特勒，1945年4月18日

1945年4月30日，德国国会大厦上升起了锤子镰刀旗。千疮百孔的建筑，被烧毁的有轨电车，以及被炮弹击中后散落街道的汽车，到处是一片荒芜的景象。

这些东西，因为这个国家已经证明自己是弱者……"

3月19日，希特勒下令毁掉德国的基础设施，包括尚存的工厂、电厂、通信网络、交通以及其他资源。同盟国不会得到任何能用的东西，德国人民亦是如此。这种焦土政策，即《尼禄法令》(Nero Decree)，是希特勒在惩罚德国人民未能实现雅利安理想。

为了给自己找出路，戈林和希姆莱正试图通过谈判达成单独媾和。希特勒得知后，勃然大怒，说自己被背叛了。至此，他终于承认德国战败了。4月29日午夜过后，希特勒开始为离开这个世界做准备。在一个安静的婚礼仪式上，希特勒迎娶了爱娃·布劳恩。布劳恩向希特勒表白，只要他准备好了，她愿意陪他一同赴死。在既绝望又快乐却极不真实的氛围中，地堡里的人吃着蛋糕、喝着香槟庆祝元首的喜事。同时，希特勒命令医生在爱犬布隆迪身上试验氰化物胶囊的效果。胶囊是希姆莱交给希特勒的，他怀疑希姆莱可能用镇静剂替换了毒药，这样苏联人就能活抓他，并对他进行审判。

证实胶囊确实致命后，希特勒送给每位秘书一个装有胶囊的小盒子，作为分别礼物。跟以前相比，此时的元首只剩下一具干瘪的躯壳，他原本深邃的目光因药物变得黯淡，皮肤蜡黄，手在抖个不停。他走路时，就像老人那样拖着腿。一名党卫军警卫后来回忆说，希特勒看上去更像是快70岁了，根本不像56岁的实际年龄。

诸神的黄昏

1945年4月29日凌晨2点，被围困的地堡上空，苏联大炮的炮击声越来越响，希特勒坐在书房里，向秘书葛楚·荣格(Gertrud Junge)口述他的政治遗嘱。荣格以为她终于可以了解开战的原因，以及战争为什么会结束得那么不光彩。

然而，让她沮丧的是，希特勒只是把多年的老调再次重弹了一遍而已。他把以入侵波兰而揭开序幕的这场战争，无所顾忌地怪罪在犹太人身上：

> 如果有人说我或其他德国人想在1939年开战，那都是假话。只有那些犹太人出身的国际政治家，或为犹太人利益服务的国际政治家才想要开战，也正是他们导致了战争的爆发。
>
> 战斗了6年以后，我绝不会离开帝国的首都。虽然在这6年里，我们时不时地遭受挫折，但这些年的战斗终有一天将被历史铭记，因为它是一个国家想要生存下来的最伟大、最勇敢的证据。虽然我们的部队兵力不足，无法抵挡敌人对首都的进攻，虽然我们的战斗力渐渐被那些又蠢又没骨气的家伙削弱了，我还是希望我能留在这里，与几百万人同呼吸共命运。此外，我不想落入敌人手中，因为他们为了娱乐被误导的民众，会任凭犹太人安排一场奇观。我决定留在柏林，当我确定元首官邸已无法抵挡进攻时，我自愿选择死亡……
>
> 在德国历史中，将有一颗种子，从牺牲的战士中、从我至死都与他们保持的联系中复活，随后国家社会主义运动将在万众瞩目中重生……

最后，他宣布了新的内阁成员和他挑选的继任者海军上将卡尔·邓尼茨。这一刻颇为离奇，但也展现了希特勒独有的心理状态。

恶魔自杀

前一个晚上，希特勒睡得不踏实，时睡时醒。他在人生中最后一个早晨，6点就起了床。

庆祝活动已经结束，地堡里的气氛有点儿压抑。一些参加完聚会的

> 如果我们不能征服世界，我们就将世界与我们一起拖入毁灭。
>
> ——阿道夫·希特勒

人躺在空酒瓶和脏碟子中睡着醒酒觉。另一些人则在讨论痛苦最少、效果最好的自杀方法。大家知道最后时刻即将到来，变得麻木冷漠、听天由命。

中午时分，希特勒召开了最后一次会议。与此同时，一个瓦格纳式葬礼正在筹备之中。汽油十分短缺，而且由于不断的炮击，一个复杂的告别仪式是不可能实现的。

希特勒午餐简单地吃了些沙拉和意大利面。午餐后，他跟荣格、鲍曼、戈培尔以及核心集团仅剩的几位成员一一告别。此时，他显得很虚弱，在炮弹的低沉闷响中，他最后的低语几乎无法被听清。

随后，希特勒和他的新娘走进私人房间，关上了房门。这时是下午3点30分。希特勒没能拥有体面的离世，因为歇斯底里的戈培尔夫人片刻之后挤过等在走廊里的一小群人，满眼含泪地恳求元首三思。她被带出了希特勒的房间，房门又关上了。

不久之后，令人窒息的沉寂被一声枪响打破了。戈培尔的一个孩子正在楼梯上玩耍，他听到了枪声。他说："正中靶心。"

没人哭泣。在场的人几乎同时点上了香烟，因为希特勒不允许别人在他面前抽烟。他们长长地吸了一口烟，无比满足。希特勒死了，他的死亡解放了他们，也解放了每一个人，因为他们不用再面对他的专横了。

希特勒的贴身男仆和两名党卫军保镖走进希特勒的房间，看见他歪

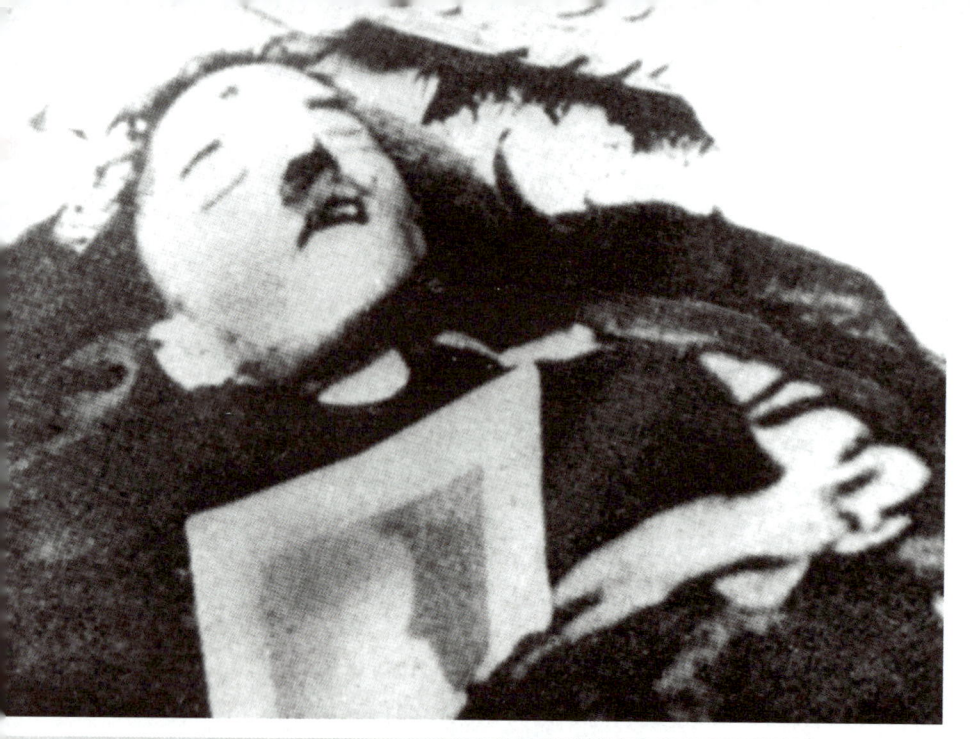

这张照片（摄于地堡）中的人一直被认为是希特勒，其实却只是他的一名参谋。

二战末，爱娃·布劳恩的这张照片在她的个人相册中被发现。

倒在蓝白相间的天鹅绒沙发左侧，他的双手紧紧抓着大腿。血从他右太阳穴的伤口中缓缓流下，那把7.65毫米口径的手枪被扔在他身旁。看来，他不仅服下了毒药，他的新娘为了保险起见，又给了他致命一枪。爱娃·布劳恩也死了，她趴在他身旁，双腿蜷曲于身下。看样子，她也服下了氰化物胶囊。

他们用一条毯子把尸体裹起来，往上搬到地面，放进地堡入口处的弹坑内。然后，他们往尸体上泼了些汽油，男仆从笔记本上扯了一张纸，点燃了尸体。没有葬礼致辞，也没有庄严的瓦格纳音乐，只有几码之外炮弹的嗡鸣和爆炸的闷响。但纳粹将向德国人民撒出最后一个大谎。第二天，邓尼茨上将在广播中宣布了希特勒的死讯，并告诉德国人民，他们的元首带领部队战斗时牺牲了。

同日，即1945年5月1日，戈培尔和妻子毒死孩子们后，一起自杀了，他们无法想象活在一个没有元首的世界里。鲍曼的忠诚在希特勒死后立即消失殆尽。那天晚上，幸存者们从地堡里逃了出来，跑向他们认为是美国人控制区的方向。鲍曼选择和大家一起出逃，但他没能成功脱逃。后来，他的尸体在总理府北面1英里的一座铁路桥旁被发现。很显然，他宁可吞下氰化物胶囊，也不愿被苏联人抓获。

5月23日，乔装成普通士兵的希姆莱在不来梅被英国人抓获。当医生对他实施检查时，他咬破了藏在牙洞内的氰化物胶囊。几分钟后，他就一命呜呼了。

几周后，戈林投降了。最终，他和其他主要纳粹分子在纽伦堡接受了审判。罗伯特·莱伊博士在审判之前上吊自杀了。戈林也在牢房里自杀了，但不过是在被宣判死刑之后。在剩下的20个被告中，里宾特洛甫、凯特尔、卡尔滕布伦纳、罗森伯格、弗兰克、弗里克（Frick）、施特莱歇尔、赛斯-英夸特、绍克尔（Sauckel）和约德尔于1946年10月16日，在法院后面的体育馆被处以绞刑。施佩尔和希特勒青年团首领冯·席拉赫（Baldur von Schirach）被判监禁20年，诺伊拉特

（Konstantin von Neurath）被判监禁15年，邓尼茨被判监禁10年。宣传官员汉斯·弗里切、经济学家亚尔马·沙赫特等被无罪释放。于1941年令人费解地飞往苏格兰，后又落入同盟国手中的鲁道夫·赫斯，被送到了施潘道监狱，直至1986年去世。雷德尔上将和沙赫特的继任者瓦尔特·冯克（Walther Funk）也被判终身监禁。

后面还有其他审判，有些审判甚至是由德国法官负责的。这些审判虽没那么引人注目，但仍令人震惊，因为审判不仅发现了巨大的罪行，还揭示了犯下这些罪行的人的本质。这些人中的许多人都很普通，也没

至少有 90 万犹太人、7.5 万波兰人和 1.9 万吉卜赛人葬身在奥斯威辛第二集中营[17]。

什么特点,因此产生了一个新词语——"平庸之恶"(banality of evil)。公众很快厌倦了这些恐怖的事情,有关法庭的报道也越来越短,直至从头版中彻底消失不见。或许,是因为这些故事太过骇人听闻,让人根本无法忍受。

希特勒的遗产

二战是希特勒挑起的战争。从1939年9月入侵波兰开始，希特勒发动了一场历史上最具毁灭性的战争，一场肆虐了6年、席卷了27个国家的战争，一场夺走了6400万生命、其中包括4000万平民的战争。

受害者中600万是犹太人，他们在集中营中以令人不寒而栗的机构化效率遭到有计划的灭绝。如今，这些集中营已成为"难以想象的苦难"的代名词。此外，纳粹的种族灭绝政策直接导致数百万人在劳动营中累死、饿死或病死。

死亡人数中还得加上不计其数的"不受欢迎者"，比如同性恋、政治对手、残障者、知晓元首过往糗事的人，还有未经审判就被处决的游击队员和抵抗者。此外，在被占领国，为了报复所谓的抵抗行动，还有成千上万无辜的男人、女人和孩子被随意杀害。

东欧的社区一天之内就被彻底毁掉了，因为希特勒的行刑队大开杀戒，祸害了东欧的所有社区，这俨然就是自黑暗时代以来从未有人见过的野蛮场景。

当然，德国国内前线的战斗和同盟国轰炸中，几百万德国平民也被夺走了生命。在战争的余波里，欧洲被带刺的铁丝网和地雷区一分为二，超级大国美国和苏联开始在冷战中对峙。在接下来的40年里，冷战的威胁让核大战随时会终结整个世界。

这就是希特勒的遗产。

注释

[1] 布格河（Bug River），又名"西布格河"，发源于乌克兰西南部沃伦－波多尔高地，沿卢布林高地东缘，由东南向西北流，是乌克兰、白俄罗斯与波兰的界河。经波兰东部低地，在华沙西北38公里处注入维斯瓦河。全长831公里，流域面积7.3万平方公

里，大部分在波兰境内。

[2] 斯大林防线（Stalin Line）是苏联西部边境线修筑的一组防御工事，始建于20世纪20年代，以防止西方国家的入侵。

[3] 全名京特·冯·克鲁格（Gunther von Kluge，1882—1944），1940年任纳粹德国陆军元帅，著名军事家。

[4] 斯摩棱斯克（Smolensk），俄罗斯古城，斯摩棱斯克州首府，距离莫斯科360公里，位于第聂伯河（Dnepr）上游，为河港、铁路枢纽。1812年，俄军同拿破仑一世指挥的法军曾在此激战；1941年和1943年，苏军同德军亦在此大战。

[5] 叶利尼亚（Yelnya），位于俄罗斯斯摩棱斯克州东南部，距州府斯摩棱斯克82公里。二战期间，苏军在该地对德军发动了多场战役。

[6] 比亚韦斯托克（Bialystok），波兰东北部最大城市，比亚韦斯托克省首府。19世纪发展为纺织工业中心，今为波兰东北部经济、文化重镇和交通运输枢纽。1320年建市，1795年起被普鲁士占领，1807年属俄国，一战后归波兰。曾是波兰犹太人聚居中心。二战期间，占全城人口五分之二的4万犹太人中，半数遭德军杀害。

[7] 全名弗朗茨·哈尔德（1884—1972），德国一级陆军上将，出身于军人世家，54岁出任德国陆军参谋长。他曾参与建立希特勒军队，并参与策划、准备和实施武装侵略波、法、英、苏等国。然而，希特勒一直对他爱提不同意见感到不满，于1942年夏天免除了他的职务。前一章提及过此人。

[8] 全名弗雷德里希·保卢斯（Friedrich Paulus，1890—1957），纳粹国防军副总参谋长，德军元帅，"巴巴罗萨计划"拟定者之一。

[9] 哈尔科夫（Kharkov），位于乌克兰东北部，与俄罗斯接壤，面积3.14万平方公里，是乌克兰面积最大的城市。二战中，苏德之间在该地展开拉锯战，共进行了4次战役。

[10] 诺曼底登陆，代号"霸王行动"（Operation Overlord，1944年6月），是二战中盟军在欧洲西线战场发起的一场大规模反攻，近300万士兵渡过英吉利海峡前往法国诺曼底，逆转了欧洲战场的局势。

[11] 瓦尔基里（Valkyrie）是北欧神话中奥丁神（Odin）的12名侍女，负责将自

己选中的阵亡勇士引入瓦尔哈拉殿堂（Valhalla）。

[12] 赫尔穆特·詹姆斯·冯·毛奇伯爵（Count Helmuth James von Moltke, 1907—1945），德国名将赫尔穆特·卡尔·贝恩哈特·冯·毛奇的侄孙，从1940年开始团结中产阶级、军方、教会、社会主义者和工会人士，意图推翻纳粹政权以重整德国秩序。1944年7月20日，他因参与暗杀希特勒而被捕，于1945年1月在柏林被杀害。

[13] 引自：*Letzte Briefe aus dem Gefängnis Tegel*, Helmuth James Graf von Moltke, Berlin 1945.——原注

[14] 引自：*Deutscher Widerstand*, Rudolf Pechel.——原注

[15] 突出部战役（Battle of the Bulge），又名阿登战役，发生于1944年12月16日至1945年1月25日。它是纳粹德国于二战末期，在比利时阿登地区发动的西线攻势，创纪录地造成美军1.9万人战死，但最终以失败告终。盟军在此次战役中的胜利，为英美进攻德国本土奠定了基础。

[16] 国民突击队（Volkssturm [Germany's Home Guard]），是二战临近结束时，纳粹成立的国家民兵部队。它不属于国防军系列，而是根据希特勒在1944年10月18日的命令组建，其成员为16岁至60岁的男性公民。

[17] 奥斯威辛第二集中营（Auschwitz Camp Two），是一座灭绝营。二战期间，纳粹德国占领波兰后，在该国奥斯威辛附近修建了40多个大小不同的集中营和灭绝营，统称奥斯威辛集中营。其中，第一集中营为主营和管理总部，位于奥斯威辛；第二营主要是灭绝营，位于奥斯威辛3公里外的比尔克瑙；第三营是劳动营，为法本化工公司的一座合成橡胶厂提供劳动力，位于奥斯威辛7公里外的莫诺威辛。

结　语

　　希特勒对后世的几代人产生了影响，也让一些人对研究他着迷。毫无疑问，这一状况将会继续，因为希特勒个人和他所领导的国家的崛起与灭亡，简直如同神话一般。希特勒没有受过多少正规教育，也没表现出"伟大"的潜质，更没有艺术天赋，但他却实现了个人崛起并统治了一个文明国家，而这个国家曾经拥有过众多智力超群或艺术天赋突出的人士。

　　一战中，希特勒曾有过英勇之举，并因此获得了铁十字勋章。除此之外，他在一战中再未有过其他突出表现。事实上，他未被提拔，一直都是下士军衔，军阶并不高。然而，他后来竟然成为德国军队的最高统帅，并运用将军们看来极为鲁莽的战术，征服了大部分欧洲国家。

　　在按常理应该撤退、改日再战的情况下，希特勒却禁止军队撤退。尽管如此，整整一代德国年轻人仍然毫无保留地相信他们的元首，并为他欣然赴死。

　　我们如何解释这种现象呢？

　　希特勒的外表并不突出，甚至有些滑稽，而且他还极度缺乏个人魅力、幽默感和同情心。他却被数百万人崇拜，德国男人敬仰他，德国青年崇拜他，女性追随者爱慕他。虽然希特勒丧心病狂的意志凌驾于整个国家之上，但德国人民却不应被看作无辜的受害者。相反，在建立新秩序过程中，德国人民是心甘情愿的同谋。

希特勒迎合了德国人民的虚荣心和膨胀的民族自豪感。此外，至关重要的是，希特勒利用了他们对《凡尔赛条约》苛刻条款的愤恨，并替他们表达了内心深处对犹太人的怀疑，因为犹太人对于他们面临的所有问题而言，是最为便利的替罪羊。

希特勒一直被刻画成一个恶魔，他利用暴力和恐吓登上权力巅峰后，迷惑并胁迫了几百万人，然后又背叛了民众的信任。然而，真相却是，德国人民投票把希特勒选上台，热情支持他的政策；当他剥夺犹太人的权利、财产乃至生命时，德国人民并没有表示任何反对。

希特勒憎恨犹太人，但他没有什么正当理由，他与犹太人之间也并不存在个人宿怨。他只是将他的刻薄发泄到整个犹太种族身上。实际上，犹太人比希特勒更有资格被称作德国人，因为他自己是奥地利人，是地地道道的"外人"。

希特勒的反犹太主义思想，是移情作用的经典案例。他把对自己不满意的地方，都怪罪在犹太人身上，并利用犹太人为自己的精神失常开

> 为什么我不能把希特勒称作我的朋友？我们之间缺少了什么？其实，我们之间什么都没有。在我的一生中，我从未见过任何人像希特勒这样，几乎从不表露自己的感情。即使他表露了自己的感情，他也会很快将自己的感情再次封闭。
>
> ——艾伯特·施佩尔

帝国的黑暗日子：1944 年，失败摆在鲍曼、戈林、希特勒和希姆莱面前。

脱。希特勒控诉犹太人为了毁灭世界而意图控制世界，但这不过是在总结他自己的野心而已。

希特勒本人正是他自己所鄙视的下等人的典型代表，他毫无良知、不讲道德、未受过教育又野蛮粗暴。同时，他还被自己的缺陷所折磨。希特勒是镜中的怪物，照射出我们没有灵魂的原始自我，而正是灵魂使我们拥有人性和希望。

虽然其他历史人物的生平、思想和事迹都更值得记录，但与历史上的其他人物相比，希特勒这个富有悲剧性又极度无可救药的人物，竟然让更多传记作家产生了创作灵感。这完全是因为一个简单而又令人不快的事实：作家们认为，希特勒体现了人性的另一面；他不是怪物，也不是疯子，只是一个毫无同情心和人性的人。

1942年，纳粹党卫军发行了一本旨在帮助其成员辨别德国人民公敌的小册子。据这本小册子所示，德国人民的公敌是下等人，而下等人被描述成如下模样：

> （下等人）具体表现为某一类人……在他内心深处，他处于残酷粗野的混沌状态。他拥有无穷无尽的摧毁意愿、最原始的欲望和毫不掩饰的下作……下等人……憎恨他人的工作成果。因为他对别人的成果感到愤慨，私下里他会设法盗取他人的成果，公开场合里他又会诋毁或者抹杀他人的成果。物以类聚，人以群分。下等人永远不会给予他人和平的机会，因为他所需要的是一片灰暗和一片混乱。他刻意回避文化进步带来的光明。为了自我保护，他需要的是地狱般的混乱情形……

这不啻就是对希特勒更为准确的刻画。

大事年表

1889

1889年4月20日
希特勒出生在奥地利林茨附近。

1918年11月11日
一战结束，德国战败。

1919年6月28日
《凡尔赛条约》签订。

1921年7月29日
希特勒当选国家社会主义德国工人党（纳粹党）领导人。

1923年11月9日
慕尼黑啤酒馆政变失败，希特勒入狱。

1925年7月18日
《我的奋斗》出版。

1929年10月29日
华尔街股市崩盘揭开了经济大萧条的序幕，美国和欧洲出现普遍的通货膨胀和高失业率。

1930年9月14日
纳粹党成为德国第二大政党。

1933年1月30日
希特勒出任德国总理。

1933年3月24日
希特勒在国会纵火案（2月27日发生）后，开始行使紧急权力。

1933年4月1日
纳粹鼓励抵制犹太工商业。

1933年5月10日
在德国城市中，焚书成为常见现象。

1933年7月14日
纳粹党取缔反对党。

1934年6月30日
"长刀之夜"。

1934年7月25日
纳粹杀害了奥地利总理陶尔斐斯。

1934年8月2日
德国总统冯·兴登堡去世。

1934年8月19日
希特勒被任命为纳粹德国元首。

1935年9月15日
《纽伦堡种族法》剥夺了犹太人的平等权利。

1936年3月7日
德军在未遭抵抗的情况下占领莱茵兰。

1936年7月18日
西班牙内战爆发，佛朗哥法西斯分子从德国获得军事援助。

1936年8月1日
奥运会在柏林开幕。

1937年6月11日
苏联发起"肃反运动"，严重削弱了军队实力和士气。

1938年3月12日
德国与奥地利合并。

1938年9月30日
英国首相张伯伦签署了《慕尼黑协定》，保证英国及其盟友不会干涉希特勒"收复"苏台德地区。张伯伦宣称，通过安抚希特勒，他确保了"我们时代的和平"，并阻止了欧洲战争的爆发。

1938年10月15日
德国军队占领苏台德地区。

1938年11月9日
"水晶之夜"降临，纳粹暴徒及其支持者在全德国砸碎了犹太商行的窗户，焚毁了犹太教堂。

1938

1939

1939年3月15—16日
纳粹占领捷克斯洛伐克。

1939年3月28日
西班牙内战结束，佛朗哥法西斯分子掌权。

1939年5月22日
纳粹与意大利签订《钢铁条约》。

1939年8月21日
纳粹与苏联签订互不侵犯条约。此后，德国可以放手在西欧侵略他国，不必担心东线会开辟第二战场。

1939年8月25日
为了应对苏德签署的条约，英国与波兰签订互助协定。

1939年9月1日
纳粹入侵波兰。

1939年9月3日
英国、法国、澳大利亚和新西兰向德国宣战。

1939年9月17日
苏军入侵波兰。10天后，波兰投降。

1939年9月29日
纳粹和苏联瓜分波兰。

1939年10月
纳粹实施"安乐死"政策，病人和残障者被消灭。

1939年11月8日
暗杀希特勒的行动失败。

1939年11月30日
苏军入侵芬兰。次年3月12日，两国签署和平协定。

1940年4月9日
纳粹入侵丹麦和挪威。

1940年5月10日
纳粹闪电入侵法国、比利时、卢森堡和荷兰。温斯顿·丘吉尔出任英国首相。

1940年5月15日
荷兰投降。5月28日，比利时投降。

1940年5月26日
盟军从敦刻尔克撤退。直至6月3日，整个撤退行动才结束。

1940年6月10日
挪威投降，意大利向英法宣战。

1940年6月14日
德军进占巴黎。

1940年6月16日
贝当元帅出任法国总理。

1940年6月18日
希特勒与墨索里尼结盟，苏联占领波罗的海诸国。

1940年6月22日
法国领导人被迫在德国1918年签署投降书的火车车厢里签署停战协议，这是希特勒对法国的羞辱。

1940年6月28日
英国承认流亡的戴高乐将军为自由法国的领导人。在法国国内，"傀儡"维希政府与纳粹勾结合作。

1940年7月1日
为袭扰向不列颠群岛运送重要物资的商船队，德国在大西洋开始了潜艇战役。

1940年7月10日
不列颠之战爆发。整个8月份，德国轰炸机轰炸英国机场和工厂。为了反击，英军开始轰炸柏林，这是二战中的首次远程袭击。

1940年9月13日
意大利入侵埃及。

1940年9月15日
德国对英国的空袭范围扩至南安普敦、布里斯托尔、卡迪夫、利物浦和曼彻斯特。

1940年9月27日
德国、意大利、日本签订三国盟约，轴心国正式确立。

1940年10月7日
德国入侵罗马尼亚。

1940年10月12日
德国取消"海狮行动"。

1940年10月28日
意大利军队入侵希腊。

1940年11月20日
罗马尼亚加入轴心国3天后，匈牙利也随之加入。

1940年12月9—10日
英军在北非战场对意大利发起反攻。

1940

大事年表

1941

1941年1月22日
英国和澳大利亚夺下具有重要战略意义的北非港口托布鲁克。2月12日，隆美尔的非洲军团进入北非战场后，此港口数度易手。

1941年5月10日
纳粹副元首鲁道夫·赫斯飞往苏格兰，随后被捕。

1941年6月
纳粹党卫军特别行动队开始在拉脱维亚实施大屠杀计划。

1941年7月3日
面对德军的攻势，斯大林下令实施焦土政策。

1941年7月31日
戈林指示海德里希执行"最终解决方案"，对在德犹太人进行大规模屠杀。

1941年9月3日
奥斯威辛集中营首次实验性地使用毒气室。

1941年12月7日
日本轰炸珍珠港。

1942年1月20日
党卫军领导人海德里希召开万湖会议，协调"最终解决方案"。

1942年6月
纳粹在奥斯威辛集中营开始对犹太人进行大规模屠杀。

1942年6月11日
希姆莱下令摧毁波兰的犹太居住区。

1942年9月
斯大林格勒战役打响。

1943年1月27日
美国第一次轰炸德国。

1943年2月18日
纳粹在慕尼黑逮捕"白玫瑰"抵抗组织领导人。

1943年5月13日
德军和意军在北非投降。

1943年7月25—26日
墨索里尼被捕，巴多格利奥元帅接管职权。6周后，墨索里尼被德军营救。

1941年3月27日
南斯拉夫政变推翻了亲"轴心国"政府。

1941年4月6日
纳粹入侵希腊和南斯拉夫。4月17日，南斯拉夫投降。10天后，希腊投降。

1941年5月27日
纳粹"俾斯麦"号旗舰被英国海军击沉。

1941年6月22日
德国入侵苏联，代号"巴巴罗萨行动"。

1941年7月12日
英国和苏联签订合作互助条约。

1941年9月1日
纳粹命令犹太人佩戴"大卫星"。

1941年10月2日
"台风行动"开始，德军进攻莫斯科。12月5日，德军开始撤退。4天后，苏军在莫斯科周围发起一场大规模反攻。

1941年12月19日
希特勒掌握德军的绝对指挥权。

1942年5月30日
英国发动第一次千机大轰炸，空袭科隆。

1942年6月4日
海德里希在布拉格遇刺身亡。为了报复，纳粹在利迪策开展清算行动。

1942年7月1—30日
第一次阿拉曼战役。

1943年1月14—24日
丘吉尔和罗斯福在卡萨布兰卡要求德国无条件投降。

1943年2月2日
被包围的德军在斯大林格勒投降。

1943年4月19日
武装党卫军镇压华沙犹太居住区的犹太抵抗组织。抵抗坚持到了5月16日。

1943年7月9—10日
盟军在西西里岛登陆。

1943年10月1日
盟军进入意大利那不勒斯。

1943

1944

1944年1月22日
盟军在意大利安齐奥登陆。

1944年1月27日
德军对列宁格勒的围困终于在900天后解除。

1944年2月15—18日
盟军轰炸蒙特卡西诺修道院。

1944年3月4日
盟军首次对柏林实行大规模日间空袭。

1944年6月5日
盟军进入罗马。

1944年6月6日
盟军在法国诺曼底登陆。

1944年6月13日
德国首次向英国发射V1导弹。

1944年6月22日
苏联的夏季反攻开启了德国侵略者的溃败模式。

1944年7月3日
"篱墙之战"在诺曼底展开。1周后，卡昂被解放。

1944年7月20日
希特勒躲过了发生在"狼穴"指挥部的暗杀行动。

1944年7月24日
苏军在波兰马伊达内克解放了第一个集中营。

1944年8月25日
巴黎被解放。

1944年9月13日
美军抵达齐格菲防线。

1944年9月17日
盟军开始"市场花园行动"，空降突袭荷兰。

1944年10月2日
经过数周的英勇抵抗，波兰救国军被迫在华沙向德国人投降。

1944年10月14日
盟军解放雅典；因卷入"七月密谋"，隆美尔被希特勒下令自杀。

1944年12月16—27日
突出部战役打响。撤退中的武装党卫军在马尔梅迪杀害了81名美国战俘。

1944年12月26日
巴顿将军为"奋战在巴斯托涅的混蛋们"解围。次年1月，德军从阿登撤退。希特勒的最后一搏失败了。

1945年1月26日
苏军解放奥斯威辛集中营。

1945年2月4—11日
罗斯福、丘吉尔和斯大林在雅尔塔会面，商议战后德国的划分。

1945年2月13—14日
在盟军轰炸袭击后，德累斯顿被炸弹引发的大火烧毁。

1945年4月
盟军发现被藏在盐矿中的失窃纳粹艺术品。

1945年4月1日
美军在鲁尔地区包围德军的残存力量。最终，这些德军于4月18日投降。

1945年4月12日
盟军揭露了纳粹在布痕瓦尔德和贝尔森集中营实施的"最终解决方案"；罗斯福总统逝世，杜鲁门成为美国新总统。

1945年4月16日
美军进入纽伦堡。

1945年4月21日
苏军进入柏林。

1945年4月28日
墨索里尼被意大利游击队绞死。

1945年4月29日
美国第7集团军解放达豪集中营。

1945年4月30日
希特勒在柏林地堡中自杀，随后戈培尔自杀。他们的尸体被烧毁。

1945年5月7日
德军签署无条件投降书。

1945年5月8日
欧洲胜利日到来。

1945年5月9日
戈林向美国第7集团军投降。

1945年5月23日
党卫军全国领袖希姆莱自杀。

1945年6月5日
同盟国划分德国，将柏林一分为二。冷战开始。

1945年11月20日
纽伦堡战争罪审判开始。大约1年后，在即将执行死刑前2小时，戈林自杀身亡。

1945

参考文献

Bloch, Dr, in *The Psychoanalytic Quarterly*, 1947

Das kleine ABC des Nationalsozialisten, Nazi Party pamphlet, 1922

Das Reich, November 1941

Deutsche Wehr, official German army magazine, 1925

Die Vollmacht des Gewissens (Munich 1956)

Dietrich, Otto, *12 Years With Hitler* (Munich 1955)

Fest, Joachim, *Hitler: A Biography*, (Harcourt 1973)

Flaherty, Thomas, *Centre of the Web* (Time Life 2004)

Frank, Hans, *Im Angesicht des Galgens* (Alfred Beck 1953)

Goering, *Aufbau einer Nation*, 1934

Halder, General, Chief of the Army General Staff, Diary of Heiden, Konrad, *Der Führer* (Houghton-Mifflin 1944)

Hitler, Adolf, *Mein Kampf* (Boston 1943)

Hoover Institute, Abel file IMT document, 1919-PS, XXIX

Jetzinger, Franz, *Hitler's Youth* (Hutchinson, London 1958)

Kleist, Peter, *The European Tragedy* (Times Press 1965)

Kohler, Pauline OSS sourcebook 1936

Krüger, Horst, *A Crack In The Wall* (Fromm International 1966)

Kubizek, August, *The Young Hitler I Knew* (Boston 1955)

Langer, Walter, OSS sourcebook 1936

Lloyd-George, David, *Daily Express*, 'I Talked To Hitler', 17 November 1936

Ludecke, Kurt, *I Knew Hitler*, 1938

Moltke, Helmuth James von, *Letzte Briefe aus dem Gefängnis Tegel* (Berlin 1963)

Musmanno, Michael, *Ten Days To Die* (New York 1950)

Neuhäusler, *Kreuz and Hakenkreuz* (Munich 1946)

OSS sourcebook 1943

Pechel, Rudolf, *Deutscher Widerstand* (Erlenbach-Zurich 1947)

Rauschning, *The Voice of Destruction* (New York 1940)

Remak, Joachim, *The Nazi Years* (Prentice Hall, NJ 1969)

Shirer, William L, *The Rise and Fall of the Third Reich* (Mandarin 1991)

Sognnaes & Strom, 'The Odontological Identification of Adolf Hitler: Definitive Documentation By X-Rays, Interrogations and Autopsy Findings', 1973

Acta Odontologica Scandinavica 31

Speer, Albert, *Inside The Third Reich* (Bonanza, New York 1982)

Strasser, Otto, *The Gangsters Around Hitler* (London 1942)

Vierteljahreshefte fur Zeitgeschichte, VI

Völkischer Beobachter, 1921

Völkischer Beobachter, 3 March 1932

Waite, Robert G L, *The Psychopathic God* (Basic Books 1977)

词语对照表

A Crack in the Wall	《墙上的裂缝》
Adlertag（Eagle Day）	"鹰日"（不列颠空战首日）
Adolf Heusinger	阿道夫·豪辛格
Adolf Schicklgruber	阿道夫·施克尔格鲁伯
Afrika Korps	非洲军团
Albert Speer	艾伯特·施佩尔
Alexander Korda	亚历山大·柯尔达
Alfred Hugenberg	阿尔弗雷德·胡根伯格
Alfred Jodl	阿尔弗雷德·约德尔
Alfred Rosenberg	阿尔弗雷德·罗森伯格
Alois Matzelberger	阿洛伊斯·马佐尔斯伯格
Alte Rosenbad	阿尔特斯·罗森巴德
Anna Glassl	安娜·格拉斯尔
Anschluss	德奥合并
Anti-Comintern Pact	《反共产国际协定》
Anton Drexler	安东·德雷克斯勒
Archibald Percival Wavell	阿奇博尔德·珀西瓦尔·韦维尔
Army Group	集团军群
Arno Brecker	阿尔诺·布雷克
Arthur Seyss-Inquart	阿图尔·赛斯-英夸特
Arthur Temperley	阿瑟·坦珀利
Atlantic Wall	大西洋壁垒
Aubrey Immelman	奥布里·伊梅尔曼
August Kubizek	奥古斯特·库比泽克
Auschwitz Camp	奥斯威辛集中营
Austrian Antisemitic League	奥地利反犹主义联盟
Austrian Archduke	奥地利大公
Austro-Hungarian Empire	奥匈帝国
Axel Heyst	阿克塞尔·海斯特
Baldur von Schirach	巴尔杜尔·冯·席拉赫
Baron von Richthofen	冯·里希特霍芬男爵
Battle of Britain	不列颠之战(不列颠空战)
Battle of the Bulge	突出部战役
Beauty of Work Department	劳动之美办公室
Benito Mussolini	贝尼托·墨索里尼
Berghof	贝格霍夫(希特勒别墅名)
Berman Boehm	赫尔曼·伯姆
Bernard Montgomery	伯纳德·蒙哥马利
Bernhard Staempfle	伯恩哈德·施丹佛尔
Blitzkrieg	闪电战
Brandenburg Gate	勃兰登堡门
Braunau am Inn	布劳瑙(奥地利地名)
British Air Ministry	英国空军部
British Expeditionary Force	英国远征军
British Isles	不列颠群岛
Bug River	布格河
Bund Deutscher Mädchen	德国少女联盟
Bürgerbräu	勃格布劳啤酒馆
Carl Goerdeler	卡尔·格德勒
Case White	白色方案
Catholic Action	公教进行会
Catholic Centre Party	天主教中央党
Christa Schroeder	克丽丝塔·施罗德
Christabel Bielenberg	克里斯特贝尔·比伦伯格
Claus von Stauffenberg	克劳斯·冯·施陶芬贝格
Cold War	冷战
Confessional Church	认信教会
Daily Express	《每日快报》

DAP	德国工人党	Franz von Pfeffer	弗朗茨·冯·普费弗
Dawes Plan	道威斯计划	Freemasonry	共济会
D-Day	诺曼底登陆日	Freikorps	自由军团
Deutsche Volksblatt	《德意志人民报》	Freinberg	弗莱堡(奥地利地名)
Dietrich Eckart	迪特里希·埃卡特	French High Command	法国统帅部
Dirschau	特切夫(波兰地名)	Friedrich Ebert	弗雷德里希·艾伯特
Dmitry Pavlov	德米特里·巴甫洛夫	Friedrich Fromm	弗雷德里希·弗洛姆
DNB	德国通讯社	Friedrich Paulus	弗雷德里希·保卢斯
Eberhard von Breitenbuch	埃伯哈德·冯·布里登布什	Fritz Lang	弗里兹·朗
Edvard Benes	爱德华·贝奈斯	Führer Special	元首专列
Edward Grey	爱德华·格雷	Geli Raubal	吉莉·拉包尔
Edward Rydz-Âmigly	爱德华·雷兹-希米格维	Genghis Khan	成吉思汗
Edward Schmidt	爱德华·施密特	Georg Schonerer	格奥尔格·舍纳勒尔
Emil Hácha	伊米尔·哈卡	Georg Thomas	格奥尔格·托马斯
Emil Otto	埃米尔·奥托	George Bonnet	乔治·博内
Emmi Bonhoeffer	埃米·邦赫费尔	Georgy Zhukov	格奥尔吉·朱可夫
Engelbert Dollfuss	恩格尔伯特·陶尔斐斯	Gerd von Rundstedt	格尔德·冯·伦德施泰特
Erich Ebermayer	埃里希·埃贝迈尔	German Christian Movement	德意志基督教运动
Erich Klausener	埃里希·克劳森纳	German Penal Code	《德国刑法典》
Erich Ludendorff	埃里希·鲁登道夫	*German Physics*	《德意志物理学》
Erich Raeder	埃里希·雷德尔	German Socialist Party	德国社会主义党
Erich von Manstein	埃里希·冯·曼施坦因	Germany's Home Guard	国民突击队
Erich von Voss	埃里希·冯·沃斯	Gertrud Junge	葛楚·荣格
Ernest Röhm	恩斯特·罗姆	Gestapo	盖世太保
Ernst Hanfstaengl	恩斯特·汉夫施丹格尔	Gleichshaltung	一体化
Erwin Rommel	埃尔温·隆美尔	*Götterdämmerung*	《诸神的黄昏》
Eugen Steinemann	尤金·史丹利蒙	Governor-General of Occupied Poland	驻波兰占领区总督
Eva Braun	爱娃·布劳恩	Great Depression	大萧条(1929—1933)
Ferdinand von Bredow	费迪南·冯·布雷多	Great War	第一次世界大战
First Lord of the Admiralty	英国海军大臣	Gregor Strasser	格雷戈尔·施特拉塞尔
First Reich	德意志第一帝国(962—1806)	Guards Army	近卫集团军
Four-Year Plan	四年计划	Guido von List	圭多·冯·李斯特
Franz Halder	弗朗茨·哈尔德	Günther Blumentritt	君特·布鲁门特里特
Franz Jetzinger	弗朗兹·杰茨辛格	Gunther von Kluge	京特·冯·克鲁格
Franz von Papen	弗朗茨·冯·巴本	Gustav Krupp	古斯塔夫·克虏伯

Gustav Stresemann	古斯塔夫·施特雷泽曼	Julius Leber	尤利乌斯·莱伯
Gustav von Kahr	古斯塔夫·冯·卡尔	Julius Streicher	尤利乌斯·施特莱歇尔
Hague Convention	《海牙公约》	July Plot	七月密谋
Hall of Mirrors	镜厅	Jungmädel	少女团
Hans Frank	汉斯·弗兰克	Jungvolk	少年团
Hans Fritzsche	汉斯·弗里切	Kapp Putsch	卡普政变
Hans von Seisser	汉斯·冯·赛瑟尔	Karl Dönitz	卡尔·邓尼茨
Hapsburg	哈布斯堡王朝	Karl Harrer	卡尔·哈勒
Heidelberg University	海德堡大学	Karl Haushofer	卡尔·豪斯霍费尔
Heinrich Brüning	海因里希·布吕宁	Karl Lueger	卡尔·卢埃格尔
Heinrich Himmler	海因里希·希姆莱	Konrad Henlein	康拉德·亨莱茵
Heinz Brandt	海因茨·勃兰特	Konstantin von Neurath	康斯坦丁·冯·诺伊拉特
Heinz Wilhelm Guderian	海因茨·威廉·古德里安	Kristallnacht	"水晶之夜"
Helmuth James von Moltke	赫尔穆特·詹姆斯·冯·毛奇	kronen	克朗(货币单位)
Henri Philippe Pétain	亨利·菲利浦·贝当	Kurt Ludecke	库尔特·卢戴克
King Henry the Fowler	亨利一世(国王)	Kurt von Schleicher	库尔特·冯·施莱谢尔
Hermann Hoth	赫尔曼·霍特	Kurt von Schuschnigg	库尔特·冯·许士尼格
Hermann Wilhelm Goering	赫尔曼·威廉·戈林	Kurt Zeitzler	库尔特·蔡茨勒
Herrenstrasse	赫伦大街	Labour Front	劳工阵线
Henning von Tresckow	海宁·冯·特莱斯科夫	Landstrasse	兰德大街
Hitler Youth	希特勒青年团	Lanz von Liebenfels	兰茨·冯·利本弗尔斯
Hitler's Youth	《希特勒的青年时代》	Law against the Formation of New Parties	《禁止组织新党法》
Hjalmar Schacht	亚尔马·沙赫特	Law concerning the Head of the German State	《德国国家元首法》
Hugh Dowding	休·道丁		
Humboldtstrasse	洪堡大街	Law for the Prevention of Hereditarily Diseased Offspring	《防止遗传病后代法》
Imperialist Germany	德意志帝国		
Ion Antonescu	扬·安东内斯库	Law for the Protection of German Blood and German Honour	《德国血统与德国荣誉保护法》
Iron Cross First Class	一级铁十字勋章		
Iron Cross Second Class	二级铁十字勋章		
Ivan Konev	伊凡·科涅夫	Law for the Protection of the Hereditary Health of the German People	《德意志人民遗传健康保护法》
Jan Syrovy	扬·西罗维		
Joachim von Ribbentrop	约阿希姆·冯·里宾特洛甫		
Johann Schnur	约翰·施努尔	League of Air Sports	航空运动联盟
		League of Nations	国际联盟
Josef Beck	约瑟夫·贝克	Lebensborn	"生命之源"计划
		Lebensraum	生存空间
Joseph Stalin	约瑟夫·斯大林	Locarno Treaties	《洛迦诺公约》
Josip Broz Tito	约瑟普·布罗兹·铁托	Lord of the Flies	《蝇王》

Ludwig Beck	路德维希·贝克	Operation Punishment	惩罚行动
Ludwig Müller	路德维希·穆勒	Operation Sealion	海狮行动
Luftwaffe	德国空军	Operation Valkyrie	瓦尔基里行动
Maginot Line	马其诺防线	OSS	战略情报局
Marinus van der Lubbe	马里努斯·凡·德尔·卢贝	Ostara	《奥斯塔拉》杂志
Martin Bormann	马丁·鲍曼	Otto Dietrich	奥托·迪特里希
Martin Niemöller	马丁·尼莫拉	Otto von Lossow	奥托·冯·罗索
Maurice Gustave Gamelin	莫里斯·居斯塔夫·甘末林	Panzer Group	装甲集群
		Paul Joseph Goebbels	保罗·约瑟夫·戈培尔
Mauthausen Concentration Camp	毛特豪森集中营	Paul Schmidt	保罗·施密特
		Paul von Hindenburg	保罗·冯·兴登堡
Max Amann	马克斯·阿曼	Paul von Kleist	保罗·冯·克莱斯特
Max von Baden	马克斯·冯·巴登	Peter Kleist	彼得·克莱斯特
Maxime Weygand	马克西姆·魏刚	Peter Lorre	彼得·洛
Mein Kampf	《我的奋斗》	Philipp Lenard	菲利普·勒纳
Messerschmitt Me 109s	梅塞施密特 Me109 战斗机	Polish Corridor	波兰走廊
Michael Curtiz	迈克尔·柯蒂兹	RAF	英国皇家空军
Munich Agreement	《慕尼黑协定》	Reich Chamber of Culture	帝国文化协会
Munich Putsch (Beer Hall Putsch)	慕尼黑政变（啤酒馆政变）	Reichschancellery	帝国总理府
My Political Awakening	《我的政治觉醒》	Reichstag	德意志帝国国会
National Socialist German Workers Party (NSDAP)	国家社会主义德国工人党（纳粹党）	Reichswehr	德国防卫军
		Reinhard Heydrich	莱因哈德·海德里希
		René Schickele	雷内·席克勒
Nero Decree	《尼禄法令》	Residenzstrasse	雷希丹茨大街
Neville Chamberlain	内维尔·张伯伦	Richard Wagner	理查德·瓦格纳
Neville Henderson	内维尔·亨德森	Rienzi	《黎恩济》
Night and Fog Decrees	《"夜雾"法令》	Robert Ley	罗伯特·莱伊
Night of the Long Knives	"长刀之夜"	Robert Waite	罗伯特·维特
Ninty-five Theses	《九十五条论纲》	Rudolf Hess	鲁道夫·赫斯
November Criminals	"十一月的罪人"	Rudolf Schmundt	鲁道夫·施蒙特
Nuremberg Laws	《纽伦堡法令》	SA	冲锋队
Nuremberg Rallies	纽伦堡集会	Sachsenhausen Concentration Camp	萨克森豪森集中营
Obersalzberg	上萨尔茨堡山		
Odeonplatz	奥登广场	Siberian Front	西伯利亚战线
Office of the Reich Leader of Physicians	帝国医生领导办公室	Spandau Prison	施潘道监狱
		SS	党卫军
OKH	德国国防军陆军司令部	SS Death Squad	党卫军行刑队
OKW	德国国防军最高统帅部	SS Division	党卫军师
Operation Barbarossa	巴巴罗萨行动	Stadelheim Prison	史塔德汉监狱
Operation Himmler	希姆莱行动		

Stalin Line	斯大林前线
Star of David	大卫星
Sterneckerbräu	施德内克布劳啤酒馆
Stock Market Crash of 1929	1929年美国股市大崩盘
Stukas	斯图卡式轰炸机
Sudeten German Party	苏台德德意志党
swastika	万字符(卐)
The Cabinet of Dr. Caligari	《卡里加里博士的小屋》
The Devil's Kitchen	《魔鬼的厨房》
The Enabling Act	《授权法案》
The Final Solution	最终解决方案
The Myth of the 20th Century	《二十世纪的神话》
The National Revolution	国民革命
The Plague in Florence	《佛罗伦萨的瘟疫》
The Psychopathic God	《心理变态的"神"》
The Rise and Fall of the Third Reich	《第三帝国的兴亡》
The Roaring Twenties	咆哮的二十年代
The Versailles Treaty	凡尔赛条约
The Wall Street Crash	华尔街崩盘(1929)
The Young Hitler I Knew	《我所认识的青年希特勒》
Theo Osterkamp	西奥·奥斯特坎普
Theodor Fritsch	西奥多·弗里奇
Thierschstrasse	蒂尔施街
Third Reich	第三帝国
Truman Smith	楚门·史密斯
U-Boot	U型潜艇
UFA	德国乌发电影公司
Unter den Linden	菩提树大街
untermensch	次等人类(纳粹蔑称)
untermenschen	劣等人(纳粹蔑称)
US Army Signal Corps	美军通信兵部队
Versailles Treaty	《凡尔赛条约》
Victor Lutze	维克多·卢策
Volkischer Beobachter	《人民观察家报》
Volkssturm	国民突击队
Voss Strasse	伏斯大街
Vyacheslav Molotov	维亚切斯拉夫·莫洛托夫
Walter Model	瓦尔特·莫德尔
Walter von Brauchitsch	瓦尔特·冯·布劳希奇
Walter Warlimont	瓦尔特·瓦利蒙特
Walther von Lüttwitz	瓦尔特·冯·吕特维兹
Wehrmacht	德意志国防军
Weimar Republic	魏玛共和国
Werner von Blomberg	瓦尔纳·冯·布伦伯格
Werner von Fritsch	瓦尔纳·冯·弗立契
Werner von Haeften	瓦尔纳·冯·赫夫特
Wiessee	维塞(德国城市)
Wilhelm Brueckner	威廉·布吕克纳
Wilhelm Burgdorf	威廉·布格道夫
Wilhelm Keitel	威廉·凯特尔
Wilhelmsplatz	威廉广场
William L. Shirer	威廉·夏伊勒
Winston Churchill	温斯顿·丘吉尔
Wolf's Lair (Wolfsschanze)	"狼穴"
Wolfgang Kapp	沃尔夫冈·卡普
Woolworth	伍尔沃斯(美国零售公司)
XIX Panzer Corp	德国第19装甲军
Zarienplatz	泽瑞恩广场

历史图文系列
用图片和文字记录人类文明轨迹

策划：朱策英
Email: gwpbooks@foxmail.com

纳粹兴亡图文史：帝国的毁灭
[英] 保罗·罗兰/著　晋艳/译

本书以批判的视角讲述了纳粹运动在德国的发展过程，以及希特勒的人生浮沉轨迹。根据大量史料，作者试图从希特勒的家庭出身、成长经历等分析其心理与性格特点，描述了他及其党羽如何壮大纳粹组织，并最终与第三帝国一起走向灭亡的可悲命运。

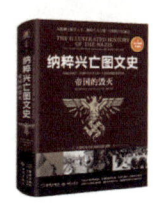

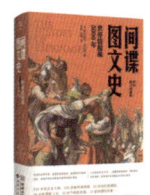

间谍图文史：世界情报战5000年（彩印增订典藏版）
[美] 欧内斯特·弗克曼/著　李智　孟林/译

本书通过丰富的图片和通俗的文字，既生动描绘了从古埃及至AI时代的人类隐秘较量历程，也深刻折射出世界文明发展轨迹，重点讲述活动史、机构史、技术史、窃密史等方面，立体再现5000多年云谲波诡的无声战场。这不仅是一部人类间谍史，也是一部秘密战争史。

海战图文史：影响世界海权的1000年
[英] 海伦·多伊/著　李驰/译

通过丰富的图片和通俗的文字，本书撷取中世纪以来50多场经典海战，细节性地展示出一部波澜壮阔的世界海战史。读者不仅可以了解每场海战发生的背景起因、主要将领、战斗过程及其结果，还可以看到武器装备、战舰类型、战术思维、通信方式等细节，再现全球海洋风云变局1000年。

战役图文史：改变世界历史的50场战役
[英] 吉尔斯·麦克多诺/著　巩丽娟/译

本书撷取了人类战争史中的50个著名大战场，细节性地展现了一部波澜壮阔的世界战役史。全书通过精炼生动的文字，167幅珍贵的战时地形图、双方阵列图、场景还原图、行军路线图、战场遗迹图，以及随处可见的战术思维、排兵布阵等智慧火花，为读者呈现了一场精彩绝伦的思想和视觉盛宴。

战弓图文史：改变人类战争的四大弓箭
[英] 麦克·洛兹/著　胡德海/译

本书通过真实历史事件、射击效果体验与现代弹道学测试，描述了弓箭的起源、设计、应用、发展，阐释了弓箭对人类战争、文明演进的历史影响……堪称一部专业、有趣、多图、易读的冷兵器史。

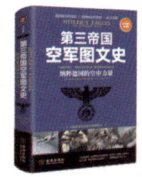

第三帝国空军图文史：纳粹德国的空中力量
[英] 克里斯·麦克纳布/著　沈立波/译

通过丰富的图片和通俗的文字，本书从不同时期的战场表现切入，生动讲述了德国空军从一战后的重新武装，到二战初期的闪电战、北非鏖战、入侵苏联，再到东西线败退、本土防守，直至最后溃败的全部兴衰演变过程，既是一张希特勒空军的全景式演变图谱，也是一部纳粹德国的兴亡史。

第三帝国陆军图文史：纳粹德国的地面力量
[英] 克里斯·麦克纳布/著　沈立波/译

通过丰富的图片和通俗的文字，本书从不同时期的战场表现切入，生动讲述了德国陆军从一战后的绝境重生，到二战初期的闪电战、北非鏖战、入侵苏联，再到东西线败退、本土防守，直至最后溃败的全部兴衰演变过程，既是一张希特勒地面力量的全景式演变图谱，也是一部纳粹德国陆军的兴亡史！

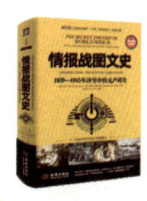

情报战图文史：1939—1945年冲突中的无声对决
[美] 尼尔·卡根　[美] 史蒂芬·希斯洛普/著　朱鸿飞/译

本书通过丰富的图片和通俗的文字，带领读者走近二战中的间谍、密码破译者和秘密行动，多角度了解战争背后的无声较量，全方位触摸战争的鲜活历史脉络，具体包括战争历程、重要事件、谍战形式、机构沿革、科技创新等方面，堪称一部全景式二战情报战史，也是一部改变世界格局的大国博弈史。

蓝调图文史：影响世界历史的100年
[英] 迈·埃文斯　[美] 斯科特·巴雷塔/著　太阳/译

本书通过丰富的图片和生动的文字，详细描绘蓝调从诞生至今的历史脉络，以及对世界历史的影响。全书着眼于音乐史、人物史、创新史、人文史等，立体呈现了蓝调音乐百年历程，堪称一部另类视觉的人文变迁史。

鞋靴图文史：影响人类历史的8000年
[英] 丽贝卡·肖克罗斯/著　晋艳/译

本书运用丰富的图片和生动的文字，详细讲述鞋子自古至今的发展变化及其对人类社会的影响，包括鞋靴演进史、服饰变迁史、技术创新史、行业发展史等。它不仅是一部鲜活的人类服饰文化史，也是一部多彩的时尚发展史，还是一部行走的人类生活史。

航母图文史：改变世界海战的100年
[美] 迈克尔·哈斯丘/著　陈雪松/译

本书通过丰富的图片和通俗的文字，生动详细讲述了航母的发展过程，重点呈现航母历史、各国概况、重要事件、科技变革、军事创新等，还包括航母的建造工艺、动力系统、弹射模式等细节，堪称一部全景式航母进化史。

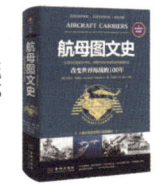

空战图文史：1939—1945年的空中冲突
[英] 杰里米·哈伍德/著　陈烨/译

本书是二战三部曲之一。通过丰富的图片和通俗的文字，全书详细讲述二战期间空战全过程，生动呈现各国军力、战争历程、重要战役、科技变革、军事创新等诸多历史细节，还涉及大量武器装备和历史人物，堪称一部全景式二战空中冲突史，也是一部近代航空技术发展史。

海战图文史：1939—1945年的海上冲突
[英] 杰里米·哈伍德/著　付广军/译

本书是二战三部曲之二。通过丰富的图片和通俗的文字，全书详细讲述二战期间海战全过程，生动呈现各国军力、战争历程、重要战役、科技变革、军事创新诸多历史细节，还涉及大量武器装备和历史人物，堪称一部全景式二战海上冲突史，也是一部近代航海技术发展史。

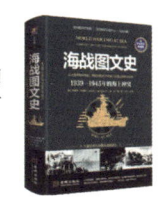

密战图文史：1939—1945年冲突背后的较量
[英] 加文·莫蒂默/著　付广军　施丽华/译

本书是二战三部曲之三。通过丰富的图片和通俗的文字，全书详细讲述二战背后隐秘斗争全过程，生动呈现各国概况、战争历程、重要事件、科技变革、军事创新等诸多历史细节，还涉及大量秘密组织和间谍人物及其对战争进程的影响，堪称一部全景式二战隐秘斗争史，也是一部二战情报战争史。

堡垒图文史：人类防御工事的起源与发展
[英] 杰里米·布莱克/著　李驰/译

本书通过丰富的图片和生动的文字，详细描述了防御工事发展的恢弘历程及其对人类社会的深远影响，包括堡垒起源史、军事应用史、技术创新史、思想演变史、知识发展史等。这是一部人类防御发展史，也是一部军事技术进步史，还是一部战争思想演变史。

武士图文史：影响日本社会的700年
[日] 吴光雄/著　陈烨/译

通过丰富的图片和详细的文字，本书生动讲述了公元12至19世纪日本武士阶层从诞生到消亡的过程，跨越了该国封建时代的最后700年。全书穿插了盔甲、兵器、防御工事、战术、习俗等各种历史知识，并呈现了数百幅彩照、古代图画、示意图、手绘图、组织架构图等等。本书堪称一部日本古代军事史，一部另类的日本冷兵器简史。

太平洋战争图文史：通往东京湾的胜利之路
[澳] 罗伯特·奥尼尔/主编　傅建一/译

本书精选了二战中太平洋战争的10场经典战役，讲述了各自的起因、双方指挥官、攻守对抗、经过、结局等等，生动刻画了盟军从珍珠港到冲绳岛的血战历程。全书由7位世界知名二战史学家共同撰稿，澳大利亚社科院院士、牛津大学战争史教授担纲主编，图片丰富，文字翔实，堪称一部立体全景式太平洋战争史。

潜艇图文史：无声杀手和水下战争
[美] 詹姆斯·德尔加多/著　傅建一/译

本书讲述了从1578年人类首次提出潜艇的想法，到17世纪20年代初世界上第一艘潜水器诞生，再到1776年用于战争意图的潜艇出现，直至现代核潜艇时代的整个发展轨迹。它呈现了一场兼具视觉与思想的盛宴，一段不屈不挠的海洋开拓历程，一部妙趣横生的人类海战史。

狙击图文史：影响人类战争的400年
[英] 帕特·法里　马克·斯派瑟/著　傅建一/译

本书讲述了自17至21世纪的狙击发展史。全书跨越近400年的历程，囊括了战争历史、武器装备、技术水平、战术战略、军事知识、枪手传奇以及趣闻逸事等等。本书堪称一部图文并茂的另类世界战争史，也是一部独具特色的人类武器演进史，还是一部通俗易懂的军事技术进化史。

战舰图文史（第1册）：从古代到1750年
[英] 山姆·威利斯/著　朱鸿飞　泯然/译

本书以独特的视角，用图片和文字描绘了在征服海洋的过程中，人类武装船只的进化史，以及各种海洋强国的发展脉络。它不仅介绍了经典战舰、重要事件、关键战役、技术手段、建造图样和代表人物等细节，还囊括了航海知识、设计思想、武器装备和战术战略的沿革……第1册记录了从古代到公元1750年的海洋争霸历程。

战舰图文史（第2册）：从1750年到1850年
[英] 山姆·威利斯/著　朱鸿飞　泯然/译

本书以独特的视角，用图片和文字描绘了在征服海洋的过程中，人类武装船只的进化史，以及各种海洋强国的发展脉络。它不仅介绍了经典战舰、重要事件、关键战役、技术手段、建造图样和代表人物等细节，还囊括了航海知识、设计思想、武器装备和战术战略的沿革……第2册记录了从公元1750年到1850年的海洋争霸历程。

战舰图文史（第3册）：从1850年到1950年
[英] 山姆·威利斯/著　朱鸿飞　泯然/译

本书以独特的视角，用图片和文字描绘了在征服海洋的过程中，人类武装船只的进化史，以及各种海洋强国的发展脉络。它不仅介绍了经典战舰、重要事件、关键战役、技术手段、建造图样和代表人物等细节，还囊括了航海知识、设计思想、武器装备和战术战略的沿革……第3册记录了从公元1850年到1950年的海洋争霸历程。

医学图文史：改变人类历史的7000年（精、简装）
[英] 玛丽·道布森/著　苏静静/译

本书运用通俗易懂的文字和丰富的配图，以医学技术的发展为线，穿插了大量医学小百科，着重讲述了重要历史事件和人物的故事，论述了医学怎样改变人类历史的进程。这不是一本科普书，而是一部别样的世界人文史。

疾病图文史：影响世界历史的7000年（精、简装）
[英] 玛丽·道布森/著　苏静静/译

本书运用通俗易懂的文字和丰富的配图，以人类疾病史为线，着重讲述了30类重大疾病背后的故事和发展脉络，论述了疾病怎样影响人类历史的进程。这是一部生动刻画人类7000年的疾病抗争史，也是世界文明的发展史。

二战图文史：战争历程完整实录（全2册）
[英] 理查德·奥弗里/著　朱鸿飞/译

本书讲述了从战前各大国的政治角力，到1939年德国对波兰的闪电战，再到1945年日本遭原子弹轰炸后投降，直至战后国际大审判及全球政治格局。全书共分上下两册，展现了一部全景式的二战图文史。

第三帝国图文史：纳粹德国浮沉实录
[英] 理查德·奥弗里/著　朱鸿飞/译

本书用图片和文字还原了纳粹德国真实的命运轨迹。这部编年体史学巨著通过简洁有力的叙述，辅以大量绝密的历史图片，珍贵的私人日记、权威的官方档案等资料，把第三帝国的发展历程（1933—1945）完整立体呈现出来。

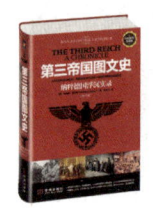

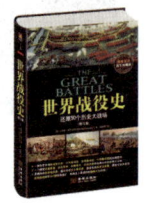

世界战役史：还原50个历史大战场
[英] 吉尔斯·麦克多诺/著　巩丽娟/译

人类的历史，某种意义上也是一部战争史。本书撷取了人类战争史中著名大战场，通过精练生动的文字，珍贵的图片资料，以及随处可见的战术思维、排兵布阵等智慧火花，细节性地展现了一部波澜壮阔的世界战役史。

希特勒的私人藏书：那些影响他一生的图书
[美] 提摩西·赖贝克/著　孙韬　王砚/译

本书通过潜心研究希特勒在藏书中留下的各类痕迹，批判分析其言行与读书间的内在逻辑，生动描绘了他从年轻下士到疯狂刽子手的思想轨迹。读者可以从中了解他一生收藏了什么书籍，书籍又对他产生了何种影响，甚至怎样改变命运。